Mag. Dr. Işık Kaya
Zypern im Spannungsfeld
regionaler und globaler Machtpolitik

Mag. Dr. Işık Kaya
Zypern im Spannungsfeld
regionaler und globaler Machtpolitik

ISBN 978-3-939710-31-8

1. Auflage 2018
Nachdruck der Dissertation zum Dr. Phil.,
die der Universität Wien 2014 vorgelegt worden ist.

Theorie und Praxis Verlag
Goldbachstr. 2
D 22765 Hamburg,
Tel: 040 – 38613849
Mail: info@tup-verlag.com

Mag. Dr. Işık Kaya

Zypern im Spannungsfeld regionaler und globaler Machtpolitik

Warum dieses Buch?

Das Buch von Dr. Işık Yakup Kaya ist eine sorgfältige und qualifizierte Untersuchung eines Sachkenners, das auch in Zukunft aktuell bleiben wird.
Es behandelt umfassend die wesentlichen Aspekte der regionalen und globalen Zusammenhänge des Mittelmeerlandes Zypern. Das Buch ist ein wissenschaftliches Werk, das eine bestehende Forschungslücke schließt, die alle Zypern betreffenden Fragen abdeckt. Es vermittelt auf interessante und einladende Art und Weise die Geschichte und Aktualität Zyperns.

Karam Khella

Inhaltsverzeichnis

Vorwort

Selbst in der Türkei geboren und aufgewachsen, bin ich auch mit politischen und ethnischen Konflikten groß geworden:

Immer schon gab und gibt es Spannungen zwischen der türkischen Mehrheitsgesellschaft und den ethnischen Minderheiten, wie Kurden, Armeniern, Griechen usw. Ebenso kommt es immer wieder zu politischen Konflikten zwischen Regierenden und der Bevölkerung, die darauf zurückzuführen sind, dass die Türkei kein selbst bestimmter Staat ist, sondern sehr stark von den USA abhängig und ein NATO-Partner ist. Es gibt auf der einen Seite nationalistische, konservative und religiöse Bewegungen und Organisationen, die ein enges Naheverhältnis zu den USA pflegen, auf der anderen Seite progressive und demokratische. Zwischen all diesen Bewegungen kommt es immer wieder zu politischen Auseinandersetzungen.

Meine Diplomarbeit von 1988 behandelt die türkisch-amerikanischen Beziehungen, bilateralen Abkommen und die Rolle der NATO. Schon damals habe ich mich schon kurz mit dem Zypernkonflikt beschäftigt.

Durch die in der Türkei gebräuchliche Zensur und einseitige Propaganda, die mich sehr beunruhigte, konnte ich keine umfassenden Informationen über die wahren Verhältnisse auf Zypern und in Griechenland bekommen – also begab ich mich außerhalb der Türkei auf Wahrheitssuche, um die Situation zu erforschen. Ich konnte meinen Wissensstand auch in Griechenland und Zypern vertiefen und erweitern, was in mir das Bedürfnis weckte, darüber eine weitere wissenschaftliche Arbeit zu schreiben, und ich hoffe, dass diese vorliegende Dissertation eine Bereicherung für die Forschung den Zypernkonflikt betreffend, ist.

Meine Erkenntnisse möchte ich gerne mit der Öffentlichkeit teilen und einen objektiven Blick auf die besondere Konstellation, in der sich Zypern befindet, fördern.

1 Einleitung

Über die Zypernfrage wurden schon viele Bücher, Wissenschaftliche Arbeiten, Artikel usw. geschrieben, sodass man sich, wenn man sich mit dem Thema beschäftigt, fragt, welchen neuen Beitrag man mit seiner Arbeit leisten kann. Zur Aktualität sei ein Zitat des derzeitigen türkischen Ministerpräsidenten Erdogan genannt, der in einem Interview äußerte, dass es einen zypriotischen Staat nicht gäbe, nur eine Verwaltung Südzyperns während die Islamische Liga Nordzypern als türkischen Staat bezeichnet.[1]

Ich möchte nach einem historischen Überblick die aktuelle Situation analysieren. Der historische Überblick ist deshalb wichtig, um den immer noch bestehenden Konflikt zwischen Nord- und Südzypern in seiner ganzen Komplexität zu verstehen.

Dabei behandelt die Arbeit den Zeitraum zwischen der Antike über die venezianische, hellenische, osmanische Ära, die britische Kolonialzeit bis zur Unabhängigkeit Zyperns von 1960 bis 1974, die türkische Invasion, die dann zur Spaltung der Insel in zwei Staaten führte, mit Auswirkungen bis zum EU-Beitritt.

Der Konflikt ist nicht nur zypernspezifisch, sondern steht in einem globalen Spannungsfeld und hat auch viel mit der griechisch-türkischen, und auch mit der gesamten Weltmachtpolitik zu tun.

Meiner Meinung nach kann es eine Verbesserung der Situation nur geben, wenn man sie im Kontext der inneren und äußeren Verhältnisse betrachtet und berücksichtigt.

Eine Methodenvielfalt zur Analyse ist notwendig, weil die Komplexität des Themas und die Darstellung der Sachverhalte geordnet werden müssen. Die wissenschaftliche Kombination verschiedener Methoden wird diesem Anspruch nach Objektivität gerechter als ein Festklammern an einen bestimmten wissenschaftlichen Leitfaden, der viele Aspekte nicht erklären könnte.

---

[1] Vgl. Interview http://siyaset.milliyet.com.tr/erdogan-kibris-diye-bir-ulke-yok/siyaset/siyasetdetay/05.02.2013/1665000/default.htm, 09.02.2013

Konflikte haben meistens sehr viele Ursachen und Wirkungen. Um sie zu verstehen, müssen so viele wie möglich einzeln betrachtet und die wechselseitigen Bezüge dargestellt werden.

Das gilt ganz besonders auch für das Verständnis des Zypernkonflikts.

1.1 Überblick über den Forschungsstand und Literaturbewertung

Zypern war für die Forschung im 20. Jahrhundert nahezu konstant, aber nur sekundär von Interesse. Es sind dabei keine zeitlichen Schwerpunkte feststellbar, die Untersuchungen kreisen um die historisch herausragenden Ereignisse der Invasion 1974 bzw. die politische Teilung der Insel und um den EU-Beitritt 2004.

Die aufgegriffenen Themen reichen von Konflikt- über politische Beziehungs- bis hin zu psychologischen Analysen. Ursachenforschung wurde im religiösen, ethnischen und historischen Bereich betrieben, sie erstreckt sich von der venezianischen, osmanischen bis zur britischen Besatzungsperiode; über die Invasion bis zum EU Beitritt.

Innerhalb dieser Bereiche werden nahezu alle Standpunkte zu beiden Bevölkerungsgruppen und Krisenpunkten abgedeckt – je nach untersuchtem Material. Ein historisch-dialektischer Ansatz fehlt bislang, dazu möchte ich beitragen.

Es wurde englische[2], griechische[3], griechisch-zypriotische[4], türkisch-zypriotische[5] und türkische Literatur[6] untersucht. Einen repräsentativen und vollständigen Überblick über die im universitären Rahmen verfügbaren Quellen enthält die verwendete Literaturliste.

---

2 Mallinson, William, Britain and Cyprus, Key Themes and Documents Since, World War II, New York, 2011. Anmerkung: Mallinson ist ein Repräsentant des British Foreign Office und zitiert detailreich Akten des FCO.
Kissinger A. Henry, war US- Außenminister und verfasste Weltpolitik für morgen. Reden und Aufsätze 1982-1985, München, 1986 und Das Gleichgewicht der Großmächte. Metternich, Castlereagh und die Neuordnung Europas 1812-1822, Zürich, 1986.
Eden, Anthony Sir, war viermal Außenmininster bis 1957 und verfasste THE MEMOIRS OF THE RT. HON. SIR ANTHONY EDEN, London, 1960.

3 Als Beispiel für den festlandgriechischen Blick sein stellvertretend Pavlos Tzermias genannt

4 Als griechisch-Zypriote sein der ehemalige Präsident Glafcos Clerides genannt.

5 Volkan Vamik, der unten noch genannt wird, wurde in Nikosia geboren.

6 Als türkisches Beispiel sei Sükrü S. Gürel, ehemaliger türkischer Außenminister und Zypernexperte und Universitätslektor genannt.

Die gefundene Literatur lässt sich in Faktensammelnde bzw. historische Evidenzen suchende, „Invasionsbejahende" sowie Groß- und Regionalmachtstrategen einteilen.

Zur ersten Gruppe gehörig seien stellvertretend für die größte Zahl der Forscher, quasi als Klassiker, das Südosteuropahandbuch[7] mit seinem Abriss des wirtschaftlichen, politischen gesellschaftlichen und kulturellen Hintergrundes genannt – worin Zypern und in Gesellschaft und Kultur explizit genannt wird. Richters Bände zur Geschichte[8] bestechen mit ihrem Detailreichtum.

Als Standardliteratur empfehlen Dozenten der Universität Wien derzeit auch deutlich polarisierende Autoren: zum einen Sherman, ein ehemaliger GI, der türkische Truppen trainierte und in 2. Ehe mit einer Griechin verheiratet ist, bemüht sich, die Wurzeln des Hasses zu verstehen – dementsprechend ist sein Werk zur gefolterten Insel.[9] Auch Volkans psychologische Untersuchungen wurden dabei genannt.[10] Diese Werke sind kaum älter als 10 Jahre und seien stellvertretend für die Gruppe „Invasionsbejahend" genannt. Zu dieser zweiten Gruppe kann auch Tatli, Stephen und Güvenc gezählt werden. All diese Autoren sehen in der Teilung einen Vorteil, die Anwesenheit des türkischen Militärs und die fehlende Anerkennung der TRNZ werden ausgeblendet.

Aus der letzten Gruppe wurden Weltmachtphilosophieanhänger wie Kissinger und Brzezinski untersucht, als aktiver Regionalmachttaktiker wurde Gürel zitiert.

---

7 Südosteuropa-Handbuch, Zypern, Hrgs K.-D. Grothusen Klaus Detlev, Steffani Winfried und Zervakis Peter, Göttingen, 1998

8 Richter, Heinz A.: Geschichte der Insel. Bd. 49. 1878-1949. Mannheim/Möhnesee, 2004,

9 Sherman, Arnold: Zypern- die gefolterte Insel: der griechisch- türkische Zypernkonflikt und seine Hintergründe, Freiburg, 1999. Anmerkung: persönliche Hintergründe, S. 119

10 Volkan, Vamik, Blutsgrenzen. Die historischen Wurzeln und die psychologischen Mechanismen ethnischer Konflikte und ihre Bedeutung bei Friedensverhandlungen, Bern München, Wien, 1999. Anm.: Der Psychologe Volkan gilt als etablierter Krisenexperte, der in den USA lehrt und im Verdacht steht, für den CIA zu arbeiten.

Eine Fragmentierung der Literatur ist bezüglich der Kritik an den USA/NATO Aktionen feststellbar – sie fehlt nahezu vollkommen (nur Deger, Alp und Zahariades bildet eine Ausnahme), auch UNO Kritik ist spärlich gesät. Hier sehe ich meinen Beitrag eingereiht.

Um meine Theorien zur Zentral/Peripherie bzw. Dependenztheorie und Neoliberalismus zu untermauern, wurde auch diesbezügliche Literatur studiert. Als Vertreter seien Attac et alii[11] und Gärtner[12] genannt.

---

11 Atac, Ilker; Kraler, Albert; Ziai, Aram (Hg.): Politik und Peripherie, Wien, 2011 und
Atac, Ilker: EU nach Konvent und Osterweiterung, Kurswechsel, Heft 1, Wien, 2004

12 Gärtner, Heinz: USA-Weltmacht auf neuen Wegen. Band 10, Berlin, 2010

2 Fragestellungen und Hypothesenbildung

2.1 Die Zypernkrise – ein reiner „Volksgruppenkonflikt"?

Meine Fragestellungen gehen von historischen Aspekten des östlichen Mittelmeerraumes aus und betrachten die internationalen Beziehungen der auf Zypern lebenden Hauptbevölkerungsgruppen zu ihren Mutterländern und den Großmächten, die erstere beeinflussten.

Der Fokus liegt auf der politischen Entwicklung des Konflikts, wobei die sozio-ökonomischen Umstände des Umfanges wegen ausgeklammert wurden, weil die Hauptfaktoren der Großmachtpolitik dem Thema der Sozioökonomie übergeordnet wurden und primär den Inhalt der Arbeit darstellen.

Frage 1: Kann der Zypernkonflikt des 20. Jahrhunderts als „Volksgruppenkonflikt" definiert werden?

Hypothese 1: Eine Reduzierung des zypriotischen Konflikts auf den Begriff „Volksgruppenkonflikt" lässt die Einmischung der Großmächte zur Durchsetzung ihrer imperialen Interessen außer Acht. Demnach gälte es zu zeigen, wie die *divide et impera*-Politik Großbritanniens, die sowohl Griechenland und die Türkei als auch die Griechisch-Zyprioten und Türkisch-Zyprioten gegeneinander ausspielte.[13]
Hintergrund: Die Spannungen basierten sekundär auf ethnisch-kulturellen Unterschieden der Einwohner, sondern wurden bewusst von den westlichen Großmächten Großbritannien, USA und der Nato hochgespielt, bzw. durch Provokationen verstärkt. Auch die „Mutterländer" Türkei und Griechenland pflegten Imperialismusvisionen (Enosis/Taksim). Die Konfliktlösung wurde dadurch erschwert. Makarios' änderte seine Taktik, strebte einen einheitlichen und blockfreien Staat Zypern an und stand damit den imperialistischen Interessen entgegen. Die Provokationen und gewalttätigen Ereignisse führten schließlich zur Intervention und Invasion der Türkei auf Zypern.

[13] Vgl. Tatli, Suzan, der Zypernkonflikt, Freiburg, 1986, Vorwort. Anm.: Tatli soll hier stellvertretend als Vertreterin der Ansicht ‚Volksgruppenkonflikt' stehen

2.2 Schutz einer Minderheit[14] oder getarnte Annexion?

Man könnte fragen, ob die Zypernkrise 1974 ein neuerlicher Versuch der Türkei sein könnte, mit Hilfe großmachtpolitischer und militärstrategischer Voraussetzungen an die imperialistische Politik des untergegangene osmanischen Reiches anzuschließen. Welche Auswirkung hatten die Interessenssicherung des British Empire im 19. Jahrhundert sowie die Machtspiele während des Kalten Krieges zwischen USA und UdSSR?

Frage 2: Was waren die Ursachen für die Separierung der ethnischen Volksgruppen, die 1963 begann?

Hypothese 2: Die orthodoxe Mehrheitsbevölkerung schwankte zwischen Selbstbestimmung (wofür sie militant aktiv wurden) und Enosis (Anschluß an Griechenland) und wurden damit für die britische Kolonialmacht unwägbar, weshalb die Briten die türkische Minderheit gezielt stärkten und nach dem *divide et impera*-Motto in die Verwaltung einbezog. Die Türkisch-Zyprioten hatten somit mehr politischen Einfluss, als es ihrer zahlenmäßigen Repräsentanz auf der Insel entsprach. Es gilt zu untersuchen, ob die ethnische Separierung auf Zypern eine Folge des Misstrauens ist, das die Britische Regierung gezielt schürte.

Hintergrund zu dieser Hypothese: Die Verfassung von 1960 wurde von Makarios' 13-Punkte-Plan 1963, in dem die türkische Minderheit auf etliche Rechte verzichten musste, erschüttert. Die türkische Regierung wandte sich hilfesuchend an die USA.[15] Daraufhin gab es auf beiden zypriotischen Seiten Provokationen, die jeweils der anderen Gruppe untergeschoben wurden. Das Misstrauen der Bevölkerungsgruppen wuchs so stark, dass etliche Türkisch-Zyprioten ihre Häuser im Süden verließen und sich in nördlich gelegeneren Enklaven niederließen. Der damalige Vizepräsident von Zypern Fazel Kücük wollte am 10. Jänner 1964 einen separaten Staat gründen und die Insel sollte

---

14 Anm.: Der türkische Bevölkerungsanteil der Republik Zypern hatte niemals einen offiziellen Minderheitenstatus, ‚Minderheit' wird hier als numerische Unterlegenheit im Bezug auf das Gesamtvolk benutzt.

15 Zahariadis, Karolos und ALP, Yousuf: In Birikim Brosur Dizisi: 2, März, 1979, Istanbul, S. 30

aufgeteilt werden.[16] Am 27. März 1964 wurde dann eine UN-Friedenstruppe auf Zypern stationiert.[17] Detailliert wird dazu in den Kapiteln 6.5-6.11 eingegangen.

Frage 3: Es gilt zu untersuchen, wie der „Schutz einer Minderheit" zu einer Militäraktion führen konnte, bei der der Invasor nicht abzieht, obwohl sogar eine Staatsgründung für diese Minderheit erfolgte.[18]

Hypothese 3: Es gibt nur einen Staat, von dem die „Türkische Republik Nord Zypern" (Kibris Türk Cumhuriyeti) anerkannt wurde: nämlich der Türkei. Ein Grund kann sein, dass die restliche Staatengemeinschaft die Invasion der Türkei auf Zypern nicht als „Minderheitenschutz", sondern als Aggression betrachtet, hinter welcher die türkische Expansionspolitik steckt.

Handelte es sich hier um die gewaltsame Entstehung des unabhängigen türkisch-zypriotischen Staates oder um eine getarnte Annexion? Warum ignoriert die Staatengemeinschaft bis heute die Anwesenheit der Festlandtürkischen Armee, die in „Nordzypern" immer noch finanzielle Vergünstigungen genießt?
Bezogen auf ein Statement von Helmut Schmidt waren in der Türkei bereits in den 60iger Jahren amerikanische Atomwaffen stationiert.[19] Hierin kann vermutet werden, daß die USA ihren Verbündeten nicht übersanktionieren wollte, womöglich auch nicht zusätzlichen Spannungen in der NATO provozieren wollte und damit nach außen nicht aktiv wurde.
Mallinson beschreibt die Zuspitzung türkische Empfinden folgendermaßen:
1) das Mitgefühl der Festlandtürken mit ihren „Inselbrüdern",
2.) die Spannungen wurden zu einer nationalen Prestigeangelegenheit,
3.) die griechischen Provokationen und
4.) Rivalitäten im NATO Hauptquartier in Izmir, die zum Ausschluss der griechischen Offiziere führte

16 Vgl. Zahariadis/Alp, S. 29
17 Vgl. Ebenda, S. 31
18 Die ca. 20 prozentige türkische Minderheit beanspruchte 40% der Fläche, vertrieb davon die Griechen, beschlagnahmte deren Eigentum und ging gegen sie gewaltsam vor.
19 Vgl. Schmidt, Helmut, in Spiegel Spezial, Der Kalte Krieg, 2008, S. 20

5.) die Angriffspläne der griechischen Junta 1974 auf Bosphorusbrücke.[20]

Zur Etablierung des Neoliberalismus in den 80iger Jahren in der Türkei, der eine weitere Folge amerikanischer Intervention ist, und möglicherweise das übergeordnete Ziel war, für das die Freiheit der Bevölkerung geopfert wurde, siehe Kapitel 6.22.

Frage 4: Gibt es die Möglichkeit einer Lösung des Zypernkonflikts?

Hypothese 4: Basierend auf Hypothese 1 müsste sinkendes Großmachtinteresse chancenverbessernd für eine Lösung des Zypernkonfliktes sein.

Hintergrund: Seit den 90iger Jahren gibt es von Externen (Großmächte/„Mutterländer"/EU) nicht beeinflusste Bestrebungen von Zivilorganisationen, demokratischen griechisch- und türkisch-zypriotischen Parteien, die über Ethnien und Nationalitäten hinweg an einem einheitlichen Zypern arbeiten: z. B. durch bi-kommunale Gruppen – außerdem sind die beiden Staatsoberhäupter Präsident Talat und Premierminister Christofias befreundet. Ein Gelingen ist der Bevölkerung zu wünschen.

---

20 Vgl. Mallinson, S. 118

2.3 Methoden, Theorien und Gliederung

2.3.1 Methoden

Es wurde hermeneutisch im Sinne des verstehenden, statt eines nur erklärenden Umgangs mit Texten, geforscht. Eine Wissenschaftlichkeit erfährt ein Verstehen erst dann, wenn „es bestimmten Regeln folgt, die die ‚Auslegung' bzw. ‚Interpretation' als wissenschaftliche Form des Verstehens auszeichnet."[21] So berücksichtigte der Verfasser den Kontext und den Vergleich als die von Dilthey vorgeschlagenen Regeln, die beinhalten, dass schriftlich festgehalten wird, was exemplarisch und deshalb bedeutsam ist, dass der Kontext berücksichtigt wird, aus dem der Forschungsgegenstand stammt und dass ein Vergleich stattfinden kann, der Bewertungen möglich macht und somit Objektivierung. Damit Verstehen möglich wird soll außerdem der Stoff eingeordnet werden in einen größeren Zusammenhang.[22]

Um allgemeingültige Wirkungszusammenhänge zu erforschen, und damit gründliches Verständnis stattfinden kann, wurden umfassende Textanalysen von wissenschaftlicher Literatur, Zeitschriften und internationalen Zeitungen durchgeführt, wobei bei letzteren auf Aktualität (Zeitraum Februar 2009 bis Ende 2012) der Beiträge geachtet wurde. Es handelt sich dabei um Quellen, die sich mit der Politik Zypern, hauptsächlich vom 20. Jahrhundert bis zur Gegenwart unter den Gesichtspunkten der lokalen Volksgruppen und globalen politischen Strömungen beschäftigen. Denn die Betrachtung der Verflechtung des lokalen politischen Geschehens mit der Weltmachtpolitik ist unentbehrlich für den angestrebten historisch-dialektischen Ansatz mit dem Ziel, den Weltsystemansatz zu verfolgen. Es werden Quellentexte in Bezug auf Akteure und Großmachtinteressen zwecks Geschichtlichkeit der Gesellschaft und Kritik an der politischen Ökonomie verglichen und geschichtliche Entwicklungen als „Milieu" oder Kontext berücksichtigt.[23]

---

21 Bohnsack, Ralf, Marotzki, Winfried, Meuser, Michael, Hauptbegriffe Qualitativer Sozialforschung, Opladen, 2006, S. 83f.

22 Vgl. ebenda, S. 84

23 Vgl. Atac, Ilker; Kraler, Albert; Ziai, Aram (Hrsg.): Politik und Peripherie, 2011, Wien, S. 51

Im Epilog finden sich als Quellen auch Interviews und Gedächtnisprotokolle mit und von Zeitzeugen zur Beschreibung der türkischen Vorgehensweise seit der Invasion.

So soll in der vorliegenden Arbeit Zypern schwerpunktmäßig als Spielball der Großmächte des 20. Jahrhunderts dargestellt werden, wobei als „Richtschnur“ das historisch-dialektische Paradigma dient, jedoch nicht in der orthodoxen marxistischen Auslegung sondern im Hinblick auf den Wandel vom Feudalismus zum Kapitalismus als System, das nach Weltbeherrschung strebt (siehe Kapitel 4.1). Dabei sollen auch die Paradigmen von Lenin und Luxemburg (bezüglich Imperialismus) abgehandelt werden.

2.3.2 Theorie:

Mein Interesse gilt der Abhängigkeit der internationalen Beziehungen, sprich Interdependenz. Vielfach wird politische Realität als Spiegel der Macht beschrieben. So wird auch im Folgenden häufig von Macht im Sinne von Militärmacht gesprochen. Dabei folge ich nicht so sehr der marxistischen Definition von macht (kurzgefasst: Macht als „ökonomische Funktionalität"), da es für Zypern nicht hilfreich ist, in meinen Augen ging es auf der Insel nicht so sehr um den Kampf Produktionsverhältnisse und Klassenherrschaft. Viel mehr leitete mich der Clausewitz'sche Gedanken von „Politik als Fortsetzung des Krieges mit anderen Mitteln". Im foucaultschen Sinne folge ich der Spur der Macht als Synonym von Repression – bezogen auf Zypern: Unterdrückung der Selbstbestimmung.[24]

Mein Hauptanliegen ist die Abfolge von politischen Aktionen, mit deren politischen Aus- und Einwirkungen bzw. auch verfassungsrechtliche Aspekte des Geschehens auf Zypern. Deshalb werden als Methodenvorgang essentielle Ergebnisse aus den Quellen herangezogen, bei dem auch die großen Theoriegebäude ‚Realismus' und ‚Liberalismus' im Rahmen politischer Beziehungen angerissen werden. Die detaillierte Analyse nach diesen politischen Schulen ist nicht Ziel dieser Arbeit, dafür ist der betrachtete Zeitraum zypriotischer Politik zu lange: im 20. Jahrhundert wechselten mehrfach die Theorien. Wenn einzelne Ereignisse diesen ‚Idealtypen' entsprachen, erfolgt im jeweiligen Kapitel eine Anmerkung.

---

24 Vgl. Foucault, Michel, In Verteidigung der Gesellschaft, Frankfurt a.M., 1999, S. 29-32

2.3.3 Gliederung

Die Arbeit soll mit einer Begriffsanalyse, die für das Verständnis des Zypernkonfliktes notwendig ist, beginnen und mit einem geschichtlichen Teil fortsetzen, der das Entstehen des Konflikts, dessen Wurzeln schon in frühen Jahrhunderten liegen, erklärt: Osmanisches Reich, britisches Imperium, Republik Zypern, Invasion und schließt mit deren Auswirkungen sowohl auf Zypern selbst, als auch auf die internationalen Beziehungen Zyperns zu den Großmächten und zwischen den Großmächten.
Nach einem kurzen historischen Überblick möchte ich die aktuelle Situation analysieren. Der historische Überblick ist deshalb wichtig, um den immer noch bestehenden Konflikt zwischen Nord- und Südzypern in seiner ganzen Komplexität zu verstehen.

Dabei behandelt die Arbeit den Zeitraum zwischen der Antike über die venezianische, hellenische, osmanische Ära, die britische Kolonialzeit bis zur Unabhängigkeit Zyperns von 1960 bis 1974, die türkische Invasion, die dann zur Spaltung der Insel in zwei Staaten führte, mit Auswirkungen bis zum EU-Beitritt.

Der Konflikt ist nicht nur zypernspezifisch, sondern steht in einem globalen Spannungsfeld und hat auch viel mit der griechisch-türkischen, und auch mit der gesamten Weltmachtpolitik zu tun. Daher wird der Konflikt im Kontext der inneren und äußeren Verhältnisse betrachtet

Dabei werde ich analytische, theoretische, hypothetische und empirische Ansätze verwenden.

Resümierend werden am Ende der Arbeit der Status quo dargestellt und als Fazit werden im politikwissenschaftlichen Rahmen mögliche Auswege aus der Krise aufgezeigt.

3 Definition wichtiger Begriffe

Um das komplexe Problem des Zypernkonflikts – seine historischen, ethnische und politische Hintergründe – zu verstehen und alternative Lösungen anzubieten, müssen zunächst einige relevante Begriffe definiert werden. Da Zypern ein Territorium mit verschiedenen Ethnien und derzeit zwei Staaten ist, sollen diese Begriffe nun abgehandelt werden. Gegen Ende des Kapitels folgt ein Resümee das analysiert, ob diese Kategorien zum Verständnis des Zypernkonflikts hilfreich sind.

3.1 Der Begriff ‚Staat'

Der Begriff Staat wird seit der europäischen Neuzeit für politische Ordnungen verwendet. Er ist definiert durch folgende drei Elemente:

1) Ein gemeinsames, abgegrenztes Territorium.
2) Ein dazugehöriges Staatsvolk
3) Eine Machtausübung über dieses Staatsvolk

Unser heutiger Begriff „Staat" leitet sich vom Lateinischen „status" ab.[25] (Stehen, Zustand, Lage, Verfassung, Bestand).[26] Hier soll nun Veiters Modell angeführt werden, der für polyethnische Kollektive, wie es Südosteuropa darstellt, anführt, dass ‚Staat' ein „gemeinsames Dach" darstellt, das für die Bevölkerung eine Gemeinschaft bedeutet, die tiefe Auswirkungen in Sprache und Herkunft bedeutet durch gemeinsames Erleben von historischen Zufällen.[27]

„Lo stato" steht für die Verfassungsform einer Monarchie oder Republik. Es gab immer unterschiedliche Auffassungen der Definition des Begriffes „Staat". Zum Beispiel findet man bei Aristoteles drei Grundtypen (Königtum, Aristokratie und Politie beziehungsweise drei Abar-

---

25 Vgl. Lexikon der Politikwissenschaft, München, 2002, S. 1012
26 Vgl. Petschenig, Michael: Der kleine Stowasser. Wien, 1955, S. 464
27 Vgl. Veiter, Theodor, Nationalitätenkonflikt und Volksgruppenrecht im ausgehenden 20. Jahrhundert, Wien, 1984, 2. Auflage, S. 12

ten von diesen (Tyrannis, Oligarchie und Demokratie), bei Cicero drei Monarchie, Oligarchie (Optimaten) und Demokratie.[28]

Quaritsch betont den universalen Sinn, für ihn beinhaltet „Staat" auch quasi einen überfamiliären Herrschaftsverband, mit der „Fähigkeit, einen gemeinsamen Willen zu bilden", zu äußeren und danach zu handeln". Er betont auch die Wichtigkeit einer genauen juristischen Begriffsbildung.[29]

Auch die Soziologie hat ihre eigene Auffassung: der deutsche Soziologe Max Weber hat wesentlich zur Entwicklung des Staatskonzepts beigetragen:[30]

Zum Beispiel unterscheidet Weber drei Typen legitimer Herrschaft: a) die legale Herrschaft (die gewählt oder bestellt sein kann), welche mittels Satzungen regelt, bei der Beamte verwalten. B) die traditionelle Herrschaft, bei der dem Befehl des ‚Herren' gefolgt wird, was als geheiligte Ordnung empfunden wird. Als reinster Typus gilt hier das Patriarchat. C) die charismatische Herrschaft: sie beruht auf Hingabe an die besonderen Fähigkeiten z.B. eines Propheten, Kriegshelden oder eines großen Demagogen, der als Führer agiert, dessen Befehlen gefolgt wird.[31]

Das klassische Völkerrecht kennt ebenfalls die drei Merkmale des Staates:
1) Eine Bevölkerung (Staatsvolk).
2) Ein Staatsgebiet.
3) Eine stabile Regierung

---

[28] Vgl. Cicero unterscheidet Monarchie, Aristokratie, Demokratie. Vgl. M.T. Cicero: De Res Publica Vom Gemeinwesen, Ditzingen 1995, S. 134ff, Vgl. Aristoteles, Politik, Rowohlts Klassiker der Literatur und der Wissenschaft, Griechische Literatur, Band 8, München, 1965, 93ff.

[29] Vgl. Quaritsch, Helmut; Staat und Souveränität, Band 1, Frankfurt, 1970, S. 20

[30] Vgl. Barrios, Stefes, Einführung in die Comperative Politics, Oldenbourg, 2006, S. 170

[31] Vgl. Weber, Max, Stadtsoziologie, Soziologie der rationalen Staatsanstalt und der modernen politischen Parteien und Parlamente, Hrgs. Winkelmann Johannes, Berlin, 1966, S. 99-104

„Webers Definition hat auch weitgehend Eingang in das Völkerrecht gefunden. So definiert die Konvention von Montevideo (1933) einen Staat als ein Gebiet mit a) einer permanenten Bevölkerung b) einem definierten Territorium c) einer Regierung und d) der Kapazität, Beziehungen mit anderen Staaten aufzunehmen.“[32]

Ein wichtiger Aspekt dabei ist, dass das klassische Völkerrecht auf der Idee der Gleichheit der Staaten beruhe.[33]

Laffert betont für die Staatsmerkmale die Wichtigkeit des Merkmals der „effektiven Staatsgewalt“, denn ein Staat ohne effektive Regierung könnte die Beachtung der internationalen Verpflichtungen nicht garantieren. Ebenso sei die Existenz einer regelmäßig wirksamen Rechtsordnung Bestandteil des Staatsgewalt- Merkmals.[34]

Allerdings hält diese Theorie der Praxis nicht stand: Staatsentstehung und -existenz sind nicht allein von Gesichtspunkten der Effektivität abhängig: „Die tatsächlichen Merkmale bedürfen zur Bestimmung der Staatseigenschaft also der Ergänzung. Hierfür kommen die Rechtmäßigkeit der Staatsentstehung und / oder die Anerkennung durch bereits vorhandene Staaten in Betracht.“[35]

Im Falle der Republik Zypern handelte es sich von 1964 bis 1974 rechtlich und faktisch um **einen** Staat. Durch die türkische Invasion 1974 ist Zypern faktisch geteilt worden. Die bisherige Regierung ist aber weiterhin die anerkannte Regierung des gesamten Staates in seinem ursprünglichen Umfang. Die Teilung war auf Grund rechtswidriger militärischer Intervention und Besetzung durch einen Drittstaat entstanden. Solange das durch die Intervention entstandene Gebilde (die Türkische Republik Nord Zypern) nicht als neuer Staat anerkannt wird, bleibt die Regierung der Republik Zypern im Sinne des Völkerrechts die einzig legitime Vertretung der Insel.[36]

---

32 Vgl. Barrios, Stefes, S. 170

33 Vgl. Lexikon der Politikwissenschaft, München, 2002, S. 1182

34 Vgl. Laffert, Gerd von, Die völkerrechtliche Lage des geteilten Zypern und Fragen seiner staatlichen Reorganisation, Frankfurt, 1995, S. 89f

35 Laffert, ebenda, S. 91ff

36 Ebenda, S. 138ff

3.2 Die Begriffe „Souveränität“ und „Unabhängigkeit‘

Der Begriff ‚Souveränität‘ im völkerrechtlichen und politischen Sinne spielt eine wichtige Rolle im Rahmen des Zypernkonfliktes.

Etymologisch leitet es sich vom französischen Wort ‚souverain‘ ab und bezeichnet die „den Status eines Inhabers der Herrschaftsgewalt über Land und Leute.“[37] Bei Quaritsch kommt Souveränität aus sich selbst heraus – es bedarf keines Dritten, ihr fehlen christliche oder spezifisch europäische Merkmale, sie ist „wertfrei“ und für ihn ohne konstitutive Akte, sondern rationale Feststellungen und deren juristische Subsumtion. Die Souveräne stehen für ihn auf einer Ebene, erst deren gegenseitige Anerkennung führte in weiterer Folge zur Entstehung des modernen Völkerrechts bzw. der Völkerrechtsgemeinschaft, worin z.B. das Osmanische Reich 1856 aufgenommen wurde. In einer derartigen Ordnung stehen große und kleine, mächtige wie schwache Verbände gleichranging nebeneinander (mit dem Recht auf Freiheit und Freiheit von fremder Intervention), solange er sich eben als souverän darzustellen vermag.[38]

Ich verstehe unter Souveränität die Unabhängigkeit eines Staates sowohl nach außen als auch nach innen. Man könnte daher von der Freiheit des Staates vom Willen anderer Staaten sprechen (äußere Souveränität).

Unter innerer Souveränität verstehe die Verfassungsautonomie d.h., der Staat besitzt eine eigene unabhängige Verfassung, die seine Staatsform bestimmt. D.h. die Souveränität nach innen kann als die Freiheit zur eigenen staatlichen Gestaltung verstanden werden. Das bedeutet ebenso, dass man unter innerer Souveränität die Fähigkeit zu staatlicher Selbstorganisation versteht.[39]

Zusammenfassend kann man sagen, dass der Begriff Souveränität sehr oft für politische Zwecke und Machtansprüche missbraucht wird. Vor

---

[37] Quaritsch, S. 249

[38] Ebenda, S. 249

[39] Vergleiche die Ausführungen bei Tatli, Suzan, Der Zypernkonflikt, Freiburg, 1986, S. 8, 9

allem, wenn es um unterschiedliche Interessen von Staaten und deren machtpolitische Auseinandersetzungen geht. Solche Aspekte sind im Rahmen des Zypernkonfliktes und dessen Lösung von großer Bedeutung: dort wird ein Territorium von zwei Völkern beansprucht, wobei sich jede Volksgruppe auf ihr Recht auf Souveränität beruft. Im Falle Zyperns fand dieser Widerspruch eine Zeit lang einen Ausgleich in einer vorübergehenden Föderation unter Erzbischof Makarios.

Bis 1974 war das Ineinandersiedeln der Volksgruppen ein normaler Zustand, die beiden Volksgruppen waren über die ganze Insel gleichmäßig verteilt.

Der Begriff Unabhängigkeit spielt im Zusammenhang Zyperns vor allem eine Rolle in Bezug auf die Loslösung von der britischen Kolonialmacht. Nur durch den Verzicht der Kolonialmacht auf die Herrschaft konnte der souveräne Staat, die unabhängige Republik Zypern entstehen. Es stellt sich die Frage, ob diese Republik wirklich de facto souverän war, da es von Anfang an drei Garantiemächte gab: Großbritannien, Griechenland und die Türkei.

3.3 Die Begriffe Selbstbestimmungsrecht und Föderalismus

Die Idee der Freiheit und Gleichheit aller Menschen, seit der französischen Revolution allgemein verbreitet, liegt dem Selbstbestimmungsrecht zugrunde.

„Selbstbestimmungsrecht, der Anspruch von Individuen, Gruppen oder Nationen, eigene Angelegenheiten eigenverantwortlich, ohne äußeren Zwang zu regeln“.[40]

Aus heutiger Sicht kann man vom Selbstbestimmungsrecht der Völker als einer Völkerrechtsnorm sprechen: „…am normativen Charakter des Selbstbestimmungsrechts als eines subjektiven Rechts seines Trägers bestehen keine ernstzunehmenden Zweifel mehr.“[41]

Dieser normative Charakter kann als unabhängig davon gesehen werden, ob das Selbstbestimmungsrecht bereits durch die Satzung der Vereinten Nationen zum Rechtssatz geworden ist.[42]

So kann man beobachten, dass das Selbstbestimmungsrecht als sogenannte juristische Waffe der türkischen Zyprioten benützt wird. Es diente oftmals als Rechtfertigung für die türkische Invasion, sowie für die „Rechtmäßigkeit“ der Gründung der türkischen Republik Nordzypern.

Die Vereinten Nationen haben in ihren Grundsätzen die Selbstbestimmung der Völker festgelegt: Alle Völker haben das Recht frei und ohne Einmischung von außen ihre politische Ordnung zu bestimmen, sowie ihre wirtschaftliche, soziale und kulturelle Entwicklung zu gestalten.[43]

---

[40] Nohlen, Dieter, Schultze, Reiner-Olof, Lexikon der Politikwissenschaft, München, 2005, 3. Auflage, S. 882

[41] Laffert, Gerd von, Die völkerrechtliche Lage des geteilten Zypern und Fragen seiner staatlichen Reorganisation, Frankfurt, 1995, S. 25

[42] Ebenda

[43] Vgl. Tatli, Suzan, der Zypernkonflikt, Freiburg, 1986, S. 19f

Geht es um den Bereich staatlich garantierter Freiheitsrechte gegenüber der Staatsmacht so spricht man von Grundrechten.[44]

Kann der Staat dies nicht garantieren, so kann es zu Spannungen bei der Durchsetzung von Gruppenrechten gegenüber der staatlichen Souveränität kommen.

Insbesondere bei religiösen, ethnischen und kulturellen Unterschieden müssen struktur- und situationsadäquate Lösungen angestrebt werden. Im Falle Zyperns wurde dieser Versuch durch die Verwirklichung des föderalistischen Prinzips durchgeführt. Es stellt sich die Frage ob diese Föderation grundsätzlich oder nur durch Einmischung von außen zum Scheitern verurteilt war.

„Föderalismus ist ein Ordnungsprinzip, das auf weitgehender Unabhängigkeit einzelner Einheiten beruht, die zusammen aber ein Ganzes bilden."[45]

Dieses Prinzip kann zum Schutz von Minderheiten angewandt werden, sodass trotz Vielfalt Integration und Einheit möglich sind.[46]

Mittels territorialer Eigenständigkeit kann durch das Föderalismusprinzip der Minderheitenschutz staatlich garantiert werden. (Z.B. gibt es im Irak für die Kurden weitgehend autonome dezentrale Einheiten).

---

44 Vgl. Schubert, Klaus, Das Politiklexikon, 2. Auflage, Bonn, 2001

45 Schubert, Klaus, Das Politiklexikon, 2. Auflage, Bonn, 2001, S. 107

46 Ebenda

3.4 Der Begriff ‚Nation'

Was beschreibt der Begriff ‚Nation', wenn oben schon die Definitionen über den ‚Staat gegeben wurden? Dieses weitreichende Thema, das hier nicht Hauptgegenstand der Arbeit ist, soll kurz angerissen werden, um die Probleme des Zusammenlebens der griechischen mit den türkischen Zyprioten zu erklären. Vielfach werden diese Begriffe unpräzise verwendet.

Im Lateinischen bezeichnet „Nation" unter anderem Volksstamm, Art, Klasse, Sippschaft.[47] Das lateinische Wort ‚nascere' steht für ‚geboren werden'.

Der Begriff umschreibt Menschen, die sich aus ethnischen, sprachlichen/kulturellen und/oder politischen Motiven zusammengehörig und zu anderen unterschiedlich fühlen. Der Staat kann darüber hinaus als ein System von Wertorientierungen verstanden werden, das den Mitgliedern eines sozialen Systems gemeinsam ist.[48]

In einigen Fällen bleiben Nationen ohne eigene Staatsgebilde, z.B. Kurden, Palästinenser, Indianer. Man könnte sagen, dass z.B. die Kurden im Sinne von Abstammungsgemeinschaft als Nation zu bezeichnen sind. Es gibt jedoch keinen politischen Zusammenschluss dieser Menschen im Sinne eines Staates. Laut Art 1 und 55 der Charta der Vereinten Nationen haben Völker/Nationen ein Recht auf staatliche Selbstbestimmung.[49]

Das bedeutet, dass jedes Nation/Volk seine eigene Kultur, Sprache, kulturelle Traditionen usw. uneingeschränkt ausüben und pflegen sowie seine Existenz in einem eigenen rechtlichen System bewahren können sollte.

„Nation bestimmt sich aus dem Selbstverständnis vieler Menschen, die sich subjektiv mit politischer Qualität als eine zusammengehörige Einheit begreifen. Das heißt, eine im wissenschaftlichen Sinne objek-

---

47 Vgl. Petschenig, S. 327

48 Vgl. Lexikon der Politikwissenschaft, München 2002, S. 636f.

49 Vgl. Lexikon der Politikwissenschaft, S. 636f

tive Definition von Nation, die sich an bestimmten Merkmalen dieser Menschen orientiert, ist nicht möglich."[50]

Im Falle Zyperns, stellt sich die Frage, warum die Bildung einer zypriotischen Nation nicht erfolgen konnte, obwohl in der Verfassung von 1960 diese Entwicklung als hoffnungsvolle Möglichkeit enthalten war.[51] Es stellt sich die Frage, ob die Herausbildung einer zypriotischen Nation nicht eben durch diese Verfassung bzw. durch die Komplikationen der Garantieverträge erschwert wurde.

Da sich auf Zypern bis heute keine zypriotische Nation gebildet hat, kann die Frage nach dem Warum nur im Zusammenhang mit dem Zypernkonflikt gesehen werden. Die Insel hat die in Europa im 19. Jahrhundert verbreitete Entwicklung von Nationalstaaten nicht durchlaufen. Veiter merkt an, dass bekanntermaßen die Nationalstaatenbildung zu Nationalitätenkonflikten führte, für das Zypern neben Irland nach dem zweiten Weltkrieg ein Beispiel ist. Seit der „Einverleibung" Nordzyperns in die Türkei wird dieser Konflikt nicht mehr als ethnischer Konflikt wahrgenommen. Die Lösung von derartigen Konflikten sieht er in Verbesserungen des Nationalitätenrechtes hin zu internationalem Recht, die der Friedenssicherung dienen kann.[52] Karadi und Lutz sehen das Fehlen eines Nationalstaats Zypern darin, dass Gross- und Regionalmächte die Insel „erobert, besetzt und bevölkert"[53] haben.

Trotzdem war die Orientierung der „Nationalen Gefühle" auf die Nationalstaaten Griechenland und Türkei gerichtet und fand ihren Ausdruck in den politischen Zielen TAKSIM oder ENOSIS.

---

50 Drechsler, Hilligen, Neumann, Gesellschaft und Staat, Lexikon der Politik, Franz Vahlen, München, 2003,10. Auflage, S. 663

51 Vgl. Nikitopoulos, Ingeborg, Aspekte der Selbstbestimmungsproblematik in den Vereinten Nationen, Berlin, 1970, S. 77

52 Vgl. Veiter, S. 121ff

53 Vgl. Karadi, Matthias, Lutz, Dieter, Außen und Sicherheitspolitik, in Südosteuropa-Handbuch, Hrsg. K.-D. Grothusen, Steffani, W., Zervakis, P., Göttingen 1998, S. 126

3.5 Der Begriff ‚Volk'

Volk ist im politischen und historischen Sinn fast gleichbedeutend mit Nation und zeichnet sich durch gemeinsame geistige und kulturelle Entwicklung und gemeinsame Sprache aus.[54] Vielfach wird der Begriff synonym mit dem Begriff Nation verwendet. Quaritsch, der juristische Schwerpunkte setzt betont, dass Volk nur als „Staatsvolk" ein juristischer Begriff ist. In den Natur- und Geisteswissenschaften geht es dagegen um Merkmale wie z.B. gemeinsame Sprache, Abstammung, Raum, Religion, Geschichte, Kultur und Recht.[55]

Veiter streicht heraus, dass der Begriff Nation keine reine ethnische Komponente enthält. ‚Volk' kann somit eine Abstammungs-, Sprach-, und Kulturgemeinschaft sein. ‚Volk' als Synonym für Summe der Staatsbürger, als politische Kategorie, als Masse, als Bevölkerung[56] wird im weiteren nicht tiefer behandelt, wichtig in Bezug auf Zypern ist das ‚Selbstbestimmungsrecht der Völker', dazu mehr im Folgenden.

Die Zugehörigkeit eines Menschen zu einem Volk kann – oder sollte – nur durch freie Willensäußerung erfolgen.

Die Anwendung des Prinzips der Freiwilligkeit ist jedoch nicht immer leicht, da es die Erscheinung der Assimilation gibt. Dieses Phänomen ist am Beispiel der Juden ausführlich erforscht. Der dramatische Antisemitismus des 20. Jahrhunderts machte die Antisemitismusforschung notwendig:

„Für den Antisemiten stand jedoch noch eine sehr wesentliche Frage im Mittelpunkt, die nicht so eindeutig zu beantworten ist: Wer ist Jude? Was ist ein Jude? Wer macht wen zum Juden?"[57]

Dieser Gedanke scheint ohne weiteres auch auf andere Völker anwendbar. Nicht nur die National – Sozialisten missbrauchten den Be-

---

[54] Vgl. Lingen Lexikon, München, 1974, S. 247

[55] Quaritsch, S. 23

[56] Vgl. Veiter, S. 241

[57] Wachter Andrea, Antisemitismus im österreichischen Vereinswesen für Leibesübungen 1918-38 am Beispiel der Geschichte Ausgewählter Vereine. Phil. Diss., Wien, 1983, S. 39

griff „Volk“ im völkerrechtlichen Sinne, sondern auch in der Gegenwart wird diese Praxis weitergeführt (siehe Türkei, Iran z.B. mit den Kurden, Armeniern et al.).

Im Falle Zyperns gibt es zwei Volksgruppen, die beide die objektiven und subjektiven Kriterien erfüllen, um sich als Träger eines Selbstbestimmungsrechtes zu definieren: „Es muss sich um eine ethnische Gruppe mit einer homogenen Kulturstruktur, wie sie sich insbesondere in Religion und Sprache manifestiert, handeln, die den Willen zur Bewahrung dieser Homogenität und zur autonomen Entscheidung über ihr politisches Schicksal hat. Diese Kriterien treffen auf beide zypriotischen Volksgruppen zu.“[58]

In der einschlägigen Literatur wird darauf hingewiesen, dass sowohl ganze Völker als auch Volksgruppen in ethnisch uneinheitlichen Staaten das Recht auf Selbstbestimmung haben.[59]

---

58 Laffert, S. 26
59 Ebenda, S. 26f

3.6 Der Begriff der ‚Minderheiten'

Der Minderheitsbegriff bezeichnet generell eine zahlenmäßig geringere Gruppe – im politikwissenschaftlichen Sinn handelt es sich um nicht herrschende Gruppen, die stabile ethnische, sprachliche und religiöse Traditionen (welche sich von der übrigen Bevölkerung unterscheiden) verfolgen und diese erhalten wollen.[60]

Im Zuge der Erörterung des Zypernkonfliktes wird es zu klären sein, welche Aspekte eine signifikante Rolle spielen. Man unterscheidet verschiedene Typen von Minderheiten:

Ein Beispiel dafür, dass das Phänomen der Minderheiten so gut wie überall existiert bzw. existiert hat, ist das jüdische Volk in der Diaspora.
Jean-Paul Sartre formulierte:

„Wenn es keinen Juden gäbe, der Antisemit würde ihn erfinden."[61]

In diesem Sinne handelt es sich um eine Haltung der ganzen Persönlichkeit gegenüber der Minderheit sowie deren Geschichte und deren Gesellschaft.

Man kann zwischen „Volksgruppen" einerseits und „Minderheiten" andererseits unterscheiden: Ersteren stünde das Selbstbestimmungsrecht zu, Zweiteren ein Anspruch auf individualrechtlichen Minderheitenschutz.[62]

Um die türkische „Minderheit" auf Zypern zur „Volksgruppe" zu machen verfolgte die türkische Regierung eine gezielte Besiedlungspolitik.

Die Frage, ob die türkischen Zyprioten als „Minderheit" oder als „Volksgruppe" zu behandeln seien, spielte im Laufe der interkommunalen Verhandlungen eine große Rolle:

---

60 Vgl. Lexikon der Politikwissenschaft, München, 2002, S. 617
61 SARTRE; J. P., Betrachtungen zur Judenfrage, Zürich, 1948, S. 10
62 Vgl. Laffert, S. 27

In der UNO- Resolution 2625 über das Selbstbestimmungsrecht der Völker ist in Bezug auf „Minderheiten“ die zweite Komponente interessant: „... der Anspruch auf „innere Selbstbestimmung“, erhält besondere Bedeutung, wenn die rechtlichen Voraussetzungen für einen Anspruch auf „äußere Selbstbestimmung“ nicht gegeben sind. Der Selbstbestimmungsanspruch einer Volksgruppe, die in einem Staat lebt, in dem eine andere Volksgruppe oder ein anderes Volk die Mehrheit bildet, wird dann zum Anspruch auf ein Autonomiestatut.“[63]

Nach meiner Hypothese stellt dieser Wechsel vom ‚Schutz‘ einer Minderheit zur Selbstbestimmung einer Volksgruppe quasi die politische Strategie des türkischen Mutterlandes dar, für die der türkische Bevölkerungsanteil gezielt vergrößert wurde.

---

63 Laffert, S. 36

3.7 Die Begriffe „Weltmacht“, „Großmacht“ und „Imperium“

Weltmachtpolitische Bestrebungen sind Bestandteil meiner Hypothesen und Analysen, eine Begriffsklärung ist daher unumgänglich.

3.7.1 Der Begriff WELTMACHT

Als Weltmächte werden Staaten bezeichnet, die wegen ihrer wirtschaftlichen, politischen und militärischen Stärke global einen starken Einfluss auf kleinere Staaten ausüben. Die USA hat heute nach wie vor diese Macht, während Russland diese Position, obwohl die UDSSR diese innehatte, noch nicht einnehmen konnte. China, Japan und die EU spielen heute ebenfalls eine wichtige weltpolitische Rolle.[64]

Im Folgenden soll ein kurzer Abriss darüber gegeben werden, ob und welche Auswirkungen der jeweiligen „Weltbeherrschung“ Zypern erfuhr. Das British Empire wird im Kapitel der zugehörigen zypriotischen Geschichte abgehandelt.

Die Arbeit erstreckt sich auch noch auf die postkoloniale und postinvasive Periode. Da die Politik der USA eher institutionell ausgeübt wurde und kein prinzipieller Strategiewechsel stattfand, erfolgt die Abhandlung der amerikanischen Strategien an dieser Stelle.

Für den Zypernkonflikt wichtig ist die Beleuchtung der Rolle der USA als Weltmacht. „Waren die USA 1945 die Vormacht des Westens, so sind sie heute die Vormacht der Welt“.[65] Ab dem Augenblick, von dem sie selbst durch Atomwaffen bedroht waren, änderte sich die Haltung der USA: vorher neigten sie zum Isolationismus[66], was an der geschützten „Insellage“ lag, nun fühlte sich Nordamerika territorial direkt bedroht. Der Begriff „Isolationismus“ wird von Gärtner allerdings als irreführend bezeichnet, weil er Zurückhaltung aus internationalen

---

64 Vgl. Brockhaus Enzyklopädie, Bd. XXIV, Mannheim, 1994, S. 49

65 Czempiel, E.-O.; Die Vereinten Nationen und die amerikanische Weltpolitik seit 1945, erschienen in: Rittberger, Volker (Hrsg.): Weltordnung durch Weltmacht oder Weltorganisation. Baden Baden, 2006, Vgl. S. 26

66 Vgl. Gärtner, Heinz: USA-Weltmacht auf neuen Wegen. Bd. 10, Berlin, 2010, S. 61

Angelegenheiten bedeutet. Das wird von der Haltung der USA im 19. und in der ersten Hälfte des 20. Jahrhunderts behauptet, stimmt aber nicht ganz, weil die USA sich nie isolierten und international immer aktiv waren.[67]

Laut Czempiel strebte Roosevelt keine klassische Hegemonie an, sondern eine multilateral führende Politik unter einer neu zu schaffenden, internationalen Organisation.[68] Weiters nennt er als Charakteristikum des ‚regnum Americanum' die Selbstbeschränkung der Macht.

Der Begriff „Hegemonie" ist jedoch nach Gärtner nicht klar definiert, weil „er nicht ausdrückt, wie stark die Stellung eines Staates im internationalen System sein muss, um von Hegemonie sprechen zu können. Hegemonie kann vom Empire dadurch unterschieden werden, dass letzteres auch Einfluss auf inneres Strukturen hat, was bei einer Hegemonie zwar auch der Fall sein kann, aber nicht notwendigerweise so sein muss."[69]

Czempiel meint, die USA wollten kein Imperium gründen, sondern die „Rolle eines Hegemons ... mit Selbstbeschränkung der Macht. Die USA taten noch mehr. Sie betteten diese Hegemonie zusätzlich in eine Internationale Organisation ein, in der sie – wiederum zu Recht – das richtige Instrument sahen, die traditionelle Machtpolitik europäischen Stils ein für alle Male zu überwinden."[70]

Ihre Vormachtstellung wollte die USA zwar militärisch sicherstellen, jedoch ohne militärischen Wettstreit, weshalb sie ihre Aufrüstung vorantrieben. „Es galt das Prinzip der Vorherrschaft – jetzt und immerdar."[71]

Obwohl sich die USA nie als Kolonialmacht verstand, unternahmen sie „Strafexpeditionen gegen nordafrikanische Piratenstaaten im Mittelmeerraum. 1812 hatte sie einen völlig unnötigen Krieg gegen Großbritannien vom Zaun gebrochen, und später Eroberungsfeldzüge gegen

---

67 Vgl. Gärtner, S. 61
68 Vgl. Czempiel, S. 27
69 Gärtner, S. 56
70 Czempiel, S. 27
71 Joffe, Josef: Die Hypermacht. Warum die USA die Welt beherrschen, München, 2006, S. 36

Mexikaner, Indianer und Spanier, in deren Verlauf sich die Nord-Amerikaner innerhalb eines Jahrhunderts fast einen ganzen Kontinent einverleibten."[72]

Was aber, wenn mehrere Staaten um die Weltmacht ringen? Zwischen Weltmächten herrscht Machtrivalität und jede „muss ihre Sicherheit so auslegen, dass sie ein Machtvakuum füllt, bevor der Gegner es füllt, und dass sie einen Neutralen zu beeinflussen sucht, bevor der Gegner ihn beeinflusst. Mit anderen Worten: der Sicherheitsbegriff wird grenzenlos und die Machtrivalität ist mit der Politik des Status quo unvereinbar."[73]

Die Vereinten Nationen wurden gegründet, um die Hegemonie der USA zu liberalisieren (siehe oben) und laut Außenminister Hull das „Instrument, mit dessen Hilfe sich das überkommene System der Kriege, der Allianzen und Gegenallianzen, der Einflusszonen, der Gleichgewichte und Abschreckung überwinden ließ."[74],[75] Die Wurzeln der Vereinten Nationen sieht Czempiel im Realismus und Liberalismus und meint, „dass die Liberale Schule, im Gegensatz zum Realismus, die anarchische Struktur des internationalen Systems nicht für unveränderlich und unaufhebbar hält, sondern in der Internationalen Organisation eine Strategie sieht, die diese Struktur abzuschwächen imstande ist."[76]

Hauptsächlich war die UNO nach dem 2. Weltkrieg damit beschäftigt, den Ost-West-Konflikt zu behandeln.[77] „Ihren Konfrontationsverzicht zu stabilisieren, wurde für die Großmächte ein vorrangiges Ziel, nachdem die Kuba-Krise 1962 fast die nukleare Konfrontation zwischen Washington und Moskau heraufgeführt hätte. Auf beiden Seiten wuchs das Interesse, den Konfrontationsverzicht durch eine weitere, diesmal direkte Kooperation bei der Kontrolle der Massenvernichtungswaffen zu ergänzen. Sie wurden allerdings nicht den VN überge-

---

72 Joffe, S. 37

73 Löwenthal, Richard; Die Sowjetunion als Weltmacht. Berlin 1976, S. 16

74 Statement Cordell Hull 1944, in: Documents on American Foreign Relations (DAFR), Bd. VI. S. 12

75 Budgetangaben bei Ziegler S. 73: die USA finanzieren 26% des UNO Haushaltes und den Grossteil der Sondereinsätze

76 Cziempel, S. 27

77 Vgl. Rittberger, S. 29

ben."[78] Bis zum Ende des kalten Krieges ist die ,Zypernpolitik' der UNO auch unter diesem Gesichtspunkt zu sehen. Mehr dazu ab Kapitel 6.16.

Brzezinski nennt auch den IWF und die Weltbank als Hegemonieinstrumente der USA, beide sollten globalen Interessen dienen, sind aber von den USA dominiert.[79] Eine vergleichbare Rolle hat für ihn auch die NATO – nämlich institutionelle Ausübung amerikanischer Interessen.[80]

Laut Joffe könnten die USA als Hegemonialmacht drei Strategien verfolgen, wovon zwei nicht praktikabel sind: die Weltherrschaft und ihr Gegenteil, den Isolationismus. Die Weltherrschaft wäre für die USA illusorisch, also unmöglich, weil sie damit überfordert wären, die ganze Welt unter Kontrolle zu bringen und zu halten. Isolationismus hingegen würde die USA dazu zwingen, sich als Ordnungsmacht zurückzuziehen, was nicht dem „American way" entspräche, der darauf abzielt, dass das Umfeld der USA so gestaltet ist, dass sie ihren Interessen und Werten dienlich sind.[81]

„Bleibt also als einzig praktikable nur die dritte Strategie übrig: Gleichgewichtspolitik im weitesten Sinne. Diese versucht, die Mitspieler Nummer zwei, drei, vier ff. davon abzuhalten, sich gegen die

---

78 Rittberger, S. 31

79 Vgl. Brzezinski, Zbigniew, Die einzige Weltmacht, Amerikas Strategie der Vorherrschaft, Weinheim und Berlin, 1997, S. 49, zur Person Brzezinski: er war 1977-1981 Sicherheitsberater des US Präsidenten Carter und Professor für amerikanische Aussenpolitik an der John Hopkins Universität. Seine Visionen zum moralischen Anspruch auf die amerikanische Führungsrolle hat er in dem Buch ,Macht und Moral' dargelegt, es wird später noch zitiert. Seine Vorschläge zur moralischen Erneuerung um diesem Anspruch zu genügen finden sich darin auf S. 124. Zu seiner Positionierung: er fürchtet eine weltweite Anarchie, würde sich die USA aus der Weltpolitik zurückziehen – s. sein Buch „Die einzige Weltmacht, Amerikas Strategie der Vorherrschaft", Weinheim und Berlin, 1997, S. 53 Ebenda: Wegen der gestiegenen Zugänglichkeit z.B. auch für Massenvernichtungswaffen für immer mehr Staaten sowie auch terroristische Gruppen sieht er für die USA eine – wenn auch kurze – historische Chance sich als Stabilisator zu profilieren. S. 303 ff. Seine Begründung: nur die USA ist in der Lage, seine Nuklearwaffen weltweit zu verlegen- vgl. Sein Buch Macht und Moral, S. 107.

80 Brzezinski, Zbigniew, Die einzige Weltmacht, Amerikas Strategie der Vorherrschaft, Weinheim und Berlin, 1997, S. 79

81 Vgl. Joffe, S. 124 f

Nummer eins zusammenzurotten, um sie einzudämmen oder gar zu besiegen.“[82]

Joffe meint, dass diese Option in zwei Varianten zerfiele, welche der britischen und der des deutschen Kaiserreiches entsprächen, auch wenn diese längst Vergangenheit sind: Beide Großmächte hatten in Europa die Vorherrschaft, aber konnten nicht alle unterwerfen. Trotzdem konnten sie eine gewisse Zeitlang ihre Stellung halten, wobei sie gezwungen waren, sehr wachsam gegen feindliche Bündnisse aufzutreten.[83]

Nach Ende des ‚kalten Krieges' konnten die USA als quasi alleinige Weltmacht 1997 ein Projekt starten, genannt das „Project for a new American Century“, PNAC, das die Führung der USA weltweit auch militärisch sichern sollte. Ihm zugrunde liegt die Vorstellung, dass die „amerikanischen Werte“ richtig und „von Gott gewollt“ seien, zu einer besseren Welt führen und dass die Verteidigung dieser Werte auch mit militärischen Mitteln erlaubt sein. „Es geht nicht um Herrschaft oder Hegemonie, Ausbeutung oder Unterdrückung, der Zauberbegriff heißt ‚preeminence'... Hierzu setzt das PNAC konsequent auf die Militarisierung, die auf die langfristige Herstellung einer guten Ordnung zielt.“[84]

Die Autoren des PNACs benennen folgende Hauptaufgaben:
„Verteidigung des American homeland;
- die Fähigkeit, mehrfach und gleichzeitig Kriege zu führen und gewinnen;
- das Sicherheitsumfeld in kritischen Regionen zu prägen;

- die nukleare strategische Überlegenheit erhalten;
- die personelle Stärke der Streitkräfte bei 1,4 bis 1,6 Mio. Soldaten wieder herzustellen;
- den Ausbau permanenter Militärbasen in Südeuropa und in Südostasien;

---

82 Joffe, S. 126
83 Vgl. Joffe, S. 127
84 Ruf, Werner in: Österreichisches Studienzentrum für Frieden und Konfliktlösung (Hg.) Die Neue Weltordnung in der Krise. Von der uni-zur multipolaren Weltordnung? Friedensbericht 2008, Wien, 2008, S. 19

- die Modernisierung der US- Streitkräfte, insbesondere der Luftwaffe der Unterwasser- und Überwasser-Flotte, die Luftwaffe müsse zu einer ‚globalen Erstschlagwaffe' gemacht werden;
- die Entwicklung und Aufstellung eines globalen Anti-Raketen-Raketen- Systems, so dass globale Schläge aus der Luft und dem Weltraum möglich werden, ohne dass die USA eine Zweitschlagskapazität anderer Mächte fürchten müssen;
- Kontrolle des Weltraums; hierzu soll eine neue Waffengattung, die ‚US Space Forces', entwickelt werden;
- den Anteil der Militärausgaben auf 3,5 bis 3,8% des Bruttosozialprodukts erhöhen, was eine jährliche Steigerung des Militärbudgets um 15 bis 20 Mrd. US Dollar bedeutet.
- die Entwicklung biologischer Waffen;
- die Finanzierung des Vorhabens soll durch Einsparungen im Sozialbereich gesichert werden."[85]

Dahinter steckt die sehr konservative und überhebliche amerikanische Einstellung, dass die USA für sich den moralischen Anspruch erheben, die Welt nach ihren Vorstellungen zu ordnen und zu bestimmen, was gut oder böse, richtig oder falsch sei.

Allerdings bleibt es das vorrangigste Ziel der USA, die Energieressourcen, besonders die Ölquellen, weltweit zu kontrollieren. Somit geht es also doch auch wieder um Hegemonie.[86]

Gärtner sieht die Gefahr von unilateralen Handlungen der USA, indem z. B. Präsident George W. Bush zwischen „gut und böse unterscheidet, aber die Grautöne übersieht."[87] Unilateralität führt zu „Zwang, Ordnung und Gewalt", während Multilateralismus „Diplomatie, Reform und Überzeugung" bedeutet. Dabei folgen manchmal bedauerlicherweise über Gespräche hinaus keine Handlungen, ein quasi systemimmanenter Nachteil, wenn Handlungen über (zu viel) Administration laufen. Dabei ist die Administration zu Bushs Nachfolger unterschiedlich. Obamas Administration benutzt die Europäer nicht nur als Verbündete gegen nichtdemokratische Staaten und als Truppenlieferanten – er geht eine andere Richtung, indem er die gemeinsame Verantwortung für Probleme wie den Terrorismus und die Klimaerwärmung zu

---

85 Ruf, S. 20
86 Vgl. ebenda, S. 23
87 Gärtner, S. 60

Themen macht. Anstatt von „Multilateralismus“, ein Begriff, der während der Bush Ära in Misskredit gebracht wurde, zu sprechen, verwendet man in Obamas Regierung „Partnerschaft“ im Sinne von Partizipation und Lastenteilung was z.B. zivile Wiederaufbauprojekte betrifft.[88]

Einschub Uni-Multilateralismus nach Gärtner: Unilateralismus sieht er als Tendenz eines Landes, alleine auf Probleme und Herausforderungen einer Region zu reagieren. Multilateralismus beinhaltet für ihn politische, wirtschaftliche und kulturelle Beziehungen zwischen mehreren Staaten, administriert über internationale Organisationen.[89]

3.7.2 Der Begriff GROSSMACHT

Großmacht ist ein Staat, der seine Macht politisch, wirtschaftlich und militärisch nutzt, um Einfluss auszuüben auf internationale politische Kräfte, und bestimmend z.B. bei Friedensschlüssen zu wirken. Nach dem Zweiten Weltkrieg wurde zunehmend der Begriff ‚Weltmacht’ anstatt Großmacht verwendet.[90]

Zu den Großmächten zählten kurze Zeit Schweden und die Niederlande und bis ins 18. Jahrhundert Spanien. Die bedeutendsten Großmächte waren Russland, Preußen, die Habsburger Monarchie, Frankreich und Großbritannien. Die Vereinigten Staaten und Italien wurden erst im 19. Jahrhundert zu Großmächten, Japan im 20. Jahrhundert.[91]

Nach dem Ersten Weltkrieg zerfiel das System der europäischen Großmächte, nach dem Zweiten Weltkrieg verloren die Großmächte hinter den neuen Weltmächten an Macht. Daneben gewannen Blockbildungen an Bedeutung, wie etwa die Arabische Liga, Europäische Zusammenschlüsse, Organisation der Amerikanischen Staaten.

Großbritannien hat den Rang als einflussreichste Großmacht nach dem 2. Weltkrieg an die USA abgetreten und die USA wollen, dass sich der

---

88 Vgl. ebenda. S. 182
89 Vgl. Gärtner S. 60
90 Vgl. Brockhaus Enzyklopädie, Bd. IX, Mannheim, 1989, S. 204
91 Vgl. Ebenda, S. 204

Rest der Welt ihnen anpasst bzw. möglichst „amerikanisch“ wird. Europa hingegen wehrt sich (noch) gegen diese vehemente Einflussnahme.[92] Darwin nennt die Zeit des kalten Krieges eine Phase der amerikanischen Expansion.[93]

„Gesellschaften, die sich nach den politischen Katastrophen des 20. Jahrhunderts der Stabilität und Berechenbarkeit verschrieben haben, tun sich naturgemäß schwer in dieser gar nicht so schönen neuen Welt mit ihren schmerzhaften Anpassungsforderungen.“[94]

Mit der Entwicklung von Atombomben wurde der Begriff „Großmacht“ durch einen weiteren – der „Weltmacht“ – ergänzt, wie der Philosoph Professor Heller definiert:

„Weltmacht/Supermacht: Die Prädikate ‚Weltmacht‘ und ‚Supermacht‘ erlangten die USA ausschließlich durch den Besitz der Atombombe mit ihrer Vernichtungskraft und vor allem durch ihre Anwendung! Mit der Atombomben-Explosion über Hiroshima und Nagasaki am 06. und 09. August 1945 wurden die USA mit den Titeln ‚Superpower‘ und ‚Weltmacht‘ dekoriert. Richtiger wären Prädikate wie ‚Criminal Empire‘ oder ‚Weltverbrecher‘.“[95]

---

92 Vgl. Joffe, S. 115

93 Vgl. Darwin, S. 451

94 Joffe, S. 115

95 Khella, Karam: „Jederzeit, überall, mit allen Waffen“ Imperialismus heute Krieg und Frieden, Theorie und Praxis Verlag, Hamburg, 3. Auflage 2012, S. 18

3.7.3 Der Begriff IMPERIUM

Hardt und Negri gehen in ihren Ausführungen über das „Empire" besonders auf die Verknüpfung mit dem Recht ein, das zentralisierend und vereinheitlichende Auswirkungen auf die Entstehungsprozesse eines Imperiums haben. Schon das römische Reich legte die Maßstäbe für Moral und Recht, wobei die von oben verordneten Gesetze für Frieden und Gerechtigkeit totalitäre Werkzeuge darstellten. Die Faktoren Raum und Zeit sind, was das Recht betrifft, als unendlich aufzufassen, weil die Ordnung, die das Recht schafft, sich auf den ganzen Raum auswirken soll. Dazu soll das ethisch begründete Recht immerwährend sein.[96]

Imperium steht für das Imperium Romanum aber auch generell für Weltreiche, wie es z.B. das British Empire darstellt, ein Paradebeispiel für Verknüpfung von Wirtschaftsform und Politik, die, da es das Schicksal Zyperns betraf, in den folgenden Seiten behandelt werden soll. Die Strategie war: Handel und informelle Herrschaft wenn möglich, Handel und direkte Herrschaft wenn nötig.[97] Das Lexikon der Globalisierung gibt folgende Definition: „Ein Imperium ist ein großräumiges, hierarchisch aufgebautes Herrschaftsgebiet, das auf einer außergewöhnlichen Machtkonzentration universaler Symbolik beruht. Die Beherrschten sind meist sehr heterogen, multiethnisch und ungleichmäßig integriert; das Grenzgebiet gilt als prinzipiell unbeschränkter Expansionsraum, in dem eine als kulturell unterlegen wahrgenommene Bevölkerung lebt; dort sind asymmetrische Konflikte die Regel."[98] In der folgenden Arbeit wird der Begriff dem Forschungstrend von 1989 entsprechend mit seiner politisch implizierten Dynamik[99] verwendet.

---

96 Vgl. Hardt, Michael, Negri, Antonio: EMPIRE Die neue Weltordnung, Frankfurt/Main, 2002, S. 24 ff

97 Vgl. Röhrich, Wilfried, Politik als Wissenschaft, München, 1987, S. 55 Ebendort: die Anmerkung des britischen Kolonialministers: „Unser Ziel ist: die Verwirklichung des größten Ideals, das jemals Staatsmännern ... vorgeschwebt hat: Die Schaffung eines Reichs wie es die Welt noch nie gesehen hat. Wir müssen bauen an der Einheit der Staaten um die Ozeane." S. 54-55.

98 Kreff, Fernand, Knoll, Eva-Maria, Gingrich, Andre: Lexikon der Globalisierung, Bielefeld, 2011. S. 146

99 Ebenda, S. 147

„Ähnlich wie im Falle Großbritanniens und Kaiserdeutschlands lässt sich im falle Amerikas heute allenfalls von Vorherrschaft, nicht von Oberherrschaft sprechen, weshalb der Begriff des ‚Imperiums', der neuerdings durch die Diskussion geistert, im strengen Sinne auf die USA nicht zutrifft."[100] Dieser Ansicht schließt sich auch Röhrich an, er nennt den britischen Freihandelsimperialismus das Vorbild der nach dem 1. Weltkrieg zur Weltmacht aufsteigenden USA, wobei informelle Handelsvorherrschaft statt formeller Herrschaftsimperialismus praktiziert werden sollte.[101]

Ein kurzer Einschub zum Aufstieg der USA zur wirtschaftlichen und politischen Großmacht: Nach dem ersten Weltkrieg wurde aus dem ehemaligen Schuldnerstaat ein Gläubigerland, Frankreich und Großbritannien mussten die amerikanischen Waffenlieferungen bezahlen.[102] Zuvor war der Binnenmarkt in Europa gesättigt, Bankiers und Unternehmer schafften ein großes Finanzkapital, das am Ende des 19. Jahrhunderts sich auf andere Kontinente ausdehnte.[103]

Dabei schließt die Charta der Vereinten Nationen die Herrschaft über fremde Territorien aus. Die beiden Großmächte USA und UdSSR hatten sich demgemäß über die Grenzen ihrer Einflussgebiete geeinigt, aber China als dritte Großmacht stellte für beide immer wieder einen Unsicherheitsfaktor dar. Jedenfalls war der kalte Krieg eine „Epoche der amerikanischen Expansion"[104], indem die USA die Weltwirtschaft größtmöglich beeinflussten. Sie nahmen das Ende des Kalten Krieges nicht als Chance wahr, „sich ihrer imperialen Lasten zu entledigen, sondern als historische Chance, den künftigen Kurs der Weltgeschichte zu gestalten. Der Zeitpunkt war gekommen, zu dem man die Umgestaltung der Weltwirtschaft endlich abschließen konnte, die bereits in den 1970er und 1980er Jahren begonnen worden war."[105] Zum Begriff „Kalter Krieg" ist anzumerken, dass es sich um die westliche Bezeichnung für die Absenz des Krieges handelt:

[100] Joffe, S. 127
[101] Vgl. Röhrich, S. 58
[102] Ebenda, S. 183.
[103] Ebenda, S. 58. Anmerkung: Die Strategie der USA über multinationale Konzerne weltweiten Absatz der eigenen Güter sicherzustellen: Vgl. Röhrich, S. 66
[104] Darwin, S. 451
[105] Ebenda

„Der Ausdruck ‚Kalter Krieg' ist Anfang der 1950er Jahre aufgekommen. Nach der Wende (1190) wurde gesagt, er sei beendet. Der ‚Kalte Krieg' ist ein Ausdruck, den der imperialistische Westen zur Charakterisierung des Verhältnisses zum sozialistischen Osten für die zeit zwischen 1950 und 1990 geprägt hat. Zwischen den USA und den NATO-Staaten auf der einen Seite und der Sowjetunion und den Warschauer-Pakt-Staaten auf der anderen gab es keinen Krieg und auch keinen Frieden. Der Westen sprach vom ‚Kalten Krieg' und verriet damit, daß der ‚Krieg' weitergeht, nur sei er zur Zeit eingefroren, provisorisch kaltgestellt. Es gibt nicht den Frieden, sondern den Kalten Krieg."[106]

Ziegler sieht die Ziele moralische Kraft, Friedenserhaltung und soziale Organisationsfähigkeit jenen anderer Mächte überlegen, unterstellt aber gleichzeitig Kissingers Imperialtheorie Unehrlichkeit, was er mit der Anzahl der aufgetretenen Kriege belegt.[107]

Auch Darwin stellte die Frage, ob es sich bei Amerika um ein grenzenloses Imperium handle, und stellt in Bezug auf das bipolare Zeitalter fest: „Zwei große imperiale Systeme hatten sich bemüht, die (reale oder eingebildete) Expansion des jeweils anderen einzudämmen und die breite, von postkolonialer Instabilität gekennzeichnete Zwischenzone im eigenen Interesse zu stabilisieren."[108]

Gärtner ist der Ansicht, dass, obwohl die USA nach dem Ende des kalten Krieg die stärkste Macht bleibt, jedoch der „unipolare Moment" zu Ende gegangen sei.[109] „Unipolarität bezeichnet ein internationales System, in dem eine Macht dominiert. Die Definition sagt nichts über das Ausmaß der Dominanz der stärksten Macht aus. Zusätzlich verweist Gärtner darauf, dass die Definition „Unipolarität" für den Neorealismus bedeutet, dass der „zweitstärkste Staat alleine kein Gegengewicht gegenüber dem stärksten Staat bilden kann."[110] Für Reali-

---

106 Khella, S. 66

107 Vgl. Ziegler, Jean: Das Imperium der Schande, Der Kampf gegen Armut und Unterdrückung, München, 2008, S. 71

108 Darwin, John: Der imperiale Traum. Die Globalgeschichte großer Reiche 1400 – 2000. Aus dem Englischen Michael Bayer und Norbert Juraschitz, Frankfurt/New York, 2008, S. 450

109 Vgl. Gärtner, S. 57

110 Gärtner, S. 56

sten könne es keine länger währende Unipolarität geben, weil „andere Staaten im Sinne des Mächtegleichgewichts versuchen würden die Macht und Stärke des dominierenden Staates auszugleichen.“[111]

Wenn man den Begriff Unipolarität auf die USA auch nicht vollinhaltlich anwenden kann, könne trotzdem nicht davon ausgegangen werden, die Weltordnung sei wirklich multipolar. Multipolarität kann sowohl eine Gefahr als auch eine Chance bedeuten, weil Multipolarität einerseits zu „Alleingängen, Konfrontation und Aufrüstung führen“[112] könne. Andererseits beinhaltet sie auch die Möglichkeit zum Multilateralismus, indem der Fokus statt auf Einzelinteressen auf gemeinsamen Interessen liegt.[113]

[111] Gärtner, ebenda
[112] Gärtner, S. 57
[113] Vgl. Gärtner, S. 58

3.8 Der Begriff „Imperialismus“

Ist das Schicksal Zyperns vom Imperialismus beeinflusst? Ausgehend von der dialektisch-historischen Sichtweise (mehr dazu in Kapitel 4.1) auf die politischen Schicksalsschläge Zyperns im 20. Jahrhunderts, versuche ich im Folgenden zu analysieren, welche Dimensionen des Machtstrebens Zypern zum Spielball fremder Weltmächte werden ließ. Wenn der Kapitalismus nach der Weltwirtschaftskrise von 1929, nur durch die imperialistische Expansion überleben konnte[114], so gilt es zu untersuchen, ob die Großmachtpolitik von Imperialismus getrieben war.

Unter Imperialismus ist … „das Streben polit. Mächte, über die eigenen Staatsgrenzen hinaus territorial zu expandieren oder ihren polit., wirtschaftlichen, militärischen und/oder kulturellen Einflussbereich auf Kosten der unterworfenen bzw. penetrierten Gesellschaften auszudehnen,“ zu verstehen.[115]

Der Begriff etablierte sich in den 70iger Jahren des 19. Jahrhunderts in England und wurde rasch in andere Sprachen übernommen. Der damalige Imperialismus geht auch immer mit einem starken europäischen Selbstbewusstsein einher, der ‚Legitimation’ andere Völker zu beherrschen.[116] Geiss weist darauf hin, dass der Begriff unterschiedlich verwendet wird (politisch, wissenschaftlich und ökonomisch).[117]

Machtstreben in Kombination mit der Verbreitung bestimmter Ideologien z.B. Liberalismus), sowie seit dem 19. Jahrhundert Nationalismus paarten sich oft mit dem Imperialismus. Nationalismus insofern, dass „Lebensraum“-Gewinnung eines bestimmten Volkes als Vorwand für Eroberungen diente.

---

114 Vgl. Calamaros, Arthouros-David, Internationale Beziehungen, Theorien-Kritik-Perspektiven, Stuttgart, 1974, S. 59

115 Nohlen, Dieter; Schultze, Olaf-Rainer; Schüttemeyer S. Susanne: Lexikon der Politik, Politische Begriffe, Bd. 7, München, 1998, S. 262

116 Vgl. Fenske, H., Mertens. D., Reinhard, W., Rosen, K. Geschichte der politischen Ideen, Von der Antike bis zu Gegenwart, 1996, Frankfurt a.M., 1996, S. 491ff

117 Vgl. Witt, P.-C: Holl, Karl, List, Günter (Hrsg): Liberalismus und imperialistischer Staat, Göttingen, 1975, S. 40

Imperialismus ist untrennbar mit der Wirtschaftspolitik des Freihandels im British Empire des 19. Jahrhunderts verbunden.[118] Bürgertum, das Fernhandel betreibt, braucht politischen Schutz – die Außenpolitik wird der Wirtschaft unterworfen.[119] Dabei werden 3 Phasen unterschieden: der klassische Imperialismus von 1880-1914, der verschleierte Imperialismus (1914-1945) und der Neoimperialismus (ab 1945), seit den 1960iger-Jahren wird darunter die zukünftige kapitalistische Durchdringung der „Dritten Welt" gesehen.[120]

Die kritisch-dialektische Schule sieht folgendes Strukturprinzip im Imperialismus: die machtpolitische vertikale Schichtung (Industriestaaten beuten unterentwickelte Staaten aus), die horizontalen gesellschaftliche, grenzübergreifenden Interaktionen gegenüber steht.[121]

„Heute versteht man unter I. alle Maßnahmen, die darauf ausgerichtet sind, fremde Gebiete mit politischen, militärischen, wirtschaftlichen oder kulturellen Mitteln zu beherrschen, auszubeuten und abhängig zu machen. I. ist also – im weitesten Sinne – die Ausnutzung fremder Ressourcen ohne adäquate Gegenleistung zur Verstärkung der eignen [sic] Macht"[122]

Darwin meint: „Imperialismus kann man als den Versuch definieren, anderen Gesellschaften die Herrschaft eines Staates dadurch zu oktroyieren, dass sie in sein politisches, kulturelles und wirtschaftliches System eingegliedert werden".[123] Die Interessen sind meist wirtschaftliche, und werden dadurch gerechtfertigt, dass die Kolonialmächte den kolonialisierten Völkern angeblich zu „moralischem und materiellem Fortschritt"[124] verhelfen.

Darwin ist der Ansicht, dass die Weltgeschichte vom Imperialismus der Reichen geprägt sei. „Ein Blick auf die Weltgeschichte legt viel mehr die Vermutung nahe, dass zumindest in der Politik imperiale

---

118 Vgl. Röhrich, S. 23

119 Vgl. Röhrich, S. 51

120 Vgl. Filzmaier, Peter; Gewessler, Leonore; Höll, Otmar; Mangott, Gerhard: Internationale Politik, Wien, 2006, S. 88

121 Vgl. Filzmaier et alii, S. 88

122 Noack, Paul, Stammen, Theo: Grundbegriffe der politikwissenschaftlichen Fachsprache, München, 1976, S. 110

123 Darwin, S. 392

124 Ebenda

Macht während der meisten Zeit der Standard war. Imperien sind Systeme des Einflusses oder der Herrschaft, in denen sich ethnische, kulturelle, oder ökologische Grenzen überschnitten oder schlicht ignoriert wurden.“[125]

Imperien sind großen Spannungen, z. B. Aufständen, ausgesetzt, was letztlich ihren Zusammenbruch bewirken kann. Auch die Belastungen der Bevölkerung im „Mutterland“ des imperialen Staates können zu Revolten und in weiterer Folge zum Sturz der Regierung und zum Zerfall des Imperiums führen.[126]

Die Imperialismusforschung bestätigt den Zusammenhang von Industrialisierung und den daraus resultierenden zyklischen Wirtschaftsstörungen (Depressionen). Die Kolonialisierungswelle Ende des 19. Jahrhunderts ist ein Paradebeispiel dafür: Die Kolonien sollten Quelle für günstige Rohstoffe, billige Arbeitskräfte und Absatzgebiet sein. Gleichzeitig erhoffte man damit auch das Binnenwachstum sicherstellen.[127] Die Briten z.B. sahen Ende des 19. Jahrhunderts darin die einzig richtige Vorgehensweise gegen handelspolitische Abschottungen (z.B. der USA) und Schutzzollsysteme (des europäischen Festlandes). Zahlreiche Kriege aller damaligen Großmächte waren die Folge dieser Expansionspolitik; der Zeitzeuge Lenin bezeichnete dies als bösartigen Kapitalismus höherer Ordnung.[128]

Wann Zypern Teil welches Imperialismus wurde (wirtschaftlich, politisch, militärisch), soll im Folgenden in den Kapiteln um den Teil zypriotischer Geschichte beleuchtet werden, als es britische Kolonie war, aber auch nach der Unabhängigkeit, als es NATO-Stützpunkt, Makarios seine blockfreie und Anti-Imperialismus Politik anstrebte und UNO-Friedenssicherungstruppen erhielt.

---

125 Darwin, S. 461

126 Vgl. Darwin, S. 463f

127 Vgl. Witt, P.-C: Holl, Karl, List, Günter (Hrsg): Liberalismus und imperialistischer Staat, Göttingen, 1975, S. 7

128 Vgl. Menke-Glückert, Peter: Liberalismus und imperialistischer Staat, Göttingen,1975,S. 35

3.9 Die Bedeutung des Begriffes ‚Spannungsfeld' in Bezug auf die Zypernfrage

In dieser Arbeit wird der Begriff „Spannungsfeld" als Konfliktpotenzial verstanden. Im Laufe der Geschichte war die Mittelmeerinsel Schauplatz zahlreicher Auseinandersetzungen und man kann daher ohne Zweifel vom „Zypernkonflikt" sprechen.

Die Konfliktpsychologie befasst sich sowohl mit individuellen als auch mit kollektiven Konflikten und lieferte umfassendes Material auch zu Zypern. Für unsere Fragestellung sind Ergebnisse der Friedensforschung hilfreich, wenngleich der Schwerpunkt dieser Arbeit auf internationalen Beziehungen liegt, soll doch ein kurzer Einblick in die Konfliktforschung gegeben werden. Diese geht vom Begriff der „strukturellen Gewalt" aus. Das Armutsgefälle eines Volkes oder einer Nation kann so groß sein, dass strukturelle Gewalt herrscht. Diese kann leicht in äußerliche Gewalt umschlagen.

(Nach meiner Meinung ist) Es ist für diese Arbeit sinnvoll den Konfliktbegriff in Anlehnung an Frank R. Pfetsch zu verwenden.[129]
„Konflikte entstehen immer dann, wenn verschiedene maßgebliche politische Kräfte ein und dasselbe Gut, wie zum Beispiel ein Territorium, eine politische Position oder eine bestimmte ökonomische Ressource begehren und es darüber zum Streit kommt..."[130]

Frank R. Pfetsch führt weiter aus, dass auf mindestens einer Seite die organisierte Staatsmacht beteiligt sein muss.
Er ordnet die Zypernfrage den sogenannten „Grundkonflikten" zu. Darunter versteht er Auseinandersetzungen bei denen die Konfliktgegenstände sowie die Kontrahenten die gleichen bleiben. Ebenso gibt es dabei verschiedene Phasen. Auch können dritte und vierte Mächte oder Organisationen eine Rolle spielen. Alle diese Kriterien treffen auf Zypern zu.[131]

---

129 Vgl. Pfetsch, Frank, R. (Hrsg.),Konflikteseit 1945, Daten, Fakten, Hintergründe, Europa, Freiburg-Würzburg, 1991, S. 8

130 Pfetsch, ebenda

131 Vgl. Ebenda, S. 9f

Beim Konfliktpotenzial Zyperns müssen auch weitere Bereiche berücksichtigt werden: So gibt es in diesem Spannungsfeld auch ethnische und religiöse Aspekte. Es handelt sich um ein sehr komplexes Geschehen, wie es für zahlreiche andere politische Konflikte der Nachkriegszeit des 20- Jahrhunderts charakteristisch ist.
Als Beispiele können angeführt werden: Die Katholiken in Nordirland, die Basken in Spanien und Frankreich, die Tibeter in China, die Kurden in den sechs Staaten Türkei, Irak, Iran, Syrien, Russland und Libanon.

Im Falle Zyperns kann man im Verlauf der Geschichte beobachten, dass es immer wieder zu Wechseln zwischen einem latenten und einem manifesten Konflikt kam:
Durch die Interessen und die Einmischung der Großmächte USA und UdSSR im 20. Jhdt. sowie der ehemaligen Kolonialmacht Großbritannien ist die internationale Verstrickung offensichtlich. Dazu kommen die militärisch-strategischen Interessen in der Ägäis. Diese sind sowohl von Seiten der Großmächte als auch Griechenlands und der Türkei gegeben.

Ein Grund für die zahlreichen Konflikte von der Antike bis zur Gegenwart in wechselnden Formen mag auch die geo-politische Bedeutung und geografische Lage der Insel Zypern sein.

3.9.1 Abschließende Gedanken

Internationale Beziehungen werden heutzutage meist anhand der Konzepte ‚Staat', und ‚Nationen' betrachtet. Dazu erfolgte oben die Begriffsklärung. Im Weiteren erfolgt im Kapitel fünf über die Geschichte der Insel ein Abriss der internationalen Beziehungen anhand der Kolonialmacht des British Empires und der Mutterländer Griechenland und Türkei, sowie die Beleuchtung der Vorgänge im gemeinsamen Staat Zypern (1960-74) sowie die Beziehungen der Staaten GZ und des nur von TR anerkannten TZ. Da gerade der Status von TZ ein ganz besonderer ist, schien die Klärung der Begriffe wichtig. Es gibt auch Autoren, die meinen, die Grenzen auf Zypern verlaufen nicht anhand der politischen Begriffe, sondern anhand von Kultur, Religion und erlebter Geschichte[132]– dazu mehr im Folgenden.

[132] Vgl. Tatli, S. 27

4 Theoriekonzepte

4.1 Theorien zu Internationalen Beziehungen in der Politologie

Die Analyse jeder wissenschaftlichen Arbeit muss Konzepten bzw. Theorien nachgehen, will sie einer Systematik folgen. Für diese Arbeit essentielle Konzepte bezogen auf Internationale Beziehungen sollen im Folgenden kurz vorgestellt werden. Eine erschöpfende Vertiefung kann hier nicht erfolgen, da Theorieanalysen nicht der Schwerpunkt dieser Arbeit sind.

Die Herausforderung vor der Disziplin Internationale Politik steht, ist, die Praktikabilität ihrer Theorien: Oft lassen diese nur Einzelfallanalysen zu, Prognosen sind kaum möglich.

Im politikwissenschaftlichen Erkenntnisgewinn haben sich Schulen herausgebildet:

Die *normativ-ontologische Schule*, die von objektiven Wahrheiten ausgeht und daraus Werte für Handlungsweisen ableitet.[133] Die klassischen griechischen Philosophen Platon und Aristoteles sind die ältesten Vertreter dieser Methode.

Der Begriff „ontologisch" beinhaltet eine Seinsordnung oder spricht über den Sinn des menschlichen Seins. Diese Dimension hat eine religiös-christliche, weniger eine humanistische Bedeutung. Ontologische Betrachtungen zur Rechtfertigung einer normativ gesetzten „guten" Ordnung verhinderten aber eine dynamische Entwicklung von Demokratie und wurden als konservatives Bewahren eines bürgerlichen Liberalismus angesehen.[134] Dabei geht es auch um Normen und Prinzipien für politisches Handeln, also um die Bedingungen einer legitimen Gesellschaft.[135]
Dieser Ansatz, der nach dem Möglichem in Rahmen des wünschbar Guten strebt, ist ideengeschichtlich aufgestellt und kann (und will) da-

133 Vgl. Röhrich, S. 12

134 Vgl. Alemann von, Ulrich, Forndran, Erhard: Methodik der Politikwissenschaft, 1979, Stuttgart, S. 44f.

135 Vgl. Atac, Ilker; Kraler, Albert; Ziai, Aram (Hg.): Politik und Peripherie, 2011, Wien, S. 49

her vorausdenkend agieren und dementsprechend die politischen Handlungsträger beraten. Ihre Normen stammen aus der Vergangenheit und werden in das Denken hineinprojiziert. Als Hauptanliegen dieser Schule haben sich die Fundierung der Demokratie und das Regieren herauskristallisiert. Derartige Ansätze sind hilfreich bei Spekulationen über Zeitgeist und Werteverfall.

Daraus ergibt sich als Kritik, dass Wissenschaftler Politiker beraten wollen, die alle Zusammenhänge bei Entscheidungen kennen sollten, aber wenig Unterstützung bei Risiken leisten können, denn ihr Hauptfeld sind Werte und deren Erkennen.[136]

Die *empirisch-analytische Methode*, oft in den Naturwissenschaften angewandt, will durch Logik zu werturteilsfreien Beschreibungen der Wirklichkeit zu gelangen.[137] Kopernikus, Comte und Machiavelli haben nach ihr gearbeitet. Die wissenschaftliche Basis lieferte Popper, sie wurzelt im Positivismus des 19. Jahrhunderts: nur das empirisch Erfassbare gelten als positives Wissen, Sinn und Werte gesellschaftlicher Wirklichkeiten werden als Metaphysik abgetan. Dabei gibt es das induktive und das deduktive Verfahren, die zur Erfassung der Wirklichkeit in einem nie endenden Annäherungsprozess betrieben werden.[138]

In der Politikwissenschaft zählen die nachfolgend behandelten Konzepte Realismus und Idealismus zum empirisch-analytischen Wissensschatz, dieser enthält die meiste vorhandene wissenschaftliche Literatur und stellt damit das „Credo der Zunft“ dar.

Ziel der Forschung ist es durch die Überprüfung von Hypothesen zu Aussagen über Regel- oder Gesetzmäßigkeiten in der gesellschaftlichen Realität zu gelangen und zu Problemlösungen beizutragen.[139] Obwohl diese Methode die empirischen Analysetechniken stark weiterentwickelt hat, so können nicht alle politischen Fragestellungen und komplexen Problembündel damit untersucht werden und nur unzureichend erfasst werden. Dadurch, so kritisieren die Vertreter der kritisch-rationalistischen Richtung, existieren subjektive Faktoren durch

---

136 Vgl. Naßmacher, Hiltrud, Politikwissenschaft, München, 2004, S. 499ff

137 Vgl. Atacet alii, S. 49

138 Vgl. Nassmacher, S. 502-503

139 Vgl. Ebenda, S. 49

die Wahl der Fragestellung, der Wahl des Verfahrens und des Untersuchungsmaterials. Auch die Metasprache, die wichtige Faktoren der Alltagssprache ausschließt, wird zum wichtigen Thema, weil die Ergebnisse der Forschung in der Alltagssprache leichter verstanden werden können.[140]

Kritiker bezeichnen ein derartiges Vorgehen als „Stückwerkstechnologie" oder als „raumzeitlose Gesetze".[141] Die Kritik an der empirisch-analytischen Forschung definiert sich einerseits als philosophische Auseinandersetzung oder naiven Rückfall in den materialistischen Positivismus.[142] Dennoch hat sie heute große Geltung, sie verfolgt die systematisch wertfreie Beobachtung, kausale Erklärungen und die Prognose politischer Prozesse.

Nassmacher verzeichnet ab den 1960iger Jahren einen Paradigmenwechsel, auch in der Politikwissenschaftsforschung gabt es „Untersuchungs-konjunkturen", die versuchen die komplexe Wirklichkeit zu spiegeln: über Institutionalismus, Pluralismus, Behaviorismus, Systemtheorie, Korporatismus, Politische-Kultur-Forschung und Politikfeldanalyse.[143]

So konnte die empirische Sozialforschung kann auch diesem Fach Fundamente liefern. Siedschlag sieht den Weg dahin in der Abkehr von der Chaostheorie basierten Systemtheorie sowie dem Sicherheitskonzept. Stattdessen schlägt er ein poststrategisches internationales Konfliktmanagement vor.[144]

Die *dialektisch-historische* (auch Frankfurter) Schule von Horkheimer, Adorno, Habermas, sieht Menschen als Erschaffer ihrer Lebensumstände und basiert auf den Marx'schen Kategorien bzw. Gesellschaftsanalysen. Geschichtlichkeit ist dabei ein wichtiger Begriff, weil Gesellschaft nur als historisch erfassbar und so auch wissenschaftlich

---

140 Vgl. Alemann von, Ulrich, Forndran, Erhard: Methodik der Politikwissenschaft, 1979, Stuttgart, S. 48f.

141 Naßmacher, S. 503

142 Vgl. Alemann von, Ulrich, Forndran, Erhard: S. 49ff.

143 Vgl. Naßmacher, S. 506 ff, wo im weiteren diese Strömungen erklärt werden, was hier aus zeitlichen Gründen unterbleiben muß.

144 Vgl. Siedschlag, Alexander: Neorealismus, Neoliberalismus und postinternationale Politik, Opladen, 1997, S. 19ff

zu greifen gilt. Werte wie Ordnung, Demokratie und Herrschaft seien nur konkretisierbar, wenn der historische Aspekt impliziert ist. Dialektik als Methode bedeutet, dass der einzelne Mensch immer in Beziehung zum Ganzen steht. Wichtig dabei ist, dass der Forscher als teilnehmender Beobachter arbeitet und nicht als außenstehendes Subjekt, worauf die Vertreter dieser Schule zu Recht Wert legen. Als kritische politikwissenschaftliche Theorie ist sie deshalb zu verstehen, weil sie die Praxis der Strukturen einer Gesellschaft als eine sich historisch entwickelnde Ganzheit sieht. Dabei augenfällige Phänomene wie Herrschaft und Zwang werden nicht als schicksalhaft hingenommen, die Abhängigkeit von Produktionsweisen und gesellschaftlichem Überbau (Ideologie, Recht, Politik) dezidiert beleuchtet.[145] Unabwendbar erscheint daher die Umkehrung der Verhältnisse, dem immer wieder auftretenden Sieg der bisher Unterlegenen, aus dem Widerspruch der (derzeitigen) Produktivkräfte und Klassen.[146]

Im Gegensatz zur normativ-ontologischen Schule ist anzumerken, dass einerseits keine festgelegte Gesellschaftsordnung anzustreben sei; andererseits auf der ontologischen Ebene der Glaubenssatz, dass es eine politisch handelnde Klassengesellschaft gäbe.[147]

Als Kritik an dieser Wissenschaftsschule sei der immanente Determinismus genannt, der auf politischen Widerstand gegen kapitalistische Strukturen zählte. Eine ‚Revolution' sei aber gerade in den „realsozialistischen" Ländern erfolgt.[148] An dieser Stelle möchte ich anmerken, dass sich an manchen Stellen die Marx und Engelschen Umwälzungen durchaus einstellten, jedoch in partiellen Facetten.[149] Hobsbawm bemängelt, dass das Urteil über Marx nicht auf seinen Überlegungen beruht, sondern wie man sein Denken im 20. Jahrhundert interpretierte. Er sah das unausweichliche Ende des Kapitalismus, die historische

145 Vgl. Filzmaier, Peter; Gewessler, Leonore; Höll, Otmar; Mangott, Gerhard: Internationale Politik, Wien, 2006, S. 89

146 Vgl. Naßmacher, S. 501 ff

147 Vgl. Atac, Ilker; Kraler, Albert; Ziai, Aram (Hg.): Politik und Peripherie, 2011, Wien, S. 49

148 Vgl. Filzmaier et alii, S. 90-91

149 Anmerkung: Als wahrgewordene Umwälzungen möchte ich die Kibbuzbewegung in Israel, die kubanische Revolution und die Politik Chavez in Venezuela nennen. Auch wenn jedes dieser Elemente Kritikpunkte enthält, beinhaltet es auch Verbesserungen der Lebensbedingungen der Betroffenen. Bis dato fehlen wissenschaftliche Untersuchungen zu derartiger Ereignisse.

Notwendigkeit der proletarischen Revolution, umriss aber die „klassenlose Gesellschaft“ nur vage.[150]

Um auf den „kritisch-dialektischen“ oder auch „gesellschaftskritischen“ Ansatz näher einzugehen, der in den 1960iger und 1970iger-Jahren im Zusammenhang mit der Frankfurter Schule seinen Höhepunkt hatte, liegt der Blick des Politologen auf der gesellschaftlichen Gesamtheit und der Geschichtlichkeit der Gesellschaft. Der Begriff der Dialektik ist auch Struktur- und Entwicklungsprinzip, wobei unterschiedliche Gruppen wie z.B. Produktivkräfte und Klassen in einem dialektischen Verhältnis gesehen werden. Auch gesellschaftliche Gegenkräfte bis hin zu gewaltsamen Klassenkämpfen wirken in dem dialektisch historischen Prozess fort.

Diese lösten sich nie auf, wobei die moderne bürgerliche Gesellschaft laut Marx die Klassengegensätze nur vereinfachte. Es entstanden die beiden bekannten Lager, die Bourgeoisie und das Proletariat.[151]

„In der bisherigen Geschichte ist es allerdings ebenso sehr eine empirische Tatsache, dass die einzelnen Individuen mit der Ausdehnung der Tätigkeit zur weltgeschichtlichen, immer mehr unter eine ihnen fremde Macht geknechtet worden sind (welchen Druck sie sich denn auch als Schikane des sogenannten Weltgeistes etc. vorstellen), eine Macht, die immer massenhafter geworden ist und sich in letzter Instanz als *Weltmarkt* ausweist.“[152]

Ausgehend von der Marxschen materialistischen Dialektik, dem daraus resultierten Geschichtsparadigma, mit Lenins These, der Imperialismus sei die höchste Stufe des Kapitalismus oder auch dem Ansatz von Kautsky und Luxemburg, über die Unterjochung der Welt durch den Kapitalismus wegen „fallender Profitraten“ im Inland,[153] sehen jene Politikwissenschaftler, die kritisch-dialektische Ansätze verfolgen, eine herrschaftsfreie Gesellschaft als Ziel an.

---

150 Hobsbawm, Eric, Philosophiemagazin, erschienen im Philomagazin Verlag, Berlin, Nr. 5/2012, S. 77 ff

151 Vgl. Marx, Karl, Engels, Friedrich: Das Kommunistische Manifest, 1930, Wien, S. 12

152 Marx, Karl: Der historische Materialismus, 2. Band, Leipzig 1952, S. 29

153 Vgl. Berg-Schlosser, Dirk, Stammen, Theo: Einführung in die Politikwissenschaft, München, 1974, S. 58-81, auch S. 291

So erklärt Rosa Luxemburg: „Die geschichtliche Dialektik bewegt sich eben in Widersprüchen und setzt auf jede Notwendigkeit auch ihr Gegenteil in die Welt. Die bürgerliche Klassenherrschaft ist zweifellos eine historische Notwendigkeit, aber auch der Aufruf der Arbeiterklasse gegen sie; das Kapital ist eine historische Notwendigkeit, aber auch sein Totengräber, der sozialistische Proletarier; die Weltherrschaft des Imperialismus ist eine historische Notwendigkeit, aber auch ihr Sturz durch die proletarische Internationale."

Neomarxistische Theorien teilen mit Luxemburg die Meinung, dass „der Zwang des Kapitals zur Akkumulation und Expansion auch auf internationaler Ebene zu Strukturen der Herrschaft und Ausbeutung, zu Imperialismus führt."[154],[155]

Luxemburgs Ansicht deckt sich mit Lenins, der zum Imperialismus seine Schlussfolgerungen zog: „Der Imperialismus erwuchs als Weiterentwicklung und direkte Fortsetzung der Grundeigenschaften des Kapitalismus überhaupt. ...die Konzentration der Produktion und des Kapitals so weit trieb, dass daraus das Monopol entstand und entsteht, nämlich: Kartelle, Syndikate, Trusts, und das mit ihnen verschmelzende Kapital eines Dutzends von Banken, die mit Milliarden schalten und walten ... denn auf der einen Seite ist das Finanzkapital das Bankkapital einiger weniger monopolistischer Großbanken, das mit dem Kapital monopolistischer Industriellenverbände verschmolzen ist, und auf der anderen Seite ist die Aufteilung der Welt der Übergang von einer Kolonialpolitik, die sich ungehindert auf noch von keiner kapitalistischen Macht eroberte Gebiete ausdehnt, zu einer Kolonialpolitik der monopolistischen Beherrschung des Territoriums der restlos aufgeteilten Erde."[156]

Es ist mein Bemühen zu analysieren, ob Zypern, besonders zur Zeit der türkischen Invasion, einer Großmachts-, Imperialismus- und/oder divide-et impera-Politik zum Opfer fiel. war. Ausgangspunkt dafür sind die Wahrheits- und Moralvorstellungen der Agierenden, die von den herrschenden sozioökonomischen Bedingungen und Idealen ge-

---

154 Atac, Ilker;Kraler, Albert; Ziai, Aram (Hg.): Politik und Peripherie, 2011, Wien, S. 51

155 Luxemburg, Rosa: Ausgewählte Reden und Schriften, 1. Band, 1951, Berlin, S. 389

156 Lenin, W.I.: Werke, Band 22, Dezember, 1915-Juli, 1916, Berlin, 1960, S. 269f.

prägt sind. Des Weiteren besteht die Attraktivität darin, dass diese Erkenntnismethode versucht, eine Verbesserung der empirischen Wirklichkeit zu schaffen und auch Gegensätze zulässt.[157]

4.1.1 Der „Realismus“ zur Untersuchung internationaler Beziehungen

Realismus forderte die Abkehr vom Idealismus, eine Anpassung der Politik an die politische Wirklichkeit und ist begründet, abgesehen von den, humanitären tragischen Folgen, durch die Katastrophe für die Wissenschaft, die den 2. Weltkrieg weder vorhersehen geschweige denn verhindern konnte, wozu letzterer einst initiiert wurde. Auch die damit einhergehenden Umbrüche – wie das Entstehen eines sozialistischen Lagers[158] waren innerhalb des Realismus völlig unprognostizierbar. Doch Nye nennt zur Analyse internationaler Beziehungen „Realismus“ auch die großen Denker Thukydides und Machiavelli als Vertreter dieses vorherrschenden Paradigma.[159]

Nach Hobbes sei das Streben nach Sicherheit der Auslöser für Rivalitäten zwischen den Staaten, da es keinen „obersten Schiedsrichter“ (bei ihm der Leviathan) gäbe, der quasi per Gewaltmonopol die als „anarchisch“ (herrschaftslose) empfundene Struktur der internationalen Beziehungen regle. Auch im Realismus wird die Welt als Ansammlung von Staaten gesehen, die im äußersten Fall ihre Souveränität mit Militärgewalt durchsetzen – wenn es keine über den Nationalstaaten stehende internationale Regierungsinstanz gibt. Dieser Ansatz erklärt, warum Weltpolitik gleich Machtpolitik sei – und Kriege der dominierende Faktor internationaler Beziehungen in den letzten Jahrhunderten gewesen sei.[160]

Das zugrunde liegende pessimistische Menschenbild kann durch anthropologische Grundannahme untermauert werden (Gier und Wunsch

---

157 Vgl. dazu auch: Calamaros, S. 14

158 Vgl. Calamaros, S. 17

159 Vgl. Nye, Joseph, S.: Macht im 21. Jahrhundert, Politische Strategien für ein neues Zeitalter, München, 2011, S. 46-47. Zur Person Nyes: Er ist Professor an der Kennedy School of Government in Harvard und war stellvertretender Verteidigungsminister unter Bill Clinton.

160 Vgl. Nye, S. 47

nach Vorherrschaft – vergleiche auch die Verhaltensanalysen von Schimpansen, die gewalttätig gegen ihre sowie andere Gruppen vorgehen[161]).

Im Neorealismus des 20. Jahrhunderts wird dieser Aspekt übergangen. Waltz prägte die „Logik der Anarchie“ da dezentrale Herrschaftssysteme gleichberechtigtes Nebeneinander bedingen – daher kann die Sicherheit eines einzelnen Staates nur durch Allianzen bewerkstelligt werden – so kann in weiterer Folge aus Vertragsrecht Gewohnheitsvölkerrecht werden.[162] Er sieht in einer Politik der Abschreckung (Militärmacht) das „bestmögliche Instrument der internationalen Friedenssicherung.“[163] Einwände hiergegen wären Außerachtlassen von innenpolitischen, kulturellen Aspekten sowie Führercharakteristika.[164]

Siedschlag hofft darauf, „dass die Disziplin Internationale Politik doch dazu gebracht werden kann, den Realismus als umfassende metatheoretische Grundorientierung zu begreifen.“ Er meint, der Klassische Realismus verkörpere „ein vollständiges weltanschauliches und politisches Überzeugungssystem, das auf soliden philosophischen, methodischen und transitorischen politisch-soziokulturellen Grundlagen, bzw. Ausgangsansätzen fußt. Er ist ein vollwertiges ... Wissenschaftssystem ...“[165]

Für Realisten ist der Kampf um Macht eine Grunddeterminante der internationalen Beziehungen. Kissinger, dessen Politik auch Auswirkungen auf Zypern hatte, wird als klassischer Vertreter einer „balance of power“ gesehen, als einzigem politischen Weg zur Schaffung einer internationalen Ordnung genannt – siehe dazu Kapitel 6.17. Nye zeichnet eine klare Neigung der USA zum „ersten Gesicht der Macht“ als politische Kultur und beziffert dies an der Leichtigkeit, mit der immer wieder der Etat des Pentagon im Vergleich zum Budget des Außenministeriums aufgestockt wurde.[166]

---

161 Vgl. Ebenda, S. 56

162 Vgl. Link, Werner, in: Lappenküper, Ulrich, Marcowitz, Reiner (Hrsg.): Macht und Recht, Völkerrecht in den internationalen Beziehungen, Paderborn, 2010, S. 235

163 Hubel, Helmut, Weltpolitische Konflikte, Baden-Baden, 2005, S. 28

164 Vgl. Hubel, S. 31

165 Siedschlag, Alexander: Neorealismus, Neoliberalismus und postinternationale Politik, Opladen, 1997, S. 35

166 Vgl. Nye, S. 46

Kissinger geht davon aus, dass es bei internationalen Beziehungen nie eine völlige Zufriedenheit geben könne:

„Paradoxerweise ist aber gerade die Tatsache der allgemeinen Unzufriedenheit eine Bedingung der Stabilität, denn wenn eine Macht völlig befriedigt wäre, wären alle anderen völlig unzufrieden mit dem Ergebnis, und eine revolutionäre Lage entstünde. Grundlage einer *stabilen* Ordnung ist die *relative* Sicherheit – und somit *relative* Unsicherheit – ihrer Mitglieder.“[167]

Die amerikanische Politik verfolgte diese ‚balance of power‘- Politik nicht nur im Kalten Krieg – sie hatte auch ihre Auswirkungen auf die Zypernpolitik, indem die USA versuchten, das Kräfteverhältnis zwischen der Türkei und Griechenland im Gleichgewicht zu halten.

„Die Sicherheit einer innenpolitischen Ordnung beruht auf der überwältigenden Macht der Autorität, die einer internationalen Ordnung auf ausgewogenen Kräften und deren Ausdruck, dem Gleichgewicht.“[168]

„Die Gründungsväter waren selbstverständlich kluge und gebildete Männer, die sich der Bedeutung des Gleichgewichts der Kräfte in Europa bewusst waren und es geschickt beeinflussten, um die Unabhängigkeit zu gewinnen.“[169] Laut Kissinger waren die USA aber in der Folge davon überzeugt, dass sie frei darüber entscheiden konnten, ob sie sich außenpolitisch engagieren sollten oder nicht, wobei sie sich nur von „moralischen Grundsätzen“ leiten lassen wollte.
„Der rivalisierende, manchmal zynische und immer relativistische Stil der europäischen Machtpolitik wurde in Amerika als abstoßendes Beispiel dessen angesehen, was man vermeiden müsse, und als weiterer Beweis für unsere moralische Überlegenheit.“[170]

---

167 Kissinger, Henry A.: Das Gleichgewicht der Großmächte. Metternich, Castlereagh und die Neuordnung Europas 1812-1822. Zürich, 1986, S. 279

168 Ebenda

169 Kissinger, A. Henry: Weltpolitik für morgen. Reden und Aufsätze 1982-1985. München, 1986, S. 16

170 Ebenda

Den Tenor der moralischen Überlegenheit spricht auch Brzezinski an, der eine weltweite Anarchie fürchtet, würde sich die USA aus der Weltpolitik zurückziehen.[171]

Das Theoriekonzept zum „Realismus“ mit expliziten sechs Grundsätzen beschreibt H. Morgenthau.[172] Für ihn bestimmt Macht menschliches Handeln- und Politiker handeln demgemäß – fußend auf einem dualistischen Menschenbild.[173] Um der angenommenen anarchistischen Organisationsstruktur internationaler Beziehungen Einhalt zu gebieten, sei eine ‚balance of power' unabdingbar. Als Kritikpunkte seien Albrechts Einwand genannt, dass nur Macht als Trieb zur Erklärung unzureichend sei, es gäbe auch Evolutionen im Gruppenverhalten. Zusätzlich ermögliche er keine Prognosen.[174]

Aufgrund einiger Erklärungsdefizite entstand daraus der Neorealismus, mit einigen Unterschulen des a) synoptischen Realismus (Stichworte: subjektives Interesse, multifunktionelle Macht, Perzeptionspluralismus); b) strukturellen Realismus (die Waltz'schen Thesen inspiriert durch die ökonomische Spieletheorie. Für ihn ist Machtgleichgewicht ein Zirkelschluss); c) ökonomischen Realismus (Stichwort Alternativkostenabwägung, rational-choice-Logik).[175]

Der synoptische Realismus, auch Münchner Neorealismus genannt, ist nach Siedschlag ein *„multi-image-Realismus“,* wodurch er sich von allen anderen (neo)realistischen Orientierungen unterscheidet.[176]

Der strukturelle Realismus ist ein von Walz entwickelter Neorealismus, der „aus der schöpferischen kritischen Auseinandersetzung mit dem klassischen Realismus Morgenthaus hervorgegangen“[177] ist.
„Die Grundannahmen bestehen, teils in expliziter Abgrenzung zum klassischen Realismus, aus sechs wesentlichen Komponenten: einem systematisch-strukturellen Theorieverständnis, der Aufgabe des Men-

171 Vgl. Brzezinski, Zbigniew, Die einzige Weltmacht, Amerikas Strategie der Vorherrschaft, Weinheim und Berlin, 1997, S. 53
172 Vgl. Bonacher, Thorsten, Konflikttheorien, Opladen, 1996, S. 338ff
173 Vgl. Siedschlag, S. 49-53
174 Vgl. Ebenda, S. 61-65
175 Vgl. Ebenda, S. 66-115
176 Vgl. Siedschlag, S. 68
177 Siedschlag, S. 84

schenbilds des klassischen Realismus, der Einführung spezifischer systemorientierter begrifflich-konzeptueller Leitannahmen, der Ersetzung des ontologischen Machtbegriffs des klassischen Realismus durch den analytischen Leitbegriff *Sicherheit,* der Ablehnung des *balance-of-power*-Konzepts des klassischen Realismus und der bewussten Einführung des Gestus einer staatszentristischen Großmachttheorie."[178]

Der ökonomische Realismus oder Gilpin'sche Neorealismus geht von drei Annahmen aus: Internationale Beziehungen seien per se konfliktbeladen, menschliche Primärmotive in der Politik seien Macht und Sicherheit und der Staat sei eine Koalition von Koalitionen.[179]

Als Kritik am synoptischen Neorealismus nennt Siedschlag: die überbewertete Segmentierbarkeit beider Theorien nämlich Rational Choice, „entweder-oder" Denken und unscharf definiertes Machtgleichgewicht. Die strukturelle Schule mache ad-hoc Annahmen und habe unverbundene Logikniveaus. Dem ökonomischen Neorealismus wird mangelnde Originalität, sowie fehlender Strukturkonnex nachgesagt.[180]

Der daraus resultierenden Postrealismus baut auf einer Konfigurationsanalyse, flexiblen außenpolitischen ‚Figurationen' sowie einer neorealistischen Allianztheorie.[181]

[178] Ebenda, S. 101
[179] Vgl. Ebenda, S. 100f
[180] Vgl. Siedschlag, S. 116-125
[181] Vgl. Siedschlag, S. 127-137

4.1.2 Vom Liberalismus zum Neoliberalismus in der Politikwissenschaft

„Der Liberalismus will, was die allgemeine Gesellschafts-, Staats- und Wirtschaftsauffassung betrifft, die ungehinderte Selbsttätigkeit des Menschen.“[182] Der Liberalismus sieht in der freien Entfaltung der Kräfte und Anlagen des Einzelnen den Motor für gesellschaftlichen Fortschritt. „Liberalismus (ist) zur unangefochtenen Ideologie bürgerlicher Herrschaft geworden, was historisch neu ist.“[183]

Historisch gesehen hat sich der Liberalismus aus Absolutismus und Feudalismus entwickelt, der Schlachtruf der Französischen Revolution „Liberté, Egalité, Fraternité“ kann als Kurzformel des Liberalismus dienen. Getragen vom wirtschaftlich aufsteigenden Bürgertum fand er seine besondere Ausprägung in der Wirtschaftspolitik. Seine Wurzeln kommen aus dem französischen Physiokratismus und der klassischen Volkswirtschaftslehre Adam Smiths (1723-1790). In seinem Werk der *Wohlstand der Nationen* zeichnete er sein Bild einer selbstregulierenden Weltwirtschaftsgesellschaft. Sie sollte dem aufstrebenden Bürgertum dienen und beschreibt eine klassische liberale Nationalökonomie.[184]

Der Staat solle dabei nur den Schutz des Eigentums, der Sicherheit der Bürger und des freien Wettbewerbs gewährleisten.[185] Gute Institutionen stehen im Vordergrund, das Individuum hat Vorrang vor der Gesellschaft, wobei an dessen Erziehung nicht gearbeitet wird.[186] Staatliche Einflussnahme wird zunehmend unterbunden, die Verbindung von Wohlfahrtsstaat und Kapitalismus ist kein Modell mehr, wenn Sozialpolitik betrieben wird, so befolgt sie Regeln, die dem Kapitalismus un-

182 In der Mauer, Wolf; Liberalismus, Wien, 1999, S. 14

183 Ebenda, S. 3

184 Vgl. Röhrich S. 24. Einschub: Die Smiths Annahme war, „dass wenn die einzelnen Menschen nach nichts anderem als ihrem eigenen Vorteil streben, für die Gesamtheit das beste herauskommt.“ Anmerkung: auf konkurrierende Einzelinteressen wird nicht eingegangen. Röhrich nennt als Widerspruch zwischen liberalen Zielen und der daraus entstandenen Realität der Betroffenen das zunehmende Elend der Besitzlosen. Statt „Wohlstand der Nationen“ kam sozialökonomische Abhängigkeit – s. Röhrich S. 25.

185 Vgl. In der Mauer, S. 16

186 Vgl. Brix, E., Kampits P., Zivilgesellschaft zwischen Liberalismus und Kommunitarismus, Wien, 2003, S. 15ff

tergeordnet sind. Dies schlägt sich in deregulierten Arbeitsverhältnissen und Lohnkürzungen nieder.[187] Die Freiheit des *laisser faire*, die Dinge laufen, die Menschen gewähren zu lassen, diesen Anspruch auf Freiheit sieht Foucault gar als eine Entwicklungsbedingung des Kapitalismus an.[188]

Der Liberalismus (in Kombination mit imperialistischem Vorgehen) wird oft ursächlich mit den Weltkriegen des 20. Jahrhunderts in Zusammenhang gebracht.[189] Besonders der Laissez-Faire-Liberalismus galt 1925 als gescheitert. Reformiert durch den Ansatz der Kritik am Staatsinterventionismus und Rückkehr zur Technologie des sparsamen Regierens wurde daraus der Neoliberalismus.[190] Daraus resultierte auch eine praktische Trendwende, für die das Stichwort „soziale Marktwirtschaft" stehen mag, die – bezeichnenderweise- nicht aus dem liberalen Lager kam.[191] Siedschlag weist bei der Verwendung des Begriffes „Neoliberalismus" darauf hin, diesen nicht mit weltpolitischem Liberalismus zu verwechseln, der in die Weltinnenpolitik hineingespielt.[192]

Während der (Neo)Realismus Konfliktprozesse im Fokus hat, baut das Theoriegebäude (Neo)Liberalismus innerhalb der Internationalen Beziehungen auf Kooperationsprozessen auf. Siedschlag zitiert Hobbes, der das Bild zeichnete, dass sich Staaten wie edle Ritter verhielten, die in permanente Fehden verwickelt waren. Konträr dazu geht das neoliberale Paradigma von subtileren sozial geregelten Konfliktmechanis-

---

187 Vgl. ebenda, S. 284-87

188 Vgl. Foucault, Michel; Sicherheit, Territorium, Bevölkerung, Geschichte der Gouvernementalität I, Frankfurt a.M., 2006, S. 77

189 Vgl. Mommsen, Wolfgang in: Holl, Karl, List, Günter (Hrsg): Liberalismus und imperialistischer Staat, Göttingen, 1975, S. 110 Anmerkung: ebendort finden sich auch Ausführungen über das Zusammenspiel von Imperialismus und militärische Gewalt sowie kolonialer Ausbeutung getarnt als „Free Trade" Vgl. ebenda, S. 111

190 Vgl. Tuncer, Mehmet Gökhan, Von der Herrschaft zur Regierung. Die Ausbreitung und Durchsetzung der neoliberalen Gouvernementalität in der Türkei, Dissertation, Wien, 2011, S. 84ff. Anm.: Ebendort finden sich auch die Foucault'schen Analysen des Neoliberalismus.

191 Vgl. In der Mauer, S. 107. Anmerkung: Vgl. ebendort, Ausführungen über Ludwig Erhard, vgl. dazu auch über die besonderen deutschen Voraussetzungen, wie das mangelnde deutsche Vertrauen in den Staat nach dem 2. Weltkrieg bei Tuncer, S. 85

192 Vgl. Siedschlag S. 152, Fussnote

men aus. Die Anarchie des internationalen Staatensystems sei demnach nicht perfekt, sondern sozial konstruiert. Für Mitranys Funktionalismus stellen die low politics (Ökonomie) eine Stabilität und damit eine Grundlage zur Friedenssicherung dar. Ausgehend von Waltz unvollständig ausformuliertem Strukturbegriff lieferte Keohane einen Klassiker für das 'kooperative Paradigma', für das der Neoliberalismus steht. Das Teilhaben an positiv bewerteten Effekten überwiegt nach diesem Modell die Selbstinteressen.[193]

Eine Gegenüberstellung: Im Unterschied zum Neorealismus nimmt der rationalistische Neoliberalismus im Falle vom Zustandekommen kooperativer Strukturen eine Abnahme der anarchischen Organisationsstrukturen der internationalen Beziehungen an. In Letzterem werden politische Intentionen verglichen, der Prozess ist problemgebunden.[194]

Klawatsch-Treitl stellt fest, „Neoliberalismus und Globalisierung sind hegemoniale Diskurse." Ohne hier auf einen möglichen Diskurscharakter der beiden Themen einzugehen, soll darauf hingewiesen werden, dass Glaubenssysteme wie diese ein Deutungsmuster ergeben, das die Welt erklären soll und wie alle Glaubensangelegenheiten schwer zu widerlegen sind.[195]

Als Kritik sei genannt, dass das Kooperationsthema auch im (Neo)realismus vorkommt, bereits bei dem Morgenthau'schen Machtgleichgewicht werden Kooperationen aufgewogen.

Nach Sauer werden Staatsdiskurse im neoliberalen Diskurs einseitig ökonomisch geführt. Sie diagnostiziert die Transformation des ‚Staatsprojekts' für ‚globalisierte Staaten': die Auflösung der Verbindung von Wohlfahrtsstaat und Kapitalismus ist für sie *der* Umbauprozess der westlichen Industriestaaten nach dem zweiten Weltkrieg. Dabei sieht sie die „nationalstaatlichen Eierschalen" erodieren, der internationale Kapitalismus verlangt als Politikkonzept eine internationale Infrastruktur, wie sie beispielsweise die EU liefert. Nationalstaatliche Politik soll fit gemacht werden für die ökonomische Globa-

---

193 Vgl. Ebenda, S. 151-160

194 Siedschlag, S. 165-166

195 Vgl. Klawatsch-Treitl, Eva: Entwicklungspolitische NGOs zwischen Markt und Staat, Wien, 2011, S. 113f

lisierung, sie soll sich – überspitzt gesagt – zum Gleitmittel für weltweite kapitalistische Produktion formieren.[196]

Sauer sieht den Neoliberalismus als derzeit herrschendes Weltprojekt, dem ein Sog des Unausweichlichen zugebilligt wird. Als politische Strömung wird dieser von der ökonomischen Globalisierung initiiert, wodurch dieser in weiterer Folge die wirtschaftlich-fiskalischen Regeln vorgibt. Sie hinterfragt, ob der Neoliberalismus das Los der Menschen sein muss und attestiert ihm Religionscharakter, dessen Kritik Häresieverdacht erregt.[197],[198]

Jürgen Mackert schreibt, dass soziale, politische und militärische Konflikte vom Ende des 19. Jahrhunderts bis 1945 zur Reorganisation von Staaten und Märkten führten.[199] Folge war die Regulierung nationaler Ökonomien in Europa und der Aufbau wohlfahrtsstaatlicher Systeme (keynesianische Wirtschaftspolitik).

Doch die ökonomische Krise in den 1970er Jahren führte erneut zu Experimenten mit angeblich „freien Märkten". Der Keynesianismus wurde abgelöst – es kam zu sogenannten „angebotsorientierten Wende" in der Wirtschaftspolitik.

Es handelt sich um die monetaristische Politik der Regierungen Reagan und Thatcher (Milton Friedman Doktrin), die zur Privatisierungen und zur Demontage des Sozialstaates führten.[200]

Seit dem Ende des 20. Jahrhunderts wurde der Neoliberalismus dann zur dominanten Wirtschaftstheorie im globalen Maßstab.[201]

---

196 Vgl. Sauer, Birgit: Die Asche des Souveräns. Staat und Demokratie in der Geschlechter-debatte, Frankfurt/Main, 2001, S. 286

197 Vgl. Ebenda, S. 284

198 Vgl. Sauers dialektisch-kritische Anmerkungen finden in Kapitel 4 ihren Hintergrund

199 Mackert, Jürgen, Die Macht des Neoliberalismus und das Schicksal des Staates. Kritische Anerkennungen zu Pierre Bourdieus zeitdiagnostischen Eingriffen: In: Florian, Michael;Hillebrandt, Frank (Hrsg.), Bourdieu, Pierre, Neue Perspektiven für die Soziologie der Wirtschaft, Wiesbaden, 2006, S. 200 f.

200 Demirer N. Göksel, Demirer, Temel, Duran, Metin, Görgün Özgür Orhangazi, Özgür, Gökcer, Yapici, Kahraman, Neo- Liberal Saldiri Kriz ve Insanlik,, Ankara, 1999, S. 63

201 Vergl. Mackert, S. 200

Vor diesem Hintergrund entwickelte Pierre Bourdieu seine Kritik am Neoliberalismus und wies auf die Folgeeffekte unregulierter globaler Märkte hin. Er spricht sogar von einer Höllenmaschine um die negativen Folgen des globalen Kapitalismus, der kurzfristige Gewinne und maximalen Profit anstrebt, zu charakterisieren.[202]

Ebenso beschrieb Bourdieu, die Effekte der neuen neoliberalen Produktionsweise, wie soziale Ungleichheit, Präkarität, Infragestellung kollektiver Strukturen der Arbeit und erbarmungsloser Überlebenskampf.[203]

---

202 Bourdieu, Pierre, Gegenfeuer. Wortmeldungen im Dienste des Widerstands gegen die neoliberale Invasion, Konstanz, 1998, S. 114

203 Ebenda, S. 110ff

4.2 Konflikt-Theoretische Konzepte

Konflikttheorien sind im Rahmen der internationalen Beziehungen bei Machtanalysen im Zuge der realistischen Politikschule Forschungsbereiche mit dem Ziel der militärisch-wissenschaftliche Ausrichtungen. Für diese Arbeit stellen sie nur ein Mittel zum Zweck (Erschaffung eines Imperiums, s. Kapitel 3.7, 3.8) dar, deshalb sollen im Folgenden nur gestreift werden.

Konflikte und politischer Realismus stehen in folgendem Zusammenhang: Politik ist laut Weber und Nietzsche der Wille zur Macht.

„Folgende fünf Verbindungen sind für die realistisch verstandene Macht und den Konflikt entscheidend: Erstens die *Allgegenwärtigkeit von Macht* und deshalb auch von Konflikt. Zweitens ihre tragische Verschwisterung mit dem Missbrauch von Macht. Drittens ist ihr unbedingter *Expansionsdrang* charakteristisch, was zu einem Verständnis der Eskalation von internationalen Konflikten beiträgt. Viertens sind Macht und damit die Ziele der Konfliktparteien im internationalen System grundsätzlich auf *nationale Sicherheit, Herrschaft und Prestige* gerichtet, und fünftens ergibt sich im Kampf um Macht häufig eine Tendenz zur *ideologischen Verschleierung* des Selbstzwecks der Macht.“[204]

Ein Kondensat der Hauptkonzepte soll nun hier erfolgen.

4.2.1 Handlungsorientierte Konfliktkonzeption

Dieser Konfliktansatz sieht Spannungen zwischen Handlungseinheiten (z.B. Staaten) als Ursache an, die in weiterer Folge zu Konflikthandlungen führen. Demnach wären Konflikte prinzipiell lösbar. Generell bedeuten Krieg und Krise die Unterbegriffe von Konflikten für Eberwein et alii.[205] Zur Bestimmung von Konflikten ist essentiell, herauszuarbeiten, ob ein unüberwindbarer Gegensatz oder eine spezifischer Wettbewerb vorherrscht. Sie unterscheiden innerhalb der handlungs-

204 Bonacker, S. 78

205 Vgl. Eberwein, Wolf-Dietrich, Reichel, Peter: Friedens- und Konfliktforschung, München, 1976, S. 115-117

orientierten Konflikte zwei Untertypen: Interessens- und Normenkonflikte.

4.2.2 Strukturelle Konfliktkonzeption

Bei diesem Konzept wird von permanentem Konfliktpotential ausgegangen, latente Konflikte manifestieren sich zeitweilig. Sie entstehen aus der Umwelt der Konfliktgegner, aus den Beziehungen der Gegner zueinander und zur deren restlicher Umwelt. Da Konflikte demnach immer auf strukturelle Ursachen zurückführbar wären, wären sie nicht lösbar sondern nur regulierbar.[206] Als Untertyp wird der Wertekonflikt genannt, der ein verschleierter Interessenskonflikt sein kann.[207]

Hubel führt an, wie dieser Konflikttypus besonders einer dem Realismus verbundenen Politikphilosophie entsprechen kann. Er nennt dazu als Beispiel den Peloponnesischen Krieg, das Machtstreben zwischen dem antiken Athen und Sparta, somit keine neue, ‚moderne' Politikkonzeption. In Bezug auf diese Arbeit ist interessant, dass internationale Beziehungen grundsätzlich als erstens) konflikthaltig verstanden werden können, zweitens die Loyalitäten der Menschen Gruppenzugehörigkeiten bewirken (z.B. Nationalstaaten aber auch Ethnien – daraus resultieren Gruppenkonflikte) drittens) das Macht- und Sicherheitsstreben diktiert auch moralisches oder kosmopolitisches Gebaren.[208] Genau das nennt Hubel auch als Kritikpunkt: dieses „nicht bezähmbare Machtstreben ...als ...wesenhafte Setzung", was gleichzeitig den „liberalen" Standpunkt verdeutlicht, dass Politik eben genau dieses Machtstreben durch Regeln und Institutionen beeinflussen solle.[209]

Nach diesem Konzept wären Interessenkonflikte keine eigenständigen Phänomene, sondern vorgegeben durch ein Ungleichgewicht (Herrscher gegen Beherrschte) sind die Positionen (und damit die Werte)

206 Ebenda, S. 116
207 Ebenda, S. 117
208 Vgl. Hubel, S. 24 ff.
209 Ebenda, S. 29

entsprechend festgelegt. Für Dahrendorf sind Wertkonflikte daher verschleierte Interessenskonflikte.[210]

Laut Gantzel haben handlungsorientierte Konflikte ein symmetrisches Konfliktverständnis, während bei strukturellen Konflikten das Verständnis asymmetrisch sei.[211]

4.2.3 Abschließende Gedanken zum Thema Konfliktforschung

Auch wenn die Betrachtung des Zypernkonflikts im Rahmen der Konfliktforschung nicht zentrales Thema dieser Arbeit ist, so sollen doch die Verbindung von Konflikttypus und der jeweiligen Politik gemacht werden. Besonders deutlich wird dies in den Kapiteln 6.11., 6.17. und 6.19. gezeigt.

Ein „moralischer Einschub" soll an dieser Stelle erfolgen: Bereits Niebuhr, ein klassischer Vertreter der realistischen Politikschule führte 1932 die Kräfteverhältnisse zweier Gruppen auf deren moralischen Hintergrund zurück, da es nach seiner Meinung keinen Gruppenegoismus gäbe. Er plädiert daher für eine politische Regelung derartiger Verhältnisse[212] Auch Kissinger schreibt den moralischen Überzeugungen regulierende Kräfte im Kampf um die Macht zu, Realpolitik sei ohne moralische Überzeugung nur schwer zu betreiben.[213]

Es muss auch die Rolle der UNO verdeutlicht werden, die den Zypernkonflikt nicht bereinigen konnte: Aufgaben der UNO sind Konfliktprävention und Friedenssicherung. Die Mittel dazu sind politische Verhandlungen, Boykotte und nichtkriegerische und kriegerische militärische Interventionen gegen einen Friedensstörer.[214] Mehrt dazu in Kapitel 6.9 und 6.16.

---

210 Vgl. Eberwein, S. 117
211 Vgl. Eberwein, S. 118
212 Vgl. Hubel, S. 27
213 Vgl. Varvaroussis, S. 171
214 Vgl. Ahlbrecht, K., Benediek, A., Meyers, R. Wagner, S.: Konfliktregelung und Friedenssicherung im internationalen System, Wiesbaden, 2009, S. 165

4.3 Kritische Friedensforschung, Dependenz- und Weltsystemtheorie

Die Kritische Friedensforschung steht konträr zum politischen Realismus. Ihr liegt die Aufklärung als philosophisches Konzept zugrunde und sie verfolgt das Ziel einer globalen Friedenssicherheit. Anders als im politischen Realismus wird als Grundmotivation des Menschen nicht das Streben nach Macht, sondern nach Vernunft angenommen. Durch vernunftbestimmte Maßnahmen lassen sich Konflikte vermeiden oder bereinigen, weil nach Lösungsansätzen für ein menschenwürdiges Leben für alle Parteien gesucht wird, wodurch ein globaler Friede erreicht werden soll.[215]

Die Dependenz- und Weltsystemtheorie ist eine Reaktion auf Modernisierungstheorien innerhalb der internationalen Beziehungen, welche die unterschiedlichen Entwicklungsstadien der Nationen und Regionen für Konflikte verantwortlich machen. Die Dependenztheorie betreibt eine Marx'sche Analyse und macht auf die Gegensätzlichkeit von politischer Vergesellschaftung zu ökonomischer internationaler Vergesellschaftung aufmerksam: Selbst wenn die Politik die Integration von Staaten betreibt, kann durch die innere Dynamik des Kapitalismus (Stichworte: Expansion, Arbeitsteilung, ungleicher Tausch) opponiert werden. Daraus entwickeln sich Hierarchien, wobei die Peripherien in Abhängigkeit vom Zentrum stehen.[216]

Zypern mag auch als ein treffendes Beispiel für die Konfliktterminologie Galtungs gelten: Er unterscheidet (konstitutiv für die kritische Friedensforschung essentiell) zwischen struktureller und persönlicher Gewalt. Im Verhältnis zwischen armen und reichen Ländern, bei dem Abhängigkeiten und Ausbeutungen entstehen, übt für ihn das Zentrum der Macht strukturelle Gewalt auf die Peripherie aus. Da die internationalen Beziehungen auch Arbeitsteilungen regeln, ist die Interessensharmonie relativ. Für die Peripherie ergeben sich in diesem Setting Ungleichheiten der Lebenschancen.[217]

---

215 Vgl. Bonacker, Thorsten: Konflikttheorien. Eine sozialwissenschaftliche Einführung mit Quellen, Opladen, 1996, S. 81f

216 Vgl. Ebenda, S. 86

217 Ebenda, S. 83

Der prominente Vertreter dieser Theorie, Krippendorf, verweist auf die soziale Funktion des Militärs als repressives Disziplinierungsorgan. Für ihn ist der Konnex des Ursachenkomplexes Staat, Kapitalismus und Militär für Kriege als Extremform für internationale Konflikte verantwortlich. Die strenge militärische Ordnung (Hierarchie, Gehorsam, Disziplin), die er auch kapitalistisch-industriellen Organisationsstrukturen zuschreibt sieht er als mitverantwortlich für die großen Verwüstungen des 20. Jahrhunderts.[218]

So schreiben auch Kraler, Atac und Ziai zur *Politik und Peripherie* über die mächtige Rolle der europäischen Expansion und die dadurch entstandene Vergrößerung kapitalistischer Produktionsweisen bedingt durch Kolonisierung und Imperialismus, dass für die Entstehung der Peripherie eine Zahl von europäischen Ländern oder von Europa beeinflussten Staaten verantwortlich sind, die mit gewaltvollen Strategien der „Unterordnung und Eingliederung in ein internationales System“ Territorien eingliederten, die vormals wirtschaftlich mächtig und einflussreich etabliert waren. Dieses ist eine historische Entwicklung, wobei das Bild „Zentrum-Peripherie“ das Verständnis der Ungleichheit zwischen den beiden Termini ausdrückt und Macht- und Wohlstandsaspekte in einem Ungleichheitsverhältnis beschreibt.[219]

Dieses entstand dadurch, dass die wirtschaftliche Expansion des Zentrums die Ökonomien der Peripherie bedingen, wie die Dependenztheorie besagt. Die Länder der Peripherie sind in das kapitalistische System eingegliedert, diese Verknüpfung begründet die „Rückständigkeit und die Ausbeutung der peripheren Volkswirtschaften“.[220]

Meiner Meinung nach wird der Zypernkonflikt gut durch dieses Theorem beschrieben: Als „Zentralmächte“ agieren westliche Großmächte, Zypern unterliegt den oben genannten Peripherie-Zwängen. Durch das British Empire wurde Zypern Teil der kapitalistischen Weltordnung. Wirtschaftlich abhängig, wurde es durch seine geostrategische Lage auch politisch diszipliniert, wofür die türkische Invasion ein Beispiel ist. Dieser theoretische Ansatz findet sich in den meisten der folgenden Kapitel wieder, die sich mit den historischen, politischen Ereig-

218 Ebenda, S. 84f

219 Vgl. Atac, Ilker; Kraler, Albert; Ziai, Aram (Hg.): Politik und Peripherie, Wien, 2011, S. 11 u. 13

220 Atac, Schippers in: Politik und Peripherie, 2011, S. 118

nissen beschäftigen und die die Konstellation der Konfliktparteien analytisch im Hinblick auf Zentrum (Weltmachtakteure) und Peripherie hin untersucht. Dieser Aspekt der Friedensforschung dient der theoretischen Unterfütterung dieser Arbeit. Eine weitere Vertiefung soll nicht erfolgen, da angesichts der vielen Kriege nach dem 1. Weltkrieg die Friedensforschung vielfach mit dem Vorwurf der Erfolgslosigkeit behaftet ist.

5 Die Geschichte Zyperns

5.1 Von den historischen Anfängen bis zum Ende der venezianischen Besetzung

Durch ihre spezielle Lage im Mittelmeerraum war die Insel Zypern seit der Antike Lebens- und Durchgangsraum von verschiedensten Völkern, Kulturen und Religionen. Zwangsläufig kam es dadurch auch zu bewaffneten Konflikten.

„Die Mittelmeerinsel Zypern war Schlachtfeld und Begegnungsraum von Völkern und Staaten, von Kulturen und Religionen- von Hethitern, Ägyptern und Assyrern, Achäern, Phönikern und Persern, Römern, Arabern und Kreuzrittern, Genuesen, Venezianern und Türken sowie von Heiden, Juden, Christen und Moslems.“[221]

Zypern liegt seit der Entstehung der Hochkulturen im Spannungsfeld zwischen Orient und Okzident, zwischen östlichen und westlichen Einflüssen und Religionen. Diesbezüglich teilt es das Schicksal der gesamten Region, des gesamten Nahen Ostens, wo sich die Wege vieler Kulturen kreuzen.

Nicht nur der reichliche Waldbestand, sondern auch das Kupfervorkommen war für Eroberer ein starker Anreiz. Zypern war im östlichen Mittelmeer mykenischen Handels- und Handwerksleuten bekannt.[222] Außerdem wurde das zypriotische Volk zur Leistung von Tributen und Kriegsdiensten an wechselnde Invasoren wiederholt herangezogen.[223]

Dabei sticht ins Auge, dass Zypern war fast nie unabhängig und lange von fremden politischen Mächten (z.B. Osmanen, Großbritannien in den letzten beiden Jahrhunderten) dominiert wurde.

Zur Frühgeschichte gibt es unterschiedliche Ansätze: ein seit dem Jahr 2000 Mitarbeiter der türkischen Botschaft, Hakan Ekici, zitiert in seiner Diplomarbeit, dass die Ureinwohner Zyperns türkischen Ur-

---

221 Maier, Franz Georg, Cypern, Insel am Kreuzweg der Geschichte, zweite Auflage, München, 1982, S. 20

222 Vgl. Tzermias, Pavlos: Geschichte der Republik Zypern. Tübingen, 1991, S. 4

223 Vgl. Gürel, Sükrü S., Kibris Tarihi (1878-1960), Istanbul, 1984, S. 11

sprungs waren: „Die archäologischen Untersuchungen auf der Insel geben ein deutliches Zeichen, dass die Ureinwohner der Insel nicht aus West(Europa) kamen, sondern aus Mittelasien und vermutlich türkische Nomaden waren.“[224], [225], [226]

Das ist historisch unpräzise und eine gewagte Annahme, die einer pantürkischen Argumentation[227] dient, dass Zypern den Türken gehört. Es ist eine historische Tatsache, dass viele Völker seit Jahrtausenden auf

---

224 Ekici, Hakan: Der Zypern-Konflikt und die Rolle der EU. Diplomarbeit an der Grund- und Integrativwissenschaftlichen Fakultät der Universität Wien, Wien, 2001, S. 8, Zitat von Kökdemir, Naci: Dünkü ve Bugünkü Kibris, Ankara, 1957, S. 9-10

225 Die ernsthafte Forschung ist sich darüber einig, dass die Mehrheitsbevölkerung auf Zypern seit dem Byzantinischen Reich griechisch-orthodox war, während für die türkisch-zypriotische Geschichtsschreibung die Eteozyprer bis heute als Beweis gelten, dass die Bevölkerung türkisch war (obwohl die Türkei noch gar nicht existierte), auf der anderen Seite verfolgt die griechisch-zypriotische Geschichtsschreibung die Ansicht, dass Zypern seit der minoischen und mykenischen Besiedlung griechisch sei (obwohl es auch noch kein Griechenland gab). Die Beschäftigung mit dieser Art von tendenzieller Geschichtsschreibung erhärtet die Hypothese, dass es nach der osmanischen Eroberung schon einen Konflikt zwischen den heterogenen Volksgruppen gab, der die weitere Geschichte Zyperns sehr beeinflusste.

226 Zum Begriff ‚türkisch' sei angemerkt: dieser wird für die von Atatürk gegründete Republik und ihre Bewohner benutzt, die Bewohner der vorchristlichen Zeit können daher historisch korrekt nicht als 'Türken' bezeichnet werden.

227 Ein Einschub bzw. Vorausblick zum Begriff Pantürkismus: die Turkvölker lebten zu Beginn des 20. Jahrhunderts über zwei Reiche verstreut: die Westtürken im Osmanischen Reich formierten ihre Interessen im Tanzimat (Neuordnungs)-Prozess ab 1839 (Vali nennt den Tanzimatprozess, der 40 Jahre dauerte, den Wunsch der Osmanen, der Welt ihre westliche Modernität zu zeigen – vgl. Vali, Ferenc, A.; Bridge across the Bosphorus, The Foreign Policy of Turkey), Baltimore, 1971, S. 10) und der jungtürkischen Revolution von 1908. Die Osttürken, u.a. auch Tartarenvölker, lebten im sowjetrussischen Reich (90% der islamischen Gebiete Russlands sind von Turkvölkern besiedelt), fühlten sich aber bezüglich des Fortschritts der islamischen Kultur Istanbul, das Sitz des Kalifats und Sultanats war, zugehörig. Weitere Ausführungen dazu:. s. auch Kapitel 6.24. Das ideologische ‚Manifest' dazu verfasste ein Tekin Alp, dessen Buch 1915 von der englischen Admiralität übersetzt wurde. Sein Lob verblasste, es gilt aber heute noch als beste Arbeit über Pantürkismus in einer europäischen Sprache. Vgl. Hostler, Charles, Warren, Türken und Sowjets, Die historische Lage und die politische Bedeutung der Türken und der Türkvölker in der heutigen Welt, Frankfurt, 1960, S. 143ff. Pantürkische Bestrebungen werden auch als Motivation des Osmanischen Reiches gesehen, in den Ersten Weltkrieg einzutreten. Vgl. Hostler. S. 178

der Insel ansässig sind und die Türken eine eher kleine Volksgruppe auf diesem Territorium bilden.

Gegenteiliger Meinung war G. Karajannis, Ex-Kommandant der zypriotischen Nationalgarde, der in einem Artikel fünf Jahre nach der Entstehung der Republik Zypern schrieb, dass die heutigen Türkisch-Zyprioten nach der Eroberung Zyperns durch das Osmanische Reich zum Islam übergetretene griechische „Renegaten" seien. Auch diese Ansicht entspricht nicht den Tatsachen.[228]

An diesen beiden Beispielen ist ersichtlich, wie unterschiedlich beide nationalistischen Seiten die Bevölkerungszusammensetzung auf Zypern interpretieren. Beides ist nicht korrekt, wie anhand der chronologischen historischen Analyse in dieser Arbeit gezeigt wurde.

Seit dem 7. Jahrtausend v. Chr. gibt es archäologisch datierte Zeugnisse der Geschichte der Insel. Die Einführung der griechischen Sprache und Kultur erfolgte im 12. Jahrhundert v. Chr. durch die Mykener. Ende des 4. Jahrhunderts v. Chr. gehörte die Insel zum Reich Alexanders des Großen. Zypern war 58 v. Chr. bis 395 n. Chr. unter römischer Verwaltung. Trotz der jahrhundertelangen römischen Herrschaft haben die Zyprioten ihre griechische Sprache und Kultur nicht verloren. 45/46 n. Chr. gab es einen kulturellen Wendepunkt: Durch die Missionsreisen der Apostel Paulus und Barnabas wurde der christliche Glaube auf der Insel etabliert und wurde zum in weiterer Folge Staatsglauben.[229]

Nach der Teilung des römischen Reiches gehörte Zypern zum östlichen Teil und später zum byzantinischen Reich, und zwar von 395 n. Chr. bis zum Verkauf für 100.000 Golddinare 1191 an den Templerorden, der seines Besitzes nicht froh wurde, wie ein Aufstand aus 1192 belegt.[230]

Es folgte während der Kreuzzüge eine Periode der Herrschaft einer französischen Dynastie, die so genannten „Lusignans", die ca. 300 Jahre dauerte. Das hatte keinen Bruch mit der byzantinischen Kultur zufolge – zu tief hatte sich der lateinische Einfluss eingeprägt. In die-

[228] Vgl. Tzermias, S. 69f

[229] Ebenda, S. 6f

[230] Vgl. Meier, S. 101

ser Zeit galt Zypern als unabhängiger Staat, was ab 1489, als Zypern ein Teil der Republik Venedig wurde, nicht mehr galt. Die Abhängigkeit von Signoria di San Marco war deutlich spürbar. Schon die Staatsordnung der französischen Herrschaft wurde von den griechischen Zyprioten als ihnen übergestülpt empfunden, als Teil des venezianischen Staates litten sie unter der kolonialen Ausbeutung und Unterdrückung.[231],[232]
Durch die starke Präsenz der venezianischen Seemacht im Mittelmeerraum fühlte sich das osmanische Imperium bedroht und gezwungen, seine Interessen zu wahren. 1570 begann der Eroberungsfeldzug gegen die Venezianer zur Invasion der Insel.[233] Ob die Invasion der Türken von den griechischen Zyprioten als Befreiung von der venezianischen Beherrschermacht oder als religiöse Schutzlosigkeit empfunden wurde, wird unterschiedlich diskutiert: es gab auch Städte, in denen Griechen und Venezianer gemeinsam gegen die Osmanen kämpften. Meier berichtet von einer drohenden Revolte 1562, ausgelöst durch Not durch hohe Steuerlasten.[234]

Die Kampfhandlungen dauerten zirka ein Jahr.
„Am 1. August 1571 kapitulierte Famagusta, dieser letzte venezianische Stützpunkt auf der Insel. Die Kapitulationsbedingungen wurden von den Türken nicht eingehalten. Am 17. August 1571 fand Bragadino einen schrecklichen Tod. Bei lebendigem Leib zogen ihm die Türken die Haut ab.“[235],[236]

---

231 Vgl. Tzermias, S. 10

232 Anmerkung zur Seemacht Venedig: diese galt ab 1400 mit ihrer Flotte also erste Macht im Mittelmeer, deren Reichtum auf Handel beruhte. Ihr Kolonialreich hatte um 1480 seine größte Ausdehnung, allerdings war der ‚Besitz' von Zypern resourcenintensiv, der er tief im osmanischen Einflussbereich lag. Vgl. dazu: Meier S. 131ff

233 Vgl. Gürel, S. 12

234 Vgl. Meier, der von Baumgarten die Steuern schildern läßt; ein Drittel des Einkommens plus 2 TageFronarbeit ließen das Land verarmen, es öde erscheinen. Die Unzufriedenheit aller Klassen entgingen der Signorie nicht, der Proveditore Sagredo erstattete diesbezüglich einen schonungslosen Bericht 1562 – vgl. Meier S. 135.

235 Tzermias, S. 13

236 Anmerkung: Marcantonio Bragadino war der damalige venezianische Kommandant.

5.2 Anfang und Ende des Osmanischen Reichs auf Zypern

Am 29. Mai 1453 begann eine neue Ära im östlichen Mittelmeerraum. Die Hauptstadt des byzantinischen Reiches, Konstantinopel, wurde von den Osmanen erobert. Sie besetzten in weiterer Folge Griechenland, Zypern, und die Gebiete um die Ägäis. Sie besaßen in Folge der Expansion die strategisch wichtigen Territorien Südosteuropa und den arabischen Raum Asiens um das östliche Mittelmeer. Im 15. Jahrhundert reichte das Osmanische Imperium vom Persischen Golf über Jemen, Algerien bis Ungarn.

Die Zugehörigkeit zum Osmanischen Reiches bedeutete für Zypern den Zuwachs eines neuen Bevölkerungsanteil (neue Ethnie), der eine neue Religion, den Islam, und die orientalische Kultur etablierte und die Grundlage des heutigen Konflikts bildet. Es bedeutete aber auch eine Zäsur: Zypern gehörte nun nicht mehr zum Westen sondern zum Osten. Von der Randlage (des venezianischen Reiches) war es zur Binnenlage gewechselt.[237]

Die osmanische Herrschaft dauerte dreihundert Jahre und wurde teils als wirtschaftliche Unterdrückung und Ausbeutung aber auch als religiöse Selbstbestimmung erlebt.

Was Zypern betrifft, begann die Unterwerfung unter das osmanische Reich im letzten Drittel des 16. Jahrhunderts:
„Erfolgreich war ein osmanischer Feldzug im Jahre 1570 gegen die venezianische Insel Zypern, die eine vorgeschobene Bastion der Europäer in dem zu einem osmanischen Binnenmeer gewordenen östlichen Becken des Mittelmeers darstellte. Die Eroberung der Insel hatte allerdings eine antiosmanische Liga (Kirchenstaat, Venedig und Spanien) zur Folge, die auf Betreiben des Papstes Pius V. zustande kam. Einer starken Flotte unter Don Juan d'Austria gelang es sogar, die osmanische Flotte, die in die Adria vorgedrungen war, 1571 bei Lepanto zu vernichten. Da die Liga nach diesem Sieg jedoch auseinander fiel, konnten die Osmanen ihre Eroberungen samt Zypern behalten."[238]

---

237 Vgl. Meier, S. 145

238 Matuz, Josef, Das osmanische Reich, Darmstadt, 1990, S. 139 f

Die Herrschaft der Osmanen brachte paradoxerweise den griechisch-orthodoxen Zyprioten religiös mehr Freiraum, da der Einfluss bzw. die Unterdrückung durch die römisch-katholische Kirche der Venezianer wegfiel. Zervakis bezeichnet die Etablierung der kommunalen Selbstverwaltung als die herausragendste politisch-administrative Veränderung dieser Periode: die Selbstverwaltung der Gesellschaften nach religiösem Bekenntnis, genannt ‚Millet'.[239] „Der orthodoxe Erzbischof war von nun an der Repräsentant der griechisch-orthodoxen Zyprioten, der Ethnarch (Volksführer). Unter seiner Leitung regelten die christlichen Zyprioten einen wesentlichen Teil ihrer Angelegenheiten nahezu autonom."[240] Der religiöse Führer war dem Sultan gegenüber für die Einhaltung aller Untertanenpflichten zuständig, u.a. auch der Bezahlung der Kopfsteuer. Für Volkan ist das ‚Millet'-System des 19. Jahrhunderts ein Pendant für den Begriff „Nation".[241]

Die Zyprioten erfuhren nun eine für eine Besatzungszeit relativ humane Herrschaft, die ihnen z.B. die Befreiung der Bauern von der Leibeigenschaft brachte.[242] Das Osmanische Reich kannte kein Sklaventum, wie es zu der Zeit von den westlichen Kolonialmächten betrieben wurde.

Sie hatten Religionsfreiheit, Sprache und Kultur konnten weiterhin autonom gepflegt werden.[243] Allerdings wurden sie ökonomisch ausgebeutet: Durch hohe Steuern gerieten viele Menschen in Not, besonders in den Städten kämpfen Christen und Muslime z.T. gemeinsam gegen die Ausbeutung (Aufstände von 1764, 1783, 1804).[244] Den reichen Paschas und dem griechischen Klerus, der die Steuern eintrieb, stand die immer ärmer werdende Bevölkerung der unteren Schichten gegen-

---

239 Vgl. Grothusen, Klaus-Detlev, Steffani, Winfrid, Zervakis, Peter, Zypern, Göttingen, 1998, Bd. VIII, S. 60

240 Maier, S. 149

241 Volkan, Vamik, Blutsgrenzen, München, 1999, S. 167. Darin erwähnt er auch, dass Millet für die Völker der Heiligen Schrift geschaffen wurden, also Christen, Juden und Armenier. Anm.: Millet ist arabisch und bedeutet Nation.

242 Vgl. Meier, S. 151

243 Anm.: Zwar wurden die Osmanen nicht als die schlimmsten Herrscher empfunden, weil der Handlungsspielraum der orthodoxen Obrigkeit verhältnismäßig groß war, aber rechtlich war die orthodoxe Bevölkerung der osmanischen nicht gleichgestellt.

244 Vgl. Zervakis, S. 61

über, wozu auch die türkische Bevölkerung gehörte.[245] Volkan sieht die Reformversuche im letzen Jahrhundert des Bestehens des Osmanischen Reiches als Antwort auf Konflikte und Unruhen innerhalb des Reiches.[246]
Die osmanische Staatsführung trachtete nach diesen Aufständen ihre militärische Stärke auf der Insel durch folgende Maßnahme abzusichern: 20.000 türkische Soldaten vom Festland wurden als Wehrbauern auf der Insel angesiedelt. Durch weitere Einwanderung aus Kleinasien entstand daraus die türkische Volksgruppe. In Folge gab es sowohl in türkische und griechische Viertel getrennte Siedlungen als auch gemischte Siedlungsformen.[247]

Ein Einschub zum Verhältnis der Ethnien: Ayata behauptet, dass bis zum Anfang des 18. Jahrhunderts der „türkische" Bevölkerungsanteil auf Zypern höher lag als der „griechische", fügt aber kein entsprechendes Zahlenmaterial bei.[248] Die Zahlen von Tzermias belegen das Gegenteil: 1881 waren rund 75%[249] und 1960 77% Griechen und 18,3%[250] Türken.[251]

Ab Mitte des 19. Jahrhunderts wird Zypern erneut zum Spielball von Großmachtinteressen, diesmal der imperialistischen: Sowohl Russland als auch Großbritannien wollen sich den Seeweg nach Indien via Suezkanal sichern, auf dem Zypern quasi in der Mitte liegt. Daher war Großbritannien an einer Kontrolle des osmanischen Reichs interessiert um Russlands Position und Interessen in Bezug auf Anatolien, den Suezkanal (eröffnet 1869) und den östlichen Mittelmeerraum zu schwächen.[252]

---

245 Vgl. Tzermias, S. 14f

246 Vgl. Volkan, S. 182, er vergleicht den Tanzimatprozess mit der russischen Peristroika

247 Vgl. Tzermias, S. 14

248 Vgl.: Ayata, Ali: 1970-2005 Außen- und Sicherheitspolitik der Türkei. Der Weg der Türkei zu einem modernen Staat und ihre Bedeutung für die internationale Staatengemeinschaft. Dissertation, Wien, 2006, S. 14

249 Vgl. Tzermias, Pavlos: Geschichte der Republik Zypern, Tübingen, 1991, S. 15

250 Ebenda, S. 69

251 Anm.: Mehr Bevölkerungsdaten nach Religionen getrennt finden sich bei Brey im Südeuropahandbuch, Hrsg. Grothusen, K.D., Steffani, W., Zervakis, P, Zypern, 1998, Bd. VIII, S. 497

252 Vgl. Zahariadis, Karolos/Alp Yusuf, Birikim Brosür Dizisi: 2, Kibris, Istanbul, 1979, S. 3

Die fortschreitende Verschuldung und die Niederlage im russisch-türkischen Krieg schwächten die politische Position des osmanischen Reiches. Das brachte den westlichen Kolonialmächten einen gewaltigen Vorteil ein: „Besonders das Osmanische Reich war für eine rasche Expansion der europäischen Kolonialmächte und für die Nutzung des Landweges nach Indien ein Hindernis. In der Kriegstechnik und der Rüstungstechnologie erwiesen sich die Türken zu jener Zeit als den westeuropäischen Mächten ebenbürtig.“[253] Die Vernichtung der Rüstungsindustrie des Osmanischen Reiches galt als vorrangiges Ziel.

Für die westlichen Kolonialmächte war der Handel mit Ostasien finanziell lukrativ, freie Handelswege waren essentiell für sie: Mit der Errichtung englischer militärischer Forts in Indien begann die Unterwerfung lokaler Fürsten und allmählich wurde aus Tauschhandel die Ausbeutung von Rohstoffen und Reichtümern. Nach dem Rückzug der Franzosen und Portugiesen aus Südindien, wurde der gesamte Subkontinent Teil des englischen Kolonialreiches. Dessen Erzeugnisse wurden weltweit verschifft.

Die Herrschaft der Osmanen dauert bis 1878; in diesem Jahr wurde die Insel Zypern Teil des Britischen Kolonialreiches.[254] Meier bezeichnet diese Periode als „den langen Schlaf.“. Zypern versank „für Jahrhunderte wieder in geschichtslosen Zustand einer tributzahlenden Provinz“, der weitere wirtschaftliche Niedergang wird auch in den Bevölkerungszahlen gespiegelt: von 200 .Menschen zu Beginn der Herrschaft sank sie auf 80.000-100.000 im 18. Jahrhundert.[255]

---

[253] Albrecht, Ulrich u. a.: Rüstung und Unterentwicklung. Iran, Indien, Griechenland, Türkei. Die verschärfte Militarisierung. Rowolt Taschenbuch, Reinbeck bei Hamburg, 1976, S. 23

[254] Vgl. Savvidou, Tania, Die Republik Zypern mit besonderer Berücksichtigung der UNO- Initiative in der Zypernfrage. Diplomarbeit, Wien, 1997, S. 11 f

[255] Vgl. Meier, S. 144 ff

5.3 Der 'Besitzerwechsel' Zyperns 1878

Obwohl die Insel Zypern zu diesem Zeitpunkt bereits etwa 300 Jahre unter osmanischer Herrschaft war, bestand die Bevölkerungsmehrheit immer noch aus griechischen Zyprioten. Im Rahmen des Berliner Kongresses zur Neugestaltung der Machtverhältnisse wurde am 4. Juni 1878 zwischen dem osmanischen Reich und Großbritannien eine neue Vereinbarung bezüglich Zypern getroffen: Das osmanische Reich war bereits schwer verschuldet unter anderem auch bei den Briten seit 1855. Zum Preis von 92.000 Lira wurde die Insel an Großbritannien „vermietet“ und der britischen Kontrolle unterstellt.[256]

„Als das osmanische Reich im Jahre 1914 auf Seiten der Mittelmächte in den Krieg eintrat, änderte sich ein weiteres Mal der Status der Insel. Großbritannien erklärte einseitig das Abkommen von 1878 als hinfällig und annektierte die Insel im November 1914. Die britische Annexion der Insel wurde durch die Türkei erst im Vertrag von Lausanne von 1923 anerkannt.“[257]

Die Auswirkungen dieses eigenartig anmutenden Konstrukts beschreibt Ziebarth für die Bevölkerung folgendermaßen: für die Insel bedeutete dieses Provisorium zusätzliche Steuern; England handelt nicht frei sondern im Namen der Türkei. Der erhoffte wirtschaftliche Aufschwung blieb aus, da das Empire anderwärtig investieren musste, worauf die griechische Bevölkerung mit dem Anschluss ans Mutterland zu sympathisieren begann.[258]

Die Insel wechselte friedlich den Besitzer: das als Pfand für osmanische Kriegsschulden zahlende und dadurch verarmte Zyperns wurde aus geo-strategischen Gründen dem britischen Kolonialreich einverleibt, was im Folgenden als Hinführung zur Suezkrise behandelt wird. Politisch wurde der britische Neugewinn auch als Erfolg gegen die

256 Vgl. Zahariadis, Karolos/Alp Yusuf, S. 3

257 Dischler, Ludwig, Zypernfrage, Dokumente, Frankfurt/Berlin, 1960, S. 10 und Woodhouse, Montague, Das Cypernproblem und die Abkommen von 1959, in EA 3/1960, S. 64

258 Vgl. Ziebarth, Erich, Zypern, Griechen unter britischer Gewalt, Berlin, 1940, S. 5 ff

russische Kolonialmacht gefeiert, deren kaukasischer Vormarsch wurde gestoppt und sie wurden vom Mittelmeer vertrieben.[259]

Großbritannien wurde im Gegensatz zu Spanien und Portugal relativ spät zu einer Kolonialmacht. Erst unter Heinrich VII und Heinrich VIII. wurde England stark genug um sich mit den anderen Weltmächten zu messen. Heinrich VIII. baute die Flotte aus, ab nun waren Eroberungs- und Unterwerfungsfeldzüge auch für England möglich. Elisabeth setzte die Politik ihres Vaters fort und beschleunigte noch den Ausbau der Flotte. Als die spanische Armada (1588) besiegt wurde, begann für England der Aufstieg zur Weltherrschaft.[260]

Großbritanniens Philosophie, dessen Reich am Ende des 19. Jahrhunderts alle Teile der Welt umspannte, beschreibt sehr gut Sir Walther Raleigh: "Whoever commands the sea, commands the trade, whoever commands the trade commands the riches of the world, and consequently the word itself." Neitzel, gibt an der gleichen Stelle des o.g. Zitats eine Vorstellung des Empires zu dieser Zeit: Es umfasste 18 Millionen Quadratkilometer und 300 Millionen Einwohner.[261]

Die Dynamik, die das Raleigh Zitat umfasst, erklärt das Interesse an Zypern: Ziebarth stellt zu Zyperns strategischer Bedeutung (neben der Nähe zum Suezkanal und zu Gallipoli) noch das Projekt der Euphrat-Indienbahn ausgehend von Alexandrette vor. Für ihn war das wirtschaftliche Interesse an der Insel erlahmt, da aus der ehemaligen reichen Insel durch fremde Hände Ausbeutung über Jahrtausende ein armes Eiland zurückgelassen wurde.[262]

In den folgenden Kapiteln wird anhand von Zypern gezeigt, wie Britanniens seine Weltmachtinteressen durchzusetzen trachtete, mehr Einblick auf das British Empire kann aus zeitlichen Gründen hier nicht erfolgen. Zypern galt aufgrund seiner strategischen Lage als Eingangstor zu Vorderasien und damit zur Durchsetzung der britischen Herr-

---

259 Vgl. Richter, Heinz, A., Kurze Geschichte des modernen Zypern, 1878-2009, Ruhpolding, 2010, S. 13

260 Vgl. Wagner, S. 11f

261 Vgl. Weyer, Bruno, Englands Flottenrüstungen, in: Grenzboten 55 (1896)2, S. 390 vgl. Neitzel, Sönke, Weltmacht oder Untergang, Paderborn, 2000, S. 107

262 Vgl. Ziebarth, Erich, S. 5ff

schafts- und Wirtschaftsinteressen, an der sog. Life Line als unverzichtbar.[263],[264]

Nachdem Zypern Jahrhunderte lang als Teil des osmanischen Reiches vom Interesse der Weltpolitik abgeschnitten war, änderte sich dieser Zustand, als die Briten die Macht auf Zypern übernahmen. Die Insel geriet neuerlich unter andere, diesmal modernere Einflüsse.

Wie sehr Zypern von nun an zum Spielball der Weltpolitik wurde, soll Gegenstand meiner Untersuchungen im Folgenden werden.

Auch gilt es zu beleuchten, wie die Bevölkerungsgruppen mit der neuen Situation zurechtkamen, einen gemeinsamen fremden Beherrscher zu haben statt dem gewohnten Regieren einer Minderheit über eine andersgläubige, -sprachige und -ethnische Bevölkerung.

Obwohl es Uneinigkeiten zwischen türkischen und griechischen Kräften einerseits und von beiden Seiten zum britischen Imperium andererseits gab, erlebte Zypern in Folge eine Phase relativen Friedens, die bis zum ersten Weltkrieg dauern sollte.

Ob das Auseinanderleben der Bevölkerungsgruppen, die als dramatischste Form in der Gründung von zwei Staaten gipfelte, ihre Wurzeln bereits in der Epoche des British Empire oder bereits vorher zu suchen ist, wird ebenso untenstehend dargestellt.

Während die hellenisch inspirierten Eliten (Klerus, Intelektuelle) den Anschluss an Griechenland forderten, strebte der türkische Bevölkerungsteil nach einer Teilung der Insel in einen türkischen und einen griechischen Teil. Die Briten unterstützten diese Bestrebungen nicht und trachteten ihre Weltmachtpolitik fortzusetzen.

Weiters schildern die nächsten Seiten die Versuche einer Identitätsfindung der beiden Hauptethnien mit den Stationen ‚Anschluss ans Mutterland' bzw. Inselteilung. Ebenso wird auf das politische sowie militärische Agieren eingegangen, mit dem die jeweiligen Ziele erreicht werden sollten.

---

[263] Vgl. dazu im Anhang die Abbildungen der Verkehrswege, Abb. 11/12 im Anhang.

[264] Vgl. Richter, APuZ, S. 3

5.4 Das ‚Erbe' der osmanischen Ära

Am Ende der osmanischen Regierungszeit und am Vorabend der britischen Machtübernahme auf Zypern zeigten sich die Schwächen der osmanischen Verwaltung sehr deutlich: Die drückende Steuerlast wurde von den Zyprioten nicht mehr einfach hingenommen, sondern in Form mehrerer Aufstände angefochten. Zwar galt Zypern als die am besten von den Osmanen verwaltete Provinz, Richter nennt sie jedoch „die am wenigsten schlecht verwaltete“.[265]

Die Tatsache, dass der Widerstand der Griechen gegen die türkische Dominanz Erfolg hatte, was sich in der Gründung eines kleinen unabhängigen Königreiches zeigte, hatte auch starke Auswirkungen auf das zypriotische Unabhängigkeitsstreben in politischer und religiöser Sicht. 1829 gab es erstmals eine ‚unabhängige' Provinz, was im Londoner Protokoll am 3. Februar 1830 verfügt wurde.[266] Der damalige Gouverneur Kücük ahndete diese Revolte drakonisch: Erzbischof Kyprianos wurde hingerichtet, was bei den muslimischen Notabeln Zustimmung fand, da die ‚wegen den Griechen' im Aufstand von 1804 herbeigerufenen Festlandtruppen antigriechische Ressentiments hegten. Zervakis bezeichnet diese Ereignisse als Ursache für einen ersten Riss zwischen den Griechen und Türken auf Zypern, die bis dato ein nachbarschaftliches Verhältnis pflegten.[267],[268]

---

265 Vgl. Maier, Kurze Geschichte des modernen Zypern, S. 13

266 Vgl. Sax von, Carl Ritter: Geschichte des Machtverfalles der Türkei, Wien, 1908, S. 241

267 Vgl. Zervakis, S. 63

268 Exkurs zu Gürels Statement „längste stabile Periode der Insel“ (1571-1878): S. Gürel, S. 11. Anmerkung zur Person Gürels: Universitätsprofessor Sükrü Sina Gürel war 1997-1998 Staatsminister für die EU und Zypern, 2002 Außenminister der Türkei bei der DSP, einer demokratischen linken Partei unter Bülent Ecevit. Bezogen auf die von Zervakis' o.g. Revolten scheint Gürels Bezeichnung als ‚stabile Periode' unnachvollziehbar. Darwin hebt S. 81ff die fortschrittliche hohe Gerechtigkeit des Milletsystems hervor, da. z.B. die Steuern festgeschrieben und damit nicht willkürlich waren. Dies steht wieder im Gegensatz zu den o.g. Revolten auf Zypern. Er nennt die Einbindung der osmanisierten Eliten zur Unterstützung des Sultans als Vorkämpfer des Islams eine ‚wirkliche Errungenschaft', die die einem „Commonwealth“ gleicht. Vgl. weiters Panislamismus, Kapitel 6.24 dieser Arbeit. Die Divergenz der christlichen Minderheiten zu dieser Vorkämpferrolle ist selbstredend.

Der osmanischen Verwaltung gelang es jedoch, jegliche Aufstände sowohl von christlicher als auch muslimische Seite niederzuschlagen. Allerdings trugen diese Ereignisse, sowie weitere Aufstände am Balkan und auch der russisch-türkische Krieg zur weiteren inneren Schwächung des osmanischen Reiches bei.

Die Unruhen führten zu Zugeständnissen gegenüber den griechischen Zyprioten: Sie erhielten im Jahr 1833 die Möglichkeit zum Erwerb der griechischen Staatsbürgerschaft, nachdem Griechenland wiedererstanden war.

Ökonomisch zeichnet sich folgende Spaltung ab: verbesserte Handelsbeziehungen und -aktivitäten vermehrten den Wohlstand der griechisch-orthodoxen Kirche. Im Gegensatz dazu war die muslimische Bevölkerung hauptsächlich in der Agrarproduktion tätig.[269]

Für die Bevölkerung ergab sich folgendes Erbe: a) die Bauernbefreiung von der Leibeigenschaft b) die relative Selbstverwaltung durch den eigenen Klerus mittels Milet (wobei die Verwaltung durch den Erzbischof sich bis nach der Selbstständigkeit hinzog) c) wirtschaftlicher Niedergang durch Abschöpfung der Steuern durch den griechischen Klerus, obwohl durch den belebten Handel ein Aufschwung erfolgte.[270]

Man kann in dieser Ausgangssituation ein schwieriges Erbe für die Briten sehen: Die ehemaligen Machthaber geraten wirtschaftlich ins Hintertreffen, die scheinbar befreite und mittlerweile etwas kampferprobte Mehrheit muss ihren Status zum ‚Mutterland' klären. Wie die britische Verwaltung den Herrn zu werden versuchte, wird im Folgenden gezeigt.

---

[269] Vgl. Gürel, Sükrü, S., Kibris Tarihi (1878-1960), Istanbul, 1984, S. 13f
[270] Vgl. Maier, S. 145-150

5.5 Vertragshintergründe während der Machtübernahme

Wenn man die historische Entwicklung Zyperns als Kette imperialistischer Machtpolitik auffasst (zur Rolle des Imperialismus siehe Kapitel 3.7 und 3.8), wird mit Beginn der britischen Machtübernahme eine neue Phase eingeleitet.

Um alle Herausforderungen der Briten mit ihrer neuen Kolonie zu verstehen, muss noch auf einen weiteren Akteur eingegangen werden: das erstarkende Zarenreich.

Die britische Machtübernahme kann als Gegenreaktion auf imperialistische Tendenzen Russlands angesehen werden: Panslawismus versus britisches Sendungsbewusstsein unter Benjamin Disraeli.

Der russische Panslavismus hatte sich schon in Bezug auf die Balkanpolitik manifestiert und fand seinen Höhepunkt im russisch-türkischen Krieg, der die Russen bis nach Istanbul führte (Februar 1878).

Im Frieden von Ayastefanos (Yesilköy) im März 1878 zwischen Russland und dem Osmanischen Reich wurde der gestiegene russische Einfluss vertraglich festgelegt, dies führte zu einer weiteren Schwächung des osmanischen Reiches.[271]

Dies war gegen die Interessen der Briten, die ein gut kontrolliertes osmanisches Reich als willkommene „Pufferzone" betrachteten. Schon 1875 hatte das britische Kolonialreich die ägyptischen Suezkanal-Aktien erworben, ganz im Sinne der imperialistischen Reichspolitik Disraelis musste der Seeweg nach Indien gesichert werden.[272]

Nach dem Friedensvertrag von Ayastefanos März 1878 wurde vom britischen Premierminister Disraeli die Absicht geäußert, auf den Inseln Lemnos und Zypern britische Militärstützpunkte zu errichten.[273] Hierfür mag es auch ökonomische Beweggründe gegeben haben (Handel mit Indien).

[271] Vgl. Gürel, S. 19
[272] Vgl. Kinder, dtv-Atlas zur Weltgeschichte, Band II, S. 103
[273] Vgl. Gürel, S. 20

Dies war als Gegengewicht gegen das russische Vordringen gedacht.[274]

Zypern betreffend kommt es am 4. Juni 1878 während des Berliner Kongresses zur Neuordnung am Balkan, zu einem Abkommen zwischen Großbritannien und dem osmanischen Reich, das der Insel die Machtübernahme durch die Briten brachte:

Es wurde ein Vertrag zwischen Britischem und Osmanischem Reich aufgesetzt, die „Convention of Defensive Alliance". Die Zentrale Klausel betraf die militärische Unterstützung des Sultans durch die Briten, solange die Russen ihre transkaukasischen Eroberungen wie Batoum, Ardahan, Kars oder eines dieser Gebiete besetzt hielten.[275]

Als Gegenleistung bot der Sultan den Engländern folgende Punkte an: Schutz der christlichen Minderheiten im osmanischen Reich, eine Verwaltungsreform, und der Übergang Zyperns in britische Verwaltung. Dies kam einer Kapitulation der Osmanen auf Zypern gleich.[276]

Da die Insel weiterhin unter der Oberhoheit des Sultans verblieb und die permanente finanzielle Krise des osmanischen Reiches den Sultan belastete, wurde auch eine finanzielle Vereinbarung getroffen: „Als Pachtzins hatte Großbritannien jährlich 92.999 britische Pfund an den Sultan zu zahlen."[277]

„Durch den Vertrag vom 23.05./04.06 1878 (Convention of Defensive Alliance) überließ die Hohe Pforte England den Besitz und die Verwaltung Zyperns. Völkerrechtlich blieb der Sultan weiterhin Souverän der Insel. Doch machtpolitisch änderte diese juristische Konstruktion, welche an Institutionen des Privatrechtes (Unterscheidung von Eigentum und Besitz) erinnert."[278]
Trotz dieses Abkommens gab es einen weiteren Bedarf an Vereinbarungen zwischen Briten und Osmanen bezüglich Zyperns. Dies machte Zusatzabkommen im August 1878 und Juli 1879 notwendig. In die-

---

274 Vgl. Tatli, Suzan, S. 24
275 Richter, Kurze Geschichte des modernen Zypern, S. 12
276 Vgl. Gürel, S. 24
277 Savvidou, Tania, Die Republik Zypern mit besonderer Berücksichtigung der UNO-Initiative in der Zypernfrage, Diplomarbeit, Wien 1997, S. 12
278 Tzermias, S. 24

sen novellierten Abkommen, die die Artikel 1, 2 und 4 erweiterten, erhielten die Briten zusätzliche Rechte und Begünstigungen vom osmanischen Sultan. Sie betrafen Gesetzgebung, Handels- und Konsularabkommen. Dazu brauchten sie keine Zustimmung der türkischen Verwaltung. Dafür mussten die Briten einen Pachtzins an das osmanische Reich bezahlen.[279]

Da sich die Osmanen von den Briten verdrängt fühlten, beanspruchte Sultan Abdülhamit II. 320.000 Hektar Grund und Boden auf der Insel als osmanisches Eigentum (03. Februar 1879). Er verlangte in einer Vertragsergänzung vom Juli 1879 eine jährliche Zahlung von 5.000 osmanischen Lira. Um ihren militärischen Einfluss im östlichen Mittelmeer zu erweitern bzw. zu erhalten wurde diese Bedingung von den Briten angenommen.[280]

Schulden aus dem russisch-türkischen Krieg spielte Zypern dem Britisch Empire zu.[281] Trotzdem gelang es dem Sultan, seinen persönlichen Besitz auf der Insel zu halten. Ausdauernd bei der Vertragsabwicklung behielten die Briten ihr Ziel im Auge: Zypern als Waffendepot auf dem Seeweg zu den östlichen Kolonien.

---

[279] Vgl. Dischler, S. 10
[280] Vgl. Gürel, S. 28f
[281] Vgl. Maier, S. 172f

5.6 Die britische Verwaltung Zyperns von 1878 bis zum 1. Weltkrieg

Zypern blieb bis 1914 offiziell türkisches Hoheitsgebiet. Trotzdem wurde Zypern schon ab 1880 von den Briten wie eine Kolonie betrachtet. Dieser Anspruch der Briten erfüllte sich formal erst nach dem Friedensvertrag von Lausanne im Jahr 1923.

Im Juli 1878 tritt Sir Garnet WOLSELY sein Amt als Hochkommissar auf der Insel an. Gleichzeitig wird in London das „Cyprus Department" als Unterabteilung des britischen Außenministeriums gegründet, um eine Zentralverwaltung für Zypern zu schaffen.[282] 1880 wird die Verwaltung dann dem Colonial Office übertragen – und de facto wie eine Kronkolonie verwaltet.[283]

Am 14. September 1878 erstellten die Briten eine Verfassung für Zypern. Neben dem Hohen Kommissar wurden ein Exekutivrat und ein gesetzgebender Rat eingesetzt. Die Mitglieder des Exekutivrates wurden vom Königshaus Großbritanniens ernannt, der gesetzgebende Rat bestand 1878 zur Hälfte aus offiziellen Beamten, zur anderen Hälfte aus inoffiziellen Mitgliedern, die aus der Bevölkerung Zyperns ausgewählt wurden.[284] Die britischen offiziellen Beamten hatten jedoch mehr Macht als die einheimischen Mitglieder.

1882 wurde der gesetzgebende Rat auf Drängen des Erzbischofs und der griechischen Notablen verändert. Das betraf aber hauptsächlich die Zahl der Mitglieder. Sechs britischen Beamten standen zwölf einheimische Mitglieder gegenüber (siehe Abb.1 im Anhang), wobei die britischen Beamten mehr Rechte hatten. Eine wesentliche Reform war jedoch, dass die einheimischen Mitglieder des Rates gewählt werden konnten. Eingesetzt wurden sie vom Hohen Kommissar. Sie bestanden aus neun Griechen und drei Türken.[285]

---

282 Vgl. Dischler, S. 11ff

283 Vgl. Maier, S. 167

284 Vgl. Gürel, S. 36, der eine Novelle des Exekutivrates aus 1879 beschreibt, worin 3 Beamte eingesetzt wurden und 3 Einwohner: ein türkisch-, ein griechisch- und ein italienischstämmiger Zypriote.

285 Vgl. Maier, S. 168

In der Gesetzgebung wurden die vom Hohen Kommissar vorgeschlagenen Gesetze von der britischen Regierung bestätigt; von einem autonomen demokratischen Parlament in Zypern kann also nicht gesprochen werden: im Falle einer Stimmengleichheit entschied der Hochkommissar per ‚Order in Council', da die Stimmenanzahl geschickt balanciert war, geschah dies oft, wodurch sich der Gesetzesrat oft zum ‚Debattierclub' degradiert vorkam.[286]

Wahlberechtigt waren erwachsene männliche, griechische und türkische Bewohner der Insel, die mindestens seit fünf Jahren dort wohnten.

Als offizielle Sprache galten Englisch, Griechisch und Türkisch, wobei Berichte und Anträge nur auf Englisch verfasst und danach übersetzt wurden.

Gewählte Gemeinderäte unterlagen der Kontrolle der Briten und waren so gut wie handlungsunfähig: Sie konnten nicht autonom agieren.

Die besonderen Verhältnisse auf Zypern wurden von den Briten nur für ihre Zwecke genutzt, davon sollen drei genannt werden: 1.) Der von griechischen Bewohnern erhoffte Anschluss an Griechenland erfolgte nicht (während die Unabhängigkeit der Ionischen Inseln unterstützt wurde)[287] – was für die türkischen Bewohner sicher eine Bedrohung darstellte. Letztere befürchteten eine ungleiche Behandlung durch die britische Besatzung, welche sich aber beiden Ethnien verpflichtet fühlte.[288] Wobei diejenigen, die den Anschluss an Griechenland wünschten, nicht bedachten, dass die wirtschaftliche Lage dadurch kaum besser geworden wäre. 2.) Die Bevölkerung fühlte sich von der britischen Besatzung finanziell ausgebeutet, was sich konkret in Debatten über die Reduzierung der Tributzahlung ablesen lässt, die erst 1927 erfolgte.[289] 3.) die Selbstregierung der Griechen.[290]

---

[286] Vgl. Maier, S. 168f
[287] Ebenda, S. 168
[288] Ebenda, S. 164
[289] Ebenda, S. 170
[290] Ebenda, S. 180

Um die Interessen der Bevölkerung besser zu vertreten, verlangte diese nach gewählten Mitgliedern auch im Exekutivrat. Das wurde 1897 mit einer ‚Royal Instruction' bestätigt.[291]

Eine neue „Order in Council" wurde 1907 zur Wahrung der britischen Interessen etabliert. Die oben genannten ‚Instructions' von 1878, 1882 und 1897 bezüglich mehr lokaler Mitsprache wurden außer Kraft gesetzt.[292]

Es blieb dabei, dass trotz eines gewählten Parlaments die Briten die letztendliche Entscheidungsmacht hatten.

---

[291] Vgl. Dischler, S. 14f
[292] Ebenda

5.7 Völkerrechtlicher Sonderstatus unter britischer Herrschaft

Winston Churchill, 1907 Unterstaatssekretär der britischen Kronkolonien, besuchte als erster Vertreter einer britischen Regierung Zypern. Auch wenn der Anlass eher dem Entwicklungszustand der Insel galt[293], ergab der Besuch auch einer ungeahnten Strömung Aufwind: dem Anschluss an Griechenland. Churchill zeigte Verständnis für das Drängen der griechischen Bevölkerung zum Anschluss an Griechenland. Er betonte aber, dass rein rechtlich Großbritannien Zypern nicht an Griechenland abtreten könne.[294]

Die Briten erhielten Unterstützung von der türkischen Bevölkerung, die einen Anschluss an Griechenland aus Angst vor Repressalien ablehnte.

Durch die Äußerungen Winston Churchills, bekam die Enosisbewegung[295] Aufwind, das heißt die Anschlussbestrebungen an Griechenland seitens der griechisch- zypriotischen Bevölkerung wurden grundsätzlich als berechtigt angesehen. Sie blieben aber ohne politische Folgen, da Großbritannien die Souveränität des Sultans über die Insel bis 1914 zu respektieren hatte.[296]

Franz Georg Maier spricht sogar von einer „abstrakten“ völkerrechtlichen Souveränität der Hohen Pforte über Zypern.[297]

De facto lag aber die Souveränität der Insel allein bei Großbritannien. Ohne Zweifel findet man eine außergewöhnliche völkerrechtliche Situation. Handelte es sich dabei um einen besonderen Auswuchs britischer Machtpolitik?

---

[293] Vgl. Richter, S. 18ff
[294] Vgl. Dischler, S. 14
[295] Zum Begriff Enosis Vgl. nächstes Kapitel
[296] Vgl. Dischler, S. 14
[297] Vgl. Maier, Cypern, S. 167

5.8 Die Zuspitzung der Entwicklung vor dem 1. Weltkrieg auf Zypern

Am Vorabend des 1. Weltkrieges gab es bereits andere Kriegsschauplätze vor allem auf der Balkanhalbinsel (erster und zweiter Balkan Krieg). Die Gegensätze und Rivalitäten zwischen Deutschland und England verschärften sich dadurch.

Schon Churchill als Kolonial-Unterstaatssekretär erkannte die ausweglose Situation, indem er die Beweggründe der Griechen auf Zypern, die mit dem Mutterland wieder vereinigt werden wollten, erkannte. Dennoch aber wollte er eine Schwächung des Sultans nicht riskieren, wenn einem Fünftel der Mohammedaner, wie sie davor der britische Kolonialminister Chamberlain bezeichnete, die Auflösung ihres Reiches drohe.[298]

Das finanziellen Gebaren Großbritanniens Zypern gegenüber war äußerst profitorientiert – die Situation zeigte sich so, dass „...vor dem ersten Weltkrieg Zypern die einzige Kolonie [war], die mit Zahlungen in Höhe von 27 Prozent ihrer Bruttoeinnahmen das britische Finanzministerium unterstützte (insgesamt 2.067.654 £)." Selbst Churchill erkannte die Lage und war im Begriff in London die Situation zu kritisieren, indem er die Unterdrückung Zyperns aus pekuniären Gründen ansprach, denn dies widerspräche den Prinzipien der Kolonialpolitik.[299]
Dem zuvor gegangen waren Klagen der Zyprioten, die die herzlose Politik und enorme Steuerbelastung, die jegliche Prosperität verhindert, ins Treffen führten.[300] Aus diesem Grund kam es zu Protesten, was jedoch die Lage der Zyprioten nicht änderte.[301]

Gürel beschreibt die Situation so, dass das Osmanische Reich durch die Unterstützung Deutschlands beim Eintritt in den ersten Weltkrieg, Großbritannien die Gelegenheit gab, Zypern zu annektieren. Dieses

---

[298] Vgl. ebenda. S. 164ff
[299] Vgl. Richter, 2010, S. 19f.
[300] Vgl. ebenda S. 18
[301] Vgl. ebenda, S. 18f.

Vorgehen annullierte den Vertrag, der 1878 abgeschlossen wurde und Zypern wurde so dem Britischen Empire abgetreten.[302]
Großbritannien annektierte am 5. November 1914 die Insel mit einer Proklamation endgültig, da die Türkei auf Seiten der Mittelmächte in den 1. Weltkrieg eintrat.[303]

Großbritannien unterbreitete das Angebot, Zypern an Griechenland abzutreten, wenn Griechenland auf der Seite Großbritanniens Serbien, mit dem es eine Allianz bildete, gegen die Angriffe Bulgariens unterstütze. Der griechische König, V. George lehnte aus zwei Gründen das Angebot des englischen Außenministers Gray vom 16. Oktober 1915 am 22. Oktober ab: Er war einerseits mit dem deutschen Königshaus verwandt und wollte andererseits nicht, dass die herrschenden Konflikte auf dem Balkan verschärft würden, indem Großbritannien und das Deutsche Reich involviert würden. Deshalb zog er es vor, zwar auf Seiten der Alliierten, doch eine neutrale Haltung anzunehmen.

Die türkischen Zyprioten reagierten prompt, nach dieser Ankündigung legten sie scharfe Proteste gegen den britischen Plan beim englischen Verwaltungskommissar auf Zypern ein.[304]

---

302 Vgl. Gürel S. 65f.

303 Vgl. Dischler, Zypernfrage, S. 14f

304 Vgl. Gürel, S. 72-80

5.9 Die Zwischenkriegszeit – sozioökonomische, Verwaltungs- und Verfassungsrechtliche Entwicklung auf Zypern

Nach der britischen Annexion setzte langsam ein wirtschaftlicher Aufschwung der Insel ein. Die britische Verwaltung griff energisch ein um die Missstände der korrupten und desorganisierten osmanischen Verwaltung zu beseitigen und durch europäische Maßstäbe zu ersetzen.[305]

Um die Produktivität der Landwirtschaft zu steigern, wurde ein Bewässerungssystem angelegt. Die durch Venezianer und Türken dezimierten Waldbestände wurden wieder aufgeforstet. Zur Förderung des Handels wurden gute Häfen geschaffen.

„Vergleicht man den Entwicklungsstand, der zu Ende der britischen Herrschaft erreicht war- d.h. vergleicht man Beschreibungen der wirtschaftlichen Lage der Insel im Jahre 1878 mit Zahlen, Tatsachen und Eindrücken der fünfziger Jahre dieses Jahrhunderts – so hat die Insel trotz aller Hemmungen eine Entwicklung durchgemacht, die ihr als griechischer Provinz im gleichen Zeitraum kaum möglich gewesen wäre.“[306]

Doch auch unter britischer Kolonialverwaltung konnte sich die Wirtschaft der Insel nicht uneingeschränkt entwickeln, da sie sich den Interessen der Kolonialmacht unterzuordnen hatte. Sowohl die griechisch- zypriotische als auch die türkisch- zypriotische Bevölkerung war davon betroffen[307]: „Die politische und staatsrechtliche Ordnung der Insel war während der Britenherrschaft von Anfang an mit den freiheitlichen und demokratischen Grundsätzen unvereinbar. Die Selbstregierung, die sonst im britischen Weltreich eine nicht unbedeutende Rolle spielte, wurde den Zyprioten nicht gewährt.“

Die zypriotische Verwaltung war von den Briten folgendermaßen organisiert:

---

305 Vgl. Maier, Cypern, S. 174f

306 Maier, S. 177

307 Vgl. Tzermias, Pavlos, Geschichte der Republik Zypern, Zübingen, 1991, S. 29f.

„Mit Order in Council vom 27 November 1917 wurde die Staatsangehörigkeit der Inselbewohner geregelt. Die Zyprioten wurden grundsätzlich britische Untertanen (british subjects).“[308]

Dies trug dazu bei, dass die Spannungen zwischen dem griechischen Bevölkerungsanteil unter der britischen Besatzungsmacht zunahmen. Auch hatte Großbritannien Griechenland die Abtretung Zyperns 1915 angeboten, um es zum Eintritt in den Weltkrieg gegen die Mittelmächte zu gewinnen.

Erst im Juli 1923 erkannte die Türkei im Friedensvertrag von Lausanne die britische Annexion an. 1925 erfolgte eine neue verwaltungsrechtliche Regelung seitens der britischen Kolonialmacht.

Der Völkerrechtler Dischler spricht allerdings von einer verfassungsrechtlichen Regelung.[309]

Dennoch kann es sich hier um keine verfassungsrechtliche Regelung handeln, da es sich hier um keine eigenständige Entscheidung der zypriotischen Bevölkerung handelt, sondern um einen Akt der Machtpolitik eines Kolonialreiches:
Kann man von „Verfassungsrecht“ sprechen, wenn das betroffene Volk in keiner Weise seine Zustimmung ausdrücken kann und die Befehlsgewalt einer imperialistischen Politik unterliegt?

Auf keinen Fall handelt es sich hier um eine verfassungsrechtliche Regelung im modernen verfassungsrechtlichen Sinn.

---

[308] Tzermias, S. 31
[309] Vgl. Dischler, Zypernfrage, S. 15

Die neue Regelung von 1925 möchte ich wie folgt schematisch darstellen:

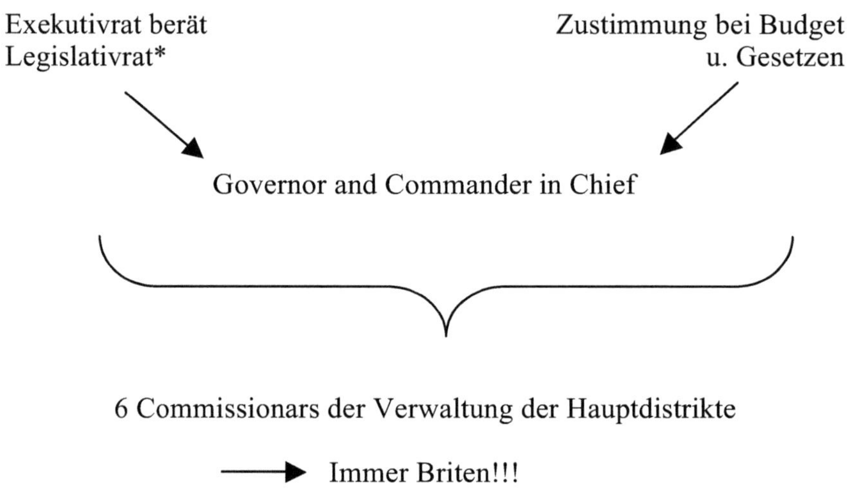

Aufsicht über selbstverwaltete Gemeinden

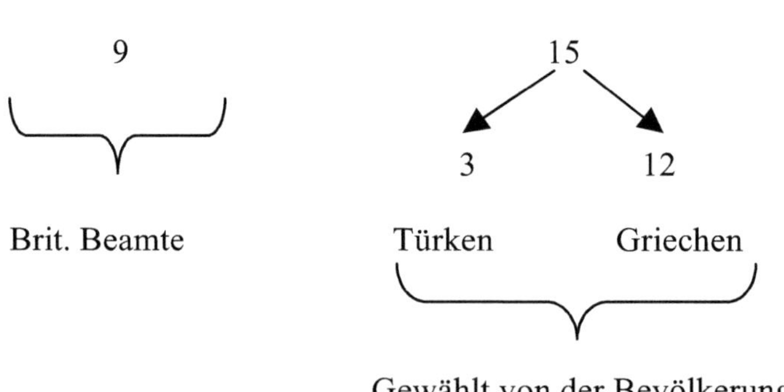

Abb.1: Verfassungs- und Verwaltungsorgane 1925

Es scheint offensichtlich, dass es sich hier um eine nur partiell demokratische Einrichtung handelt (weil nur 15 Personen des Legislativrates direkt vom Volk demokratisch gewählt wurden). Die Entscheidungsträger waren britische Beamten. Außerdem hatte der „Gouverneur“ das Recht der „Order in Council“. Dies entsprach einer Art umfassende Machtbefugnis im Namen der britischen Krone, die alle von anderen Organen beschlossenen Gesetze und Maßnahmen für nichtig erklären konnte.[310]

---

[310] Vgl. Dischler, S. 15ff, bzw. Tzermias, S. 31f

5.10 Enosis – Bewegung und türkische Unruhen auf Zypern

‚Enosis' bedeutet Vereinigung. Oberling verortet Enosis bereits zu Beginn des 20. Jahrhunderts, als die Griechen nach der erfolgreichen (Rück)Eroberung des Epirus, Mazedoniens und Kretas vom osmanischen Reich eine Stärkung ihres nationalen Selbstbewusstseins erfuhren. "By then, the Greeks had convinced themselves that they were chosen people to whom the world owed homage." Weiters hält er fest, dass die Griechen, quasi als Gegenleistung für die Unterstützung des Empires im Berliner Kongress erwarteten, dass Zypern ihnen übergeben würde.[311]

Hauptsächlich die „urban-educated well-to-do classes – Christians spurred – on by Greek intellectuals" gehörten der Enois-Bewegung an und war philhellenisch inspiriert.[312] Oberling führt aus: „the Greece that most Greeks hoped to bring back to life was not the Hellas of Pericles …but Orthodox Bytzantinum" was besonders der ländlichen Bevölkerung, die noch die Milletmentalität hatte, näher lag.[313]

Obwohl die Idee der Vereinigung der griechischen Zyprioten mit Griechenland schon weiter zurücklag, erlangte sie erst unter der britischen Herrschaft ihre volle politische Bedeutung.[314] Auch in der englischen Literatur wird der Entstehungszeitpunkt der Enosisbewegung in der Ära des British Empire gesehen, „by contrast, Turkish Cypriot nationalism, imbued by Kemalism, did not fully emerge until the 1940s."[315]

Die Bewegung wurde stark durch politische Aktivität der griechisch-orthodoxen Kirche gefördert. Wirtschaftliche Probleme und eine enorme Steuerlast kamen hinzu. Diese musste sowohl vom griechischen als auch vom türkischen Bevölkerungsanteil getragen werden. Es kam häufig zu Unruhen, die oft auf Initiative hoher kirchlicher

311 Oberling, Pierre, The Road to Bellapais, The Turkish Cypriot Exodus to Northern Cyprus, New York, 1982, S. 14

312 Vgl. Stavrou, Michalis, Michael, Resolving the Cyprus Conflict, New York, 2009, S. 10

313 Oberling, S. 9

314 Vgl. Tzermias, Zypern, S. 34

315 Stavrou, S. 8

Würdenträger zu Stande kamen. Zum Beispiel hielt der Bischof Nikodemos von Kition, 1931 vor mehreren tausend Griechen eine flammende Rede: „Sie gipfelte in der Aufforderung: Gehorsamsverweigerung und Insubordination gegen die illegalen Gesetze des amoralischen, käuflichen und tadelnswerten Regimes, das sich englische Verwaltung nennt! Die Nachricht von dieser Versammlung führte tags darauf in der Hauptstadt zu Zusammenrottungen von Nationalisten, die Revolution und den Anschluss Cyperns an Griechenland ausriefen, unter Führung eines orthodoxen Priesters vor dem Amtssitz des Gouverneurs aufmarschierten, die Polizei mit Steinen und Knüppeln angriffen und das Gebäude in Brand steckten."[316]

Die Unruhen konnten nach der schnellen Deportation der beteiligten Bischöfe rasch niedergeschlagen werden.
Die Folgen waren repressive Maßnahmen der britischen Verwaltung. Die wenigen Möglichkeiten politischer Mitbeteiligung wurden aufgehoben, die Presse zensiert und Überwachungen und Einschränkungen der persönlichen Freiheit eingeführt.

„Diese Auswirkungen trafen aber nicht nur die Inselgriechen, sondern auch die unbeteiligten Zyperntürken. Diese Tatsache lässt die Schlussfolgerung zu, dass die Türken der Insel die Leidtragenden der Ereignisse waren. Die enosistische Propagandamühle lief zwar bis zum 2. Weltkrieg unaufhörlich weiter, richtete aber keinen größeren Schaden an."[317]

Es gab zwar zwischen 1924-1927 Ansätze einer Kooperation der Inselgriechen mit den Inseltürken aber es kam niemals zu einer konsequenten gemeinsamen Strategie.[318]
Der Einfluss der Briten verringerte sich, als es 1931 Spannungen wegen des Haushaltsplanes gab. Ein türkischstämmiger Abgeordneter stimmte mit den griechischen Abgeordneten gegen den Haushaltsplan der Briten. Damit verlor der Gouverneur an Macht. Der Haushaltsplan wurde von den Briten trotzdem durchgesetzt. Daraufhin traten alle griechischen Abgeordneten Zyperns zurück und forderten den Anschluss an Griechenland.

---

[316] Maier, Cypern, S. 185f
[317] Piller, Ulli, Zypern, die ungelöste Krise, Pfaffenmeiler, 1997, S. 24
[318] Vgl., Tzermias, S. 37

Die Briten nutzten die Auflehnung, um den Legislative Council aufzulösen.[319]
Die Enosis- Anhänger reagierten darauf mit der „politischen Organisation Zyperns“ zu einem großen Netzwerk, das der Elite zur Verfügung stand.

Während die Enosis- Bewegung den Anschluss an Griechenland forderte, entstand Widerstand gegen diese Elite. Mehrere linksgerichtete Parteien und Organisationen entwickelten sich, sowohl auf der griechisch-zypriotischen Seite, als auch auf der türkisch-zypriotischen, deren radikalste Forderung „Taksim“ war, was die Abspaltung eines türkischen Teils von Zypern bedeutete.

Auf die Periode zwischen dem zweiten Weltkrieg bis heute wird im nächsten Kapitel detaillierter eingegangen.

---

319 Vgl. Choisi, Jeanette, Wurzeln und Strukturen des Zypernkonfliktes 1878 bis 1990, Stuttgart, 1993, S. 93f

6 Politische Entwicklung

6.1 Politische Strömungen auf Zypern

Einstellungen, Einschätzungen, die sich zur politischen Kultur formieren, können zu Loyalitäten der Individuen werden. Legitimiert sich die kulturelle Identität, werden daraus politische Interaktionsmuster und staatliche Institutionen.

Parteien als politische Interaktionsmuster können „Ausdruck sozialer Gruppen sowie ideologisch-programmatischer Vorstellungen und Ziele“ sein, als „Instrumente der Machtausübung“, „Vermittler demokratischer Legitimation“ und „Interessensvertreter in eigener Sache und als Rekrutierungsfeld der politischen Führung“ dienen.[320]

Der Bogen der politischen Strömungen auf Zypern umfasst alles und spannt sich diametral von demokratischen zu radikalen, oder anders gesagt: von internationalistischen bis nationalistischen, somit welche, die die Einheit Zyperns wollten und wollen und welche, für die eine Teilung die einzige Lösung darstellt. Sie alle repräsentieren die Inhomogenität der gesamtzypriotischen Bürgerbedürfnisse, die aufgrund der Krisensituation politisch stark organisiert ist.[321] Parteien sind die Instrumente der Interessensträger und man kann, ohne die Vielfalt der zypriotischen Parteienlandschaft darzustellen, keinen Einblick in die Instabilität gewinnen, in der konträr entgegengesetzte Kräfte wirken. Die Frustration über erfolglose Politik kann aber auch zum Boom an NGOs führen. Stergiou sieht diese Tendenz in der TRNZ, deren Träger die Gewerkschaften sind.[322]

---

320 Vgl. Helms ludger/Jun, Uwe: Politische Theorie und Regierungslehre. Eine Einführung in die politikwissenschaftliche Institutionenforschung. Frankfurt am Main, 2004, S. 165f

321 Anm.: auf Zypern durchdringen die Parteien auch breitere Sphären öffentlichen Lebens, z.B. betreiben sie sogar Kaffeehäuser und Tavernen vgl. Stergiou, APuZ, S. 29.

322 Vgl. Ebenda, S. 33

6.1.1 Griechisch-zypriotisch

Die kommunistische Partei Zyperns bildete ein Gegengewicht zur Enosis-Bewegung, obwohl am Gründungskongress der Partei keine Türkischzyprioten teilnahmen. Sie verstand sich als politische Formation der benachteiligten Sozialschichten, vor allem der Bauern und der Mienen- und Hafenarbeiter. Die kommunistische Partei ging davon aus, dass sowohl Griechen als auch Türken der Insel eine anti- britische Front bilden sollten.[323]

Die Lösung der sozio-ökonomischen Probleme war mit dem Gedanken der Autonomie eng verknüpft. Dies stand im Gegensatz zur Enosis -Bewegung, die ihr Hauptaugenmerk auf nationalistische Tendenzen richtete.

Die Auswirkungen der Weltwirtschaftskrise und eine uneinsichtige Kolonialpolitik mündeten in den Unruhen von 1931 an denen sowohl die Kommunisten als auch die Enosis- Bewegung beteiligt waren.

Folgende politische Kräfte sind anzuführen:
KKK (Kommounistiko Komma Kyprou) die für eine kommunistische, sozialistische Balkan-Föderation eintrat, „der Bulgarien, Rumänien, Jugoslawien, die Türkei, Griechenland und Zypern angehören sollten.“[324]

AKEL (Anordortikon Komma Ergazomenou Laou – Fortschrittspartei des werktätigen Volkes), am 14. 4. 1941 von Ploutis Servas gegründet, bezeichnete sich als legal, demokratisch und antifaschistisch.

PSE (Pan-Cyprian-Commitee of Workers) hatte zum Ziel, gegen die Unterdrückung der Bauern durch Geldverleiher zu kämpfen.
PEO (Pan-Cyprian Federation of Labour), löste 1947 die PSE ab und trat für soziale und ökonomische Reformen ein.

KEK (Kypriakon Ethnikon Komma – Zypriotische Nationale Partei)
Die KEK vertrat die Ober- und Mittelschicht und trat für die Enosis ein. Sie verstand sich als politisches Gegengewicht zur AKEL und wurde später durch die Demokratische Union abgelöst.

---

323 Vgl. Tzermias, S. 37f
324 Choisi, S. 138ff

PEK (Panakrotika Enosis Kypron – Vereinigte Zypriotische Bauerngewerkschaft)
Die PEK wurde von reichen Grundbesitzern gegründet. Sie wollte den Einfluss der Kommunisten zurückdrängen und die Enosis auch in ländlichen Gebieten propagieren. Später wurde die PEK zur Bauernpartei.

EDMA (Enaion Dimokratikon Metopon Anadimieourgias – Vereinigte Demokratische Front der Wiedergeburt)
Sie stellte sich gegen die Abkommen von Zürich und London und rekrutierte ihre Mitglieder aus EOKA-Kämpfern. Erzbischof Makarios wurde von der EDMA als Verräter bezeichnet, der die Enosis ihrer Meinung nach hintertrieb. Sie legte Wert auf hellenistische Bildung und wollte Industrie und Tourismus ankurbeln, um die zypriotische Wirtschaft zu stärken.

DU (Dimokratiki Enosis – Demokratische Union)
Die DU ist eine Nachfolgerin der KEK und wollte alle Makarios-Gegner vereinigen. Das waren Händler, Kaufleute, Bürokraten und professionelle Politiker. Die Zusammenarbeit mit der EDMA wurde abgelehnt, weil sie den DU-Anhängern zu faschistisch war, obwohl beide Parteien gegen die Abkommen von Zürich und London waren und für die Enosis eintraten.

DEK (Dimokratikon Ethnikon Komma – Demokratische Nationalpartei)
Die DEK ist die Nachfolgepartei der DU und schloss sich mit den EOKA-Kämpfern und rechtsextremen Nationalisten zusammen, mit dem Ziel, die Enosis zu verwirklichen. Die der DEK nahestehende Wochenzeitschrift „Gnomi" war voll von Propagandaartikeln gegen Erzbischof Makarios.

Proodeftikon Komma – Fortschrittspartei
Sie wurde unter anderem vom ehemaligen EOKA-Kämpfer Nikos Sampson gegründet, der wegen seiner Grausamkeit gefürchtet war. Die EOKA (Ethniki Organosi Kyprion Agoniston – Nationale Organisation zypriotischer Kämpfer) führten am 1. April 1955 den ersten einen Guerilla-Anschlag gegen die Briten durch. Gründer der EOKA

war rechtsextreme Giorgios Grivas.[325] Die Fortschrittspartei war dazu bereit, Enosis auch mit Gewalt zu erreichen und arbeitete eng mit der PEK zusammen. Sampson wurde nach dem Putsch von 1974 Präsident. Er scheiterte politisch und wurde 1976 von R. Christodoulidis abgelöst.

Prodeftikon Paratais – Progressives Lager
Das Progressive Lager wurde von Erzbischof Makarios unterstützt, weil er damit hoffte, das rechte Lager zu spalten. Ihr gehörten regierungstreue Kräfte an. 1976 löste sich die Partei auf.

Enaion Komma Ethnikofrorou Simpolitevseos – Vereinigte Partei des National gesinnten Regierungslagers
Diese Partei setzte sich für den Schutz der Türkischzyprioten ein und strebte nach einer friedlichen Lösung des Zypernkonflikts, wobei sie an einer Zusammenarbeit mit Griechenland interessiert war. Sie war pro-westlich und NATO-freundlich. Politisch stand sie der AKEL und EDEK gegenüber.

DISY (Dimokratikos Synagermos – Demokratische Sammlung)
Die DISY ist Nachfolgerin der Vereinigten Partei des nationalgesinnten Regierungslagers. Sie verhielt sich von allen griechisch-zypriotischen Parteien am liberalsten gegenüber den Türkisch-Zyprioten.

DIKO (Dimoktratiki Parataxi – Demokratisches Lager)
Die DIKO war die Partei, die die Politik Erzbischofs Makarios am meisten unterstützte. Sein ehemaliger Außenminister Spiros Kyprianou war Vorsitzender dieser Partei und wurde 1977 bis 1988 Präsident von Zypern.

NEDIPA (Nea Dimokratiki Pataxi – Neues Demokratisches Lager)
Die NEDIPA war eine Abspaltung der DIKO. Sie wurde 1980 gegründet und vertrat eine konservative wirtschaftsorientierte Politik.

EK (Enosis Kentrou – Zentrumsunion)

---

[325] Vgl. Richter, Heinz A., Friede in der Ägäis, Köln, 1988, S. 15

Sie wurde von einem ehemaligen Führer der EOKA, Tassos Papadopoulus, gegründet. Der frühere Freund Makarios' bemühte sich die oppositionellen Kräfte gegen die DIKO zu einen.

PAME (Panzypriotische Erneuerungsfront)
Sie wurde von Chrysontomos Sofianos gegründet. Er hatte gute Beziehungen zur AKEL und verstand die PAME als links und progressiv.

Komma ton Philelevteron (Die Liberale Partei)
Sie wurde 1986 als liberale Partei gegründet und trat für eine Zusammenarbeit mit Griechenland und interkommunalen Dialog ein.

Makarios war parteilos, er wurde 1968 als Kandidat von Präsident Klerides bestellt. Obwohl er selbst nicht am Wahlkampf teilnahm, erhielt er eine deutliche Mehrheit von der gesamten Bevölkerung: 96,29% stimmten für ihn, sein Gegenkandidat Eydokas erhielt 3,7%. Das bedeutet, dass Makarios die Bevölkerung unabhängig von Parteizugehörigkeiten für sich gewinnen konnte und als überparteiliche Integrationsfigur von allen Griechen unterstützt wurde.[326]

6.1.2 Türkisch-zypriotische

KATAK (Kibris Adasi Türk Asinli Kurumu – Türkische Minderheitsorganisation)
Eine nationalistische Organisation, die 1943 von prominenten türkischen Politikern gegründet wurde. Die Briten unterstützten ihre Gründung. Sie richtete sich gegen die Enosisbewegung.

KTMHP (Kibris Türk Mili Halk Partisi – türkisch-zypriotische Volkspartei)
Die Partei wurde von Fazil Kücük 1944 gegründet. Sie unterschied sich inhaltlich nur wenig von der KATAK.

---

326 Vgl. Ionnidis, Politische Parteien und Tendenzen in den letzten 25 Jahren, Vortrag im Kulturinstitut in Nicosia, 1984 (in Griechisch und unveröffentlicht) zitiert nach Andreas Ignatiou, Das Parteisystem in Zypern 1959-189, Diplomarbeit, Wien, 1991 S. 45

KTP (Kibris Türktür Partisi – Zypern ist Türkisch-Partei)
Sie setzte sich für die türkisch-zypriotischen Elite ein und für die Gleichberechtigung der türkischen Zyprioten. Die KTP wollte eine wirtschaftliche Trennung vom griechisch-zypriotischen Markt, unter anderem durch eine territoriale Separation.
Nationale Volkspartei
Die Partei strebte zum Zwecke der Entspannung zwischen den Volksgruppen nach einer Wiederannäherung an die griechisch-zypriotische Politik. Sie stand somit in Opposition zu Kücük und Denktas.

Nationale Front
Sie stellte ab 1960 den Zusammenschluss aller Kücük- und Denktas-Anhänger dar.

CTP (Cumhuriyetci Türk Partisi – Republikanische Türkische Partei)
Sie war eine Gegnerin von Kücük und Denktas. Ihre Richtung ist sozialistisch und sie war sich mit der AKEL darüber einig, dass es auf Zypern zwei gleichberechtigte Volksgruppen geben sollte. Den Minderheitenstatus für die türkischen Zyprioten lehnte sie ab. Sie kämpfte zudem gegen die gängige Korruption und Protektion. Sie war gegen die Präsenz der NATO und USA und verfolgte außenpolitisch einen pro-sowjetischen Kurs. Die CTP war gegen eine Vorherrschaft der Türkei in Nordzypern.

TKP (Toplumcu Kurtulus Partisi – Kommunale Befreiungspartei)
Die linksorientierte TKP wurde 1976 gegründet und vertrat die Rechte der Arbeiterklasse. Dem Denktas- Regime warf sie Korruption und Protektion vor und stellte sich gegen eine „Türkisierung“ der Gesellschaft. Sie war gegen die Ansiedlung von Türken aus der Türkei auf Zypern, denn sie war dagegen, dass Zypern eine „Provinz von Anatolien“ werden sollte und strebte nach einer Föderation. Außerdem forderte sie den Rückzug türkischer Truppen von der Insel.

Yeni Kibris Partisi (neue Zypernpartei)
Sie wurde 1989 als linksideologische Partei gegründet und stellte sich gegen Protektion und Korruption sowie gegen die türkische Kolonialisierung Nordzyperns. Auch sie setzte sich für eine föderalistische Lösung und die Wiederannäherung an die griechisch-zypriotische Seite ein.

UBP (Ulusal Birlik Partisi – Nationale Einheitspartei)
Die rechtsnationale Partei wurde 1975 gegründet und verfolgte die separatistische Denktas- Linie. Die UBP strebte nach einer kulturellen und wirtschaftlichen Annäherung an die Türkei sowie nach der Einwanderung türkischer Siedler. Sie vertrat die kapitalistischen Interessen von Großgrundbesitzern, Industriellen und Geschäftsleuten.

YDP (Yeni Dogus Partisi – Wiedergeburtspartei)
Sie wurde 1984 vom damaligen türkischen Botschafter gegründet, vertrat eine rechtsradikale und religiöse Linie und setzte sich für die türkischen Einwanderer ein. Die von der Türkei gelenkte YDP betrachtete Nordzypern als türkische Provinz.

DHP (Demokratik Halk Partisi – Demokratische Volkspartei)
Die DHP wurde 1979 gegründet und vertrat ähnliche Standpunkte wie die UBP, ohne sich offen gegen eine Föderation auszusprechen. Sie trat ebenfalls für die Interessen der türkischen Siedler ein.[327]

Die Stabilität auf Zypern war seit der osmanischen Ära immer wieder durch extreme Kräfte gefährdet, deren Einfluss auch von außen kam, so fungierten manche Parteien als direkte Interessensvertreter Griechenlands oder der Türkei. Ihr Fokus lag weniger auf der Kooperation der beiden Volksgruppen, als an den Machtinteressen der sogenannten „Mutterländer".

Zypern hat sich nach dem EU-Beitritt dahin entwickelt, dass die radikalen Parteien an Einfluss verloren, diejenigen, die nach der Terminologie der Politikwissenschaft als demokratisch angesehen werden können, sind mittlerweile in der Bevölkerung besser verankert.

[327] Vgl. Choisi S. 291 ff

Nachstehende Abbildungen zeigen die zypriotische Parteienlandschaft im 20. Jhdt:

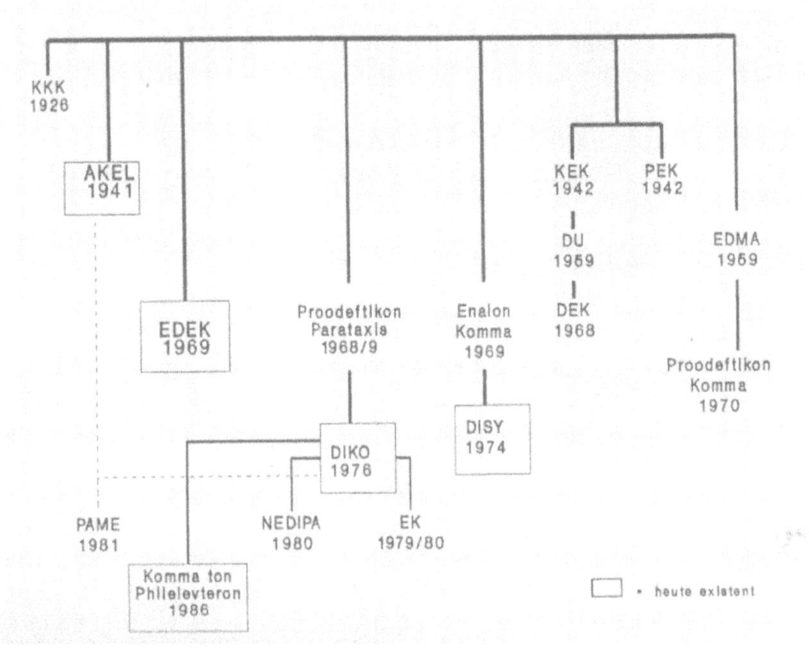

Abb. 2
Die griechisch-zypriotischen Parteien nach Choisi[328]

[328] Quelle: Choisi, 1993, S. 231

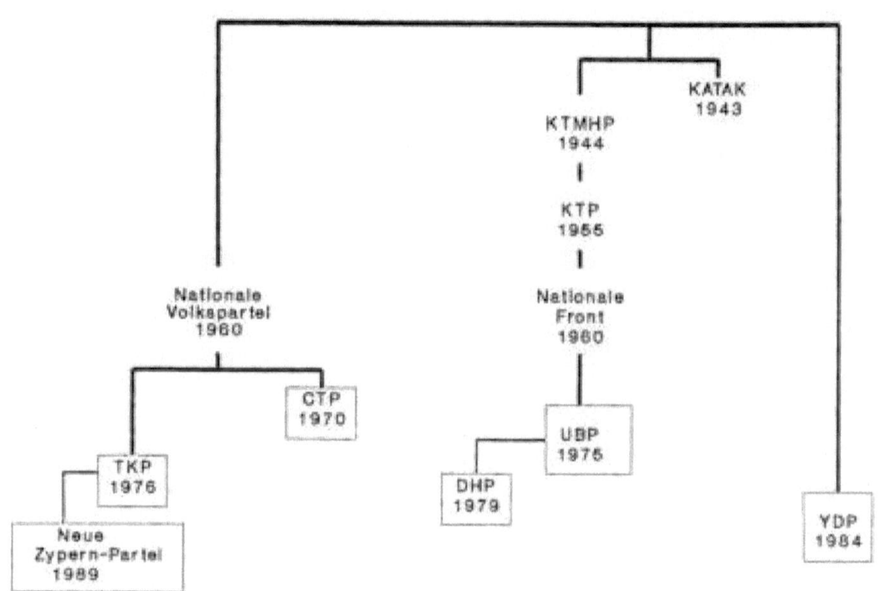

Abb. 3: Die türkische- zypriotischen Parteien[329]

[329] Quellen: Choisi, 1993, S. 302

6.2 Auswirkungen des Nationalismus unter Kücük und Denktas – Taksim-Bewegung

Für die weitere Entwicklung waren besonders die rechtsgerichteten Politiker Fazil Kücük und Rauf Denktas maßgeblich verantwortlich, die in vielen Belangen zusammenarbeiteten. Sie waren die Köpfe der KTP und der TMT und wurden von den Briten wegen ihrer antikommunistischen Haltung unterstützt. Dabei hielt Denktas aber nicht mit seiner, den Briten nicht genehmen Haltung zurück, dass er eine Separation anstrebte. Er stand in engem Kontakt zur Regierung der Türkei und vertrat die Ansicht, das Zypern ein Teil der Türkei sei.

Mit Hilfe und auch durch finanzielle Unterstützung der Türkei wurden etliche rechtsextreme Organisationen gegründet, eine der einflussreichsten war VOLKAN, die 1955/66 ins Leben gerufen wurde.

Es kam infolge der entstehenden Spannungen zwischen Taksim-Anhängern und kommunistischen türkischen Zyprioten (Anhänger von Gewerkschaften) zu gewaltsamen Auseinandersetzungen. Viele Befürworter einer Föderation wurden von VOLKAN verfolgt und getötet.

Kücük und Denktas, die Gründerväter der KTP und TMT, bezeichneten die britische Kolonialmacht als zu nachgiebig gegenüber den griechischen Zyprioten. Bereits 1958 sprach sich Rauf Denktas für eine Separation türkisch-zypriotischer Gemeinden aus. Seiner Ansicht nach trennten die griechische und die türkische Volksgruppe zu viel, als dass sie weiterhin zusammenleben könnten. Der türkischstämmige Teil der Zyprioten war seiner Ansicht und der seiner Anhänger nach unterdrückt und wirtschaftlich benachteiligt. Kücük und Denktas waren bereit, Taksim mit allen Mitteln vorzubereiten, nur ein direkter Befehl aus der Türkei hätte dem Einhalt gebieten können.

Es kam zu Umsiedlungsmaßnahmen, die zum Teil unter Zwang erfolgten, weil die TMT Druck auf die potentiellen Siedler ausübten. Die Briten wussten über diese Aktionen Bescheid, schritten jedoch nicht ein. Denktas und Kücük forderten in der Folge die offizielle Anerkennung der autonomen türkisch-zypriotischen Gemeinden ein. Ziel dieser nationalistischen Politik war die Polarisierung der Zyprioten in gegensätzliche Lager, die als letzte Konsequenz zu Taksim – die Teilung der Insel – führen musste.

Die beiden extremen nationalistischen Kräfte, die sich auf der Insel gegenüberstanden, die hellenische EOKA, die der VOLKAN und TMT brauchten einander somit, um ihre Ziele in gegenseitigem Hass aufeinander zu verfolgen: ohne die eine extreme Seite wäre die andere gar nicht lebensfähig gewesen.

Trotz all dieser Spannungen und Zerreißproben zwischen ENOSIS und TAKSIM gab es zunächst den Versuch eines annehmbaren Kompromisses, die Gründung einer Republik.[330] Nach der Vertragsunterzeichnung in London im Februar 1959 schien Zypern zum ersten Mal in ihrer Geschichte eine unabhängige und selbstständige Republik (siehe Kapitel 6.6)

Bis zu dem Zeitpunkt der Gründung der Republik, fanden Kämpfe zur Emanzipation von der Kolonialherrschaft statt.

330 Vgl. Choisi, S. 222 ff

6.3 Die Rebellion gegen die Kolonialmacht von 1931

Die Spannungen und die Großbritannien feindliche Propaganda nahmen immer mehr zu.

Nach einer Äußerung des britischen Kolonialminister Lord Passfield im Jahre 1929, dass die Frage der Vereinigung Zyperns mit Griechenland „definitiv geschlossen“ sei, wurde die Stimmung weiter angeheizt.

Im Jahr 1931 brachen blutige Unruhen aus. Die Vorgeschichte war eine Steuerdebatte im Legislativrat. Ein Entwurf wurde von griechisch-zypriotischen und einem türkisch-zypriotischen Abgeordneten erstellt, der der britischen Krone aber nicht genehm war. Der Gouverneur setzte sich über die demokratischen Rechte hinweg und verhinderte den Beschluss durch „Order in Council“.

Einige Tage später rief Erzbischof Makarios das Volk dazu auf, sich der radikalen Partei EREK (Die radikale Union Zyperns) anzuschließen und die britischen Machthaber zu boykottieren. Während einer Demonstration kam es zu Ausschreitungen, die weitreichende Folgen hatten. Erst durch Eingreifen der Britischen Armee konnte der Aufruhr beendet werden.

„Zum ersten Mal in der Geschichte Zyperns wird die Enosis zum ‚Heilmittel’ auch gegen wirtschaftliche Probleme gedeutet. Enosis wurde zum Hauptthema der politischen Diskussion und zur Lösung für beinahe alle Probleme.“[331]

Die britische Verwaltung entledigte sich der führenden Mitglieder der Enosis -Bewegung: Makarios, Dionysios Kykkotis und Nikodemos von Kiton allesamt führende Kleriker, wurden ins Exil geschickt. Über zweitausend Menschen wurden verhaftet und zu Gefängnisstrafen verurteilt. Auch führende Mitglieder der kommunistischen Partei mussten ins Exil gehen.[332]

---

[331] Piller, S. 24

[332] Vgl. Gürel, S. 141

„Der Aufruhr von 1931 war, was die Haltung der Volksschichten betrifft, durch viel Spontaneität gekennzeichnet. Die Empörung der Aufrührer resultierte dabei, wie gezeigt, nicht nur aus den nationalen Aspirationen, sondern in beträchtlichem Ausmaße auch aus der prekären sozioökonomischen Lage eines großen Teils der Bevölkerung."[333]

Weder die wirtschaftliche Lage noch die Unterdrückungsmaßnahmen vermochten den Widerstandsgeist zu ersticken. Dazu kam die Errichtung der Diktatur 1936 in Griechenland und der allgemeine Vormarsch totalitärer Bewegungen in Europa, die auch Auswirkungen über die „Mutterländer" auf die Insel hatten.

Erst die Kampfhandlungen im Zuge des 2. Weltkrieges in Griechenland führten zu einer Veränderung der Situation auf Zypern.

---

[333] Tzermias, S. 43

6.4 Die Auswirkungen des 2. Weltkrieges auf Zypern

Obwohl Zypern während des 2. Weltkrieges nie in direkte Kampfhandlungen verwickelt war, waren doch rund 25.000 Zyprioten (Griechen und Türken) für Großbritannien freiwillig in den Krieg gezogen.

„Die Hoffnung, dass der Krieg eine völlig neue Weltordnung schaffen würde und Zypern danach endlich Griechenland angeschlossen werden könnte, veranlasste viele junge Inselgriechen, sich freiwillig zu den Waffen zu melden.“[334] Es gab keine allgemeine Wehrpflicht.[335]

Sehr bald nach Kriegsbeginn trat eine gewisse Lockerung seitens der Briten ein, mit dem Ziel, den Kontakt zur Bevölkerung enger zu gestalten. 1941 wurde mit britischer Zustimmung eine „Repräsentative Assembly“ nach Nikosia einberufen. Politische Persönlichkeiten aus Gewerkschaften, ländlichen Gemeinden und Organisationen versammelten sich. Daraus resultierte die Gründung verschiedener politischer Parteien: Zum Beispiel AKEL eine linksgerichtete Arbeiterpartei mit anti-britischer Haltung. KEK, eine nationalistische Partei, ebenfalls anti-britisch, die PEK, Interessensvertretung der Kleinbauern, DESP, eine gemäßigte sozialistische Partei.[336]

Die Gemeindewahlen 1946 brachten einen Sieg der Linksparteien unter der Führung von AKEL, allerdings verlor die Linke ihre starke Position 1949 wieder an die nationalistische Partei.

Die allgemeine politische Lage war so hoch gespannt, dass man immer wieder Demonstrationen, Protestmärsche und Anschläge beobachten könnte.[337]

Die britische Verwaltung ergriff Maßnahmen um die Lage zu entschärfen, dazu gehörte die Wiedereinführung eines zentralen Legislativorganes, der „Consultative Assembly“.

---

334 Piller, S. 25
335 Vgl. Dischler, S. 22
336 Ebenda, S. 23
337 Ebenda

1947 erhob die Versammlung die Forderung nach einer Verfassung ähnlich der Maltas und Ceylons. (Eine Legislative, bestehend ausschließlich aus- gewählten Abgeordneten).

1948 wurde ein neuer Verfassungsentwurf in Zypern bekanntgegeben.[338]

„...bot die englische Regierung den Zyprioten 1948 eine Verfassung an, welche selbst innenpolitisch das Selbstregierungsprinzip weitgehend einschränkte."[339]

Bei den Beratungen bezüglich des Verfassungsprojektes konnte keine Einigung der politischen Vertreter erzielt werden. Weder Linke noch rechte Vertreter waren von dem britischen Vorschlag überzeugt.[340]

Betrachtet man die beschriebenen Ereignisse unter dem Gesichtspunkt britischer Großmachtpolitik, so befinden wir uns während und nach dem 2. Weltkrieg in einer Phase die durch eine Politik gekennzeichnet ist, die mit zweierlei Maß misst:

Einerseits wird mit der Schaffung des „British Commonwealth of Nations" eine völlige Neugestaltung des British Empire geschaffen und andererseits existiert ein Teil des britischen Kolonialreiches weiter. Das heißt im Falle Zyperns war die Großmacht Großbritannien nicht bereit der Insel einen autonomen Status und völkerrechtlich garantierte demokratische Einrichtungen zu gewähren.

Diese Phase der Machtpolitik ist nach Franklin D. Roosevelt von einem „Existenzkampf zwischen Demokratie und Diktatur"[341] gekennzeichnet, der sich auch in der Widersprüchlichkeit der britischen Politik äußert.

---

338 Vgl. Dischler, S. 24
339 Tzermias, S. 51
340 Vgl. Ebenda, S. 49
341 Dtv. Atlas zur Weltgeschichte, Band II, S. 187

6.5 Der Weg zur Selbstbestimmung und das Ende britischer Kolonialmacht

Wirtschaftlich betrachtet profitierte Zypern von der Zugehörigkeit zu Großbritannien: Die Infrastruktur hatte sich enorm verbessert, auch das Bildungs- und Gesundheitssystem – so wurde 1949 die Malaria endgültig ausgerottet – das alles stellte für die Bevölkerung große Fortschritte dar. Als Teil Griechenlands, dessen ökonomische Situation deutlich schlechter war, hätte Zypern einen derartigen relativen Wohlstand nicht erreicht. Trotzdem erschienen die Zyprioten in den Augen mancher Briten als undankbar, was andere Ursachen hatte.

Die griechischsprachigen Inselbewohner fühlten sich als Griechen, aufgrund derselben Kultur, Sprache und Religion. Ein Großteil von ihnen strebte nach der Enosis und der Erzbischof Makarios – gleichzeitig auch Staatsoberhaupt – setzte sich vehement dafür ein. Dass Kirche und Staat nicht wie in anderen westlichen Ländern voneinander getrennt waren, störte die Zyprioten lange Zeit nicht. Erst viel später wurde Makarios von alten Bischöfen dazu aufgefordert, sein politisches Amt niederzulegen.

1949 forderte Erzbischof Makarios II. den britischen Gouverneur auf, ein Referendum durchzuführen. Dadurch sollte der Wille der Zyprioten für eine Union mit dem „Mutterland" festgestellt werden.[342]

Der Gouverneur lehnte zwar ab, die Volksabstimmung wurde daraufhin von der Orthodoxen-Kirche am 15.01.1950 durchgeführt. 95.7% der stimmberechtigten Griechischzyprioten stimmten für die ENOSIS.[343]

Sowohl die britische Kolonialmacht als auch die Athener Regierung, die das traditionell freundschaftliche Verhältnis zu Großbritannien nicht gefährden wollte, reagierten ablehnend.

„Die Beteiligung war groß. Sie betrug bei einer halben Million Einwohner rund 224.700. Nach den von den Kirchen geführten Listen haben rund 215.000 für den Anschluss gestimmt. Dieses Ereignis wurde

---

342 Vgl. Tzermias, S. 52
343 Ebenda, S. 53

politisch und propagandistisch entsprechend ausgewertet, sowie beim Generalsekretariat der Vereinigten Nationen am 26. September 1950 eingereicht.“[344]

Erzbischof Makarios III hatte sich seit dem Referendum zum unangefochtenen Führer der Zyperngriechen entwickelt. Unter seiner Führung nahm der Kampf der Kirche für ENOSIS zu. Er war eine aktive, energische Persönlichkeit und hatte unter anderem in Boston studiert. Zum Zeitpunkt des Referendums war er erst 37 Jahre alt.

„Gelegentlich einer Demonstration am 25 März 1952, dem Jahrestag der griechischen Unabhängigkeit, erklärte Erzbischof unter anderem, dass keine Freiheit ohne Blutopfer gäbe. Einen Monat später forderte der Erzbischof bei einer Versammlung vor sechshundert Vertretern nationalistischer Organisationen in der Kathedrale von Nikosia diese zum passiven Widerstand gegen die britische Regierung auf, wenn es der Kampf um die ENOSIS erfordern sollte.“[345]

Erzbischof Makarios III hatte einen Drei –Stufen- Plan erarbeitet: In der ersten Stufe sollte Großbritannien davon überzeugt werden, Zypern freiwillig abzutreten. Die zweite Stufe sah vor, Griechenland in die ENOSIS- Bemühungen einzuschalten, die dritte Stufe wäre bewaffneter Befreiungskampf.[346]

Bei allen drei Stufen waren die Zyperntürken nicht einbezogen. Natürlicher-weise hatten diese kein Interesse an ENOSIS. Sie waren entweder für eine Teilung der Insel (TAKSIM) oder für eine Rückgabe der Insel an die Türkei.

Bereits 1954 reifte Makarios‘ Überzeugung, dass ohne terroristische Attacken die britische Herrschaft kein Ende nehmen würde.[347] Da Erzbischof Makarios die Mittel für einen bewaffneten Befreiungskampf fehlten, arrangierte er sich mit dem pensionierten griechischen General Georgios Grivas, einem auf Zypern geborenen Nationalisten, der zuvor die Befreiungsorganisation EOKA gegründet hatte.

---

344 Dischler, S. 28
345 Dischler, S. 28
346 Vgl. Piller, S. 26
347 Vgl. Oberling, S. 41

General Grivas war mit dem Guerillakampf vertraut und kannte sich im zypriotischen Hinterland bestens aus. Ebenso war er ein radikaler Verfechter von ENOSIS. Dadurch, dass er als Oberst in der griechischen Armee tätig war, konnte er die Verbindung zwischen Athen und Nikosia herstellen und Waffen organisieren. Seine erste berüchtigte Aktion war das Attentat vom 21. Juni 1955, einem Bombenanschlag auf die Polizeistation Nikosias im türkischen Viertel, es zeigt laut Oberling „how vulnerable the Turkish Cypriot community was to acts of terrorism, ... wounding thirteen of the inhabitants.“[348]

Parallel zu General Grivas' und Erzbischof Makarios' Vorbereitungen liefen Verhandlungen mit der Kolonialmacht, betreffend der Abtretung der Insel.

Großbritannien war auch an guten Beziehungen mit den Zyperntürken interessiert.[349] Daher war die britische Politik zwar bereit, der Insel mehr Autonomie zu gewähren, war aber gegen ENOSIS.

„Erzbischof Makarios III. forderte am 27 April 1953 den Gouverneur Andrew Wrigth dazu auf, die ‚Volksabstimmung' von 1950 zu respektieren und endlich auf die Forderungen der Zyperngriechen einzugehen.“[350]

Der Gouverneur lehnte ab, ebenso erteilte der britische Premierminister dem Ansinnen einer Absage.

In den Jahren 1954, 1957, 1958 erfolgten vergebliche Versuche, die Zypernfrage mit Hilfe der Vereinten Nationen zu lösen. Trotz der ständigen diplomatischen Bemühungen Großbritanniens, Griechenlands, der Türkei und Vertreten der Inselgriechen und Inseltürken kam es immer wieder zu blutigen, bürgerkriegsähnlichen Auseinandersetzungen auf der Insel.

---

[348] Oberling, S. 57

[349] Anm.: Richter spricht hier erstmals von einer ‚divide et impera‘ Politik. Vgl. Richter, ApuZ, S. 4. Ebenfalls dort: Einsatz türkischzypritoischer Spezialeinheiten gegen EOKA-Kämpfer. „divide et impera“ kommt vom lateinischen: „teile und herrsche“ und bedeutet „die oft den Römern zugeschriebende Maxime, Macht durch Spaltung der Gegner zu gewinnen. Die Maxime wird, ohne Beweis, auf Ludwig XI zurückgeführt.

[350] Piller, S. 28

Die Haltung Großbritanniens wurde von seiner Ostpolitik bestimmt: Nach der Evakuierung der Suezkanalzone wurde Zypern zur letzten britischen Basis im östlichen Mittelmeer. Ein neues, von England gestütztes Defensivsystem im Nahen Osten wurde mit dem Bagdadpakt 1955 eingeleitet. Das steigerte erneut die militärisch strategische Bedeutung Zyperns für Großbritannien.

Im April 1955 setze die Phase des Guerillakrieges ein. Bombenanschläge gegen militärische Einrichtungen wurden von der nationalistischen Geheimorganisation EOKA verübt. Ihr Führer Oberst Grivas wurde von Griechenland mit Waffen versorgt. Ebenso wurde er von der griechischen Presse und Radio Athen unterstützt. Terror, Überfälle, Morde und Repressalien richteten sich hauptsächlich gegen britische Soldaten und Beamte, aber auch gegen englische Zivilisten oder griechische „Kollaborateure“.[351]

„... Großbritannien betrieb eine ambivalente Politik nicht nur gegenüber Athen und Ankara, sondern begann nun auch seine *divide et impera-Politik* den Volksgruppen auf Zypern gegenüber.“[352]

Auch Karadi und Lutz sehen als einen Grund für den Zypernkonflikt nicht nur den auf Zypern überschwappenden Nationalismus, sondern auch die *divide et-impera*-Politik Großbritanniens.[353]

„Die notwendige Folge war eine weitere Versteifung der britischen Cypernpolitik; der Machtkampf mit der griechischen Opposition in Cypern nahm nun bürgerkriegsähnliche Formen an. Der tödliche Kreis von Terror und Gegenterror begann.“[354]

Von den Briten geduldet entstand gegen die EOKA die türkisch-zypriotische Untergrundorganisation VOLKAN, die später TMT genannt wurde. Bald waren die Zustände auf Zypern bürgerkriegsähnlich.[355]

---

[351] Maier, S. 197

[352] Richter, Heinz A. Historische Hintergründe des Zypernkonflikts. In: Aus Politik und Zeitgeschichte (APuZ), März, 2009, Bonn, S. 4

[353] Vgl. Karadi, Mathias Z./Lutz, Dieter S.: Außen- und Sicherheitspolitik. In: Südosteuropa-Handbuch Bd. VIII, Zypern, Hrgs. K.-D. Grothusen et alii, S. 127

[354] Maier, S. 196

[355] Vgl. Richter in APuZ, S. 4

Die türkische Politik wurde radikaler und setzte sich Taksim, die Teilung der Insel zum Ziel.

Auch bei dem Bombardement des Atatürk-Geburtshauses (und Konsulat) in Saloniki im September 1955 wird mittlerweile England als taktischer Auslöser gesehen. Das für *divide-et-impera* typische Aufwiegeln der Ethnien schwappte als Folge bis aufs Festland über, in Istanbul kam es zu Pogromen gegen Griechen, auch gegen Juden und Armenier.[356];[357] Zur Urheberschaft stand der damalige Ministerpräsident Menderes in einem Interview dem Hürriyet gegenüber bereits damals: er habe dem MIT (dem türkischen Geheimdienst) den Auftrag dazu gegeben, geplant war ein „kleines Ereignis“, keine Verwüstung; Ziel war die Einflussnahme auf die laufende Londoner Konferenz in Bezug auf Zypern.[358] Dilipak vergleicht die Ereignisse nach dem Bombardement des Atatürk-Geburtshauses mit einem Volksaufstand in Istanbul, bei dem alle, auch Nationalisten, Islamisten und CHP-Anhänger gemeinsam (Sozialdemokraten, seit den 70igern Mitglied der Sozialistischen Internationale, zwischenzeitlich wegen ihres Nationalismus von selbiger auch ausgeschlossen) gegen Griechen und Rum auftraten.[359] Damalige Regierungsparlamentarier empfanden Debatten über die Ereignisse des 5. und 6. September als unpatriotisch,

356 Vgl. Ereignisbericht im Interetforum der Turkish Press, www.turkishpress.de vom 08.09.2009, Stichwörter Yassiada Prozesse, Attentat 06. und 07. September 1955, Istanbul; gefunden am 05.07.2011

357 Anmerkung: zur Beschreibung des Ausmasses des Pogroms, die Plünderung, Vertreibung aus der Türkei sowie die Beförderung des Bombenlegers zum Gouverneur von Nevsehir: Vgl. Cangizbay, Kadir, Hickimsenin Cumhuriyeti, Ankara, 2000, S. 61-62

358 Vgl. Intnetforum www.derindusunce.org, vom 09.02.2009, Stichwörter: Bombardment Atatürks Haus, MIT. Vgl. auch dort: selbst der Präsident Bayar bestätigte am nächstens Tag, dass eine derartig verheerende Wirkung nicht geplant war. Gefunden am 05.07.2011

359 Vgl. Dilipak, Abdurrahman, Menderes Dönemi, Istanbul, 1990, S. 205-6. Dazu ein Einschub zu den Befindlichkeiten: Während dieser Zeit gab es Gefechte und Plünderungen sowie Zerstörung von 100 Wohnungen und Geschäften in Istanbul und Izmir. 70 Kirchen wurden in Brand gesteckt. Plakate zeigten die Aufschrift: Zypern ist türkisch und bleibt türkisch. Die Regierung regierte breit angelegt: als Urheber des Aufruhrs verbot sie die türkische-zypriotische Union (Kibris Türktür Cemiyeti), diese sei von einer ‚roten Organisation’ aus Beirut instrumentalisiert worden. Weiters verhaftete sie 77 türkische Kommunisten: Dilipak interpretiert dies als Imageaufwertungsversuch gegenüber dem Westens. Die Regierung wollte sich als Beschützer von Minderheiten darstellen, sowie die Kommunisten schuldig zeigen und die linke Tendenzen in der Türkei eindämmen.

die oppositionelle CHP wurde als unpatriotisch kritisiert verließ in solchen Momenten das Parlament.[360]

An dieser Stelle ein Einschub zum erfolgreichen Wirken der *divide-et-impera* Politik: 1950 äußerte der türkische Außenminister N. Sadak von der republikanischen, sozialdemokratischen, von Atatürk gegründeten Volkspartei (CHP) sich im Januar 1950 noch uninteressiert an Zypern im Zeitungsinterview: Für die Türkei gäbe es keine Zypernangelegenheit, die Türkei sei sich der Herrschaft Englands bewusst, das nicht gewillt sei, die Insel an eine andere Macht abzutreten. Für die Jugend bestehe kein Anlass zur Beunruhigung.[361] Sir Anthony Eden, der in Winston Churchills Regierung, Außenminister war, schreibt in seinen Memoiren über sein Wirken und Bemühen, unter den betroffenen Parteien zu vermitteln. Ein Bemühen zeigt sich in dem Kapitel, *Cyprus, 1955-56*, immer wieder: türkische Interessen zu berücksichtigen und einen britischen strategischen Anspruch auf gute Beziehungen zum Mittleren Osten. „In geography and tactical considerations, the Turks have the stronger claim in Cyprus; in race and language, the Greeks; in strategy, the British, so long as their industrial life depends on oil supplies from the Persian Gulf."[362]

Erst 1955, durch den Druck Englands, stellte die regierende konservative Partei DP fest, die Türkei habe durchaus ein Zypernproblem. Dabei sollte das Verhalten der Türkei den Wünschen der Briten untergeordnet werden. Im November 1956 äußerte Premierminister Menderes gegenüber dem Außenminister Erim die Anordnungen: 1.) Die Briten sollten auf Zypern bleiben 2.) Im Falle eines britischen Abzugs sollte die Insel der Türkei abgetreten werden 3.) Wenn Letzteres nicht möglich wäre, sollte die Insel geteilt werden 4.) Zypern sollte sich selbst verwalten. 5) Unerwünscht sei die Übergabe an Griechenland. 1957 bietet Erim dem britischen Gouverneur auf Zypern die Zusammenarbeit an, für den Fall, dass eine Dreier- Kooperation nicht funktionie-

---

360 Vgl. Dilipak, S. 212. Anmerkung zur Person: Dilipak ist ein renommierter Autor, Schriftsteller, Philosoph und Journalist. Er gründete mit anderen die islamische Tages Zeitung Milli Gazete.

361 Vgl. Güvenc, Nazim, Kibirs Sorunu Yunanistan ve Türkiye, Istanbul 1984, S. 115. In http://idc.sdu.edu.tr/tammetinler/demokrasi/demokrasi50.pdf S. 2 bestätigt sich das Interview.

362 Eden, Anthony Sir, THE MEMOIRS OF THE RT. HON. SIR ANTHONY EDEN, London, 1960, S. 415

re.[363] Güvenc versteht dies als Akt hin zur Balance[364]: Erst nach dem griechisch-zypriotischen Befreiungskampf und auf Betreiben Englands hin wird Zypern für die Türkei ein politisches Thema. Das gleiche Vorgehen aus Sicht des ehemaligen Diplomaten des British Foreign Office Mallinson: „The British government began to help the Turkish Governemt, clandestinely, with its nationalist propaganda“.[365]

Der Ausnahmezustand wurde am 30. November 1955 von Gouverneur Harding ausgerufen und war Ausdruck einer verschärften englischen Politik. Die britischen Truppen wurden verstärkt.

Nach der Suez-Affäre verlor Zypern an strategischem Wert für die Briten. Die USA hingegen befürchteten eine empfindliche Störung der NATO durch die Konflikte zwischen den NATO-Mitgliedern Griechenland und Türkei. Die britische Regierung lud Griechen und Türken 1959 zu Gesprächen nach Zürich, bei denen es angeblich zu einer Lösung kam, die sich allerdings als Scheinlösung entpuppte, die hauptsächlich den Interessen der NATO entsprach.[366]

Das politische Machtgefälle nach dem Suezdebakel beschreibt Mallinson detaillierter: Die USA, nun die Vormacht, zwangen die Briten, Makarios aus dem Exil auf den Seychellen zurückkehren zu lassen und auf die Unabhängigkeit Zyperns hinzuarbeiten. Diese Strategie basierte auf der Vermutung, dass der Konflikt zwischen der Türkei und Griechenland einen Kriegsherd darstellen würde und im Falle des tatsächlichen Eintretens dies einen Machtgewinn der Sowjetunion zur Folge hätte.[367]

---

363 Vgl. Güvenc, S. 119 Anm.: Trotz des bemerkenswerten Detailblicks entgeht ihm die divide-et impera Politik als Start der Zwietracht ausgelöst durch die Engländer in den 50iger Jahren.

364 Güvenc, ein Autor, über den es leider kein öffentliches Profil gibt, nennt Zypern geostrategisch wichtig, weil es eine wichtige Basis sein könnte für mögliche Türkeiangreifer aufgrund der geringen Entfernung. Er sieht die militärische und kommerzielle Bedeutung Zyperns für die Türkei, die nur 40 Meilen entfernt ist, während diese für das 700 Meilen entfernte für Griechenland nicht gegeben sei. Vgl. S. 35-6. Ob er damit eine pantürkische Argumentation verfolgt, soll an dieser Stelle offen bleiben.

365 Mallinson, William, Britain and Cyprus, Key Themes and Documents Since World War II, New York, 2011, S. 5, ebendort die Chronologie, dass die Einmischung nach den EOKA Attacken erfolgte.

366 Vgl. Richter in APuZ, S. 4.

367 Vgl. Mallinson, S. 5.

Auch der britische Diplomat Anthony Eden betont die Wichtigkeit der NATO-Interessen in der Zypernfrage Der Wortlaut ist: "It is not our strategic interests only which have to be safeguarded, but the joint working of the N.A.T.O in the eastern Mediterranean."[368]

Zeitweilig wurden Wirtschaft und Verkehr durch Aktionen der EOKA lahm gelegt, es gab auch Übergriffe auf britische Truppen und nicht immer rechtstaatliche Befragungsmethoden der Untersuchungs–behörden. Im März 1956 wurde Erzbischof Makarios und weitere Prominente Führer der ENOSIS deportiert.

Auch die türkische Bevölkerung wurde allmählich in die Auseinandersetzungen hineingezogen, provozierende Übergriffe der EOKA 1957 bewirkten die Gründung einer türkischen Geheim–organisation, (TMT) zur Verteidigung der türkischen Zyprioten.[369]

Die Haltung der Kirche war EOKA unterstützend, es wurden weniger religiöse Prinzipen hoch gehalten, sondern Gewaltakte gebilligt.

1956 wurde von Lord Radcliffe ein neuer Verfassungsplan ausgearbeitet, der eine weitgehende demokratische Selbstregierung der Insel vorsah. Er wurde von Zypern und Griechenland abgelehnt.

Obwohl die Verhandlungen 1957 festgefahren schienen, zeichneten sich Veränderungen ab: Ein neues internationales Spannungsfeld im Nahen Osten veränderte die Politik:

England hatte seine Stellung durch den Bagdadpakt nicht stärken können. Die Sowjet–Union unterstützte ab 1955 Ägypten durch tschechische Waffenlieferungen. Die amerikanische Diplomatie betrachtete die Beziehungen Ägyptens zum Ostblock mit Misstrauen. England war zu einer Neuorientierung seiner Zypernpolitik gezwungen, da seine Stellung durch die Suezkrise geschwächt war.[370]

---

368 Eden, S. 409

369 Anm.: die EOKA wie auch die TMT terrorisierten nicht nur jeweils die andere Ethnie, sie bekämpfte auch jeweils die ‚eigene' Linke. Vgl. Richter, APuZ, S. 4, sowie Papadakis, APuZ, S. 21

370 Vgl. Maier, S. 200

„Cypern verlor damit für das strategische Denken erheblich an Bedeutung. Ein Festhalten an der Insel, die allmählich eine schwere moralische und finanzielle Belastung bedeutete, erschien nun nicht mehr vordringlich.“[371]

Die Vorbedingungen für eine Lösung waren geschaffen: „Erzbischof Makarios gab von sich aus die Forderung auf den Anschluss Zyperns an Griechenland auf und erklärte sich im Herbst 1958 bereit, über die Umwandlung Zyperns in einem selbständigen Staat zu verhandeln; allerdings unter der Voraussetzung, dass die von türkischer Seite für diesen Fall geforderte Teilung der Insel außer Betracht bleibe.“[372]

In dieser Zeit, nämlich um 1960 fand in Caux zum Friedensschluss eine Verhandlung zwischen, türkischen, englischen und zypriotischen Gesandten sowie EOKA-Vertretern statt, in der Rauf Denktas als Repräsentant von allen türkisch-zypriotischen Organisationen Folgendes äußerte: „Bugün gecmiste olanlar icin özür dilerim, Kibris’ta Rumlarla Türklerin birlikte yasamasinin Allah’in istegi oldugunu taktir edemedigimizden kann akti. Devamli süphe ve korkularimizdan faydalananlar sadece komünistler olmustur. Kendimizi ilk önce Kibrisli, daha sonra Türk ve Rum olarak kabul etmeliyiz.“[373]

In diesem Bulletin, das in der Zeitschrift MRA-Manevi Silahlanma Mecmuasi 1960[374]erschien, gab Denktas zu und entschuldigte sich, dass das friedliche Zusammenleben zwischen den Türkisch-Zyprioten und den Griechisch-Zyprioten ein Wille Gottes gewesen sei, der nicht berücksichtigt worden sei. Deswegen sei Blut vergossen worden. Außerdem hätten die Kommunisten die Angst und Verzweiflung der zypriotischen Bevölkerung zu ihrem Vorteil ausgenutzt. Wir sollten uns zuerst als Zyprioten wahrnehmen, dann erst als Türken und Rum.[375]

---

371 Maier, Ebenda

372 Maier, Ebenda

373 Bütün Dünya, Ankara, 1Eylül, 2012, S. 75 Anmerkung: Eine Universitätszeitschrift mit der Bezeichnung „Hauptstadt Universität“, die in Ankara erscheint.

374 Anmerkung: MRA, 1960, S. 18-20
Übersetzung des Namens der Zeitschrift: „Zeitschrift zur seelischen Bewaffnung“

375 Rum – die Türken benennen (zypriotische), alle im ehemaligen byzantinischen Raum und außerhalb Griechenlands lebende Griechen als ‚Rum‘, etym. Vom Wort Rom abstammend.

In diesem Zeitraum drängten die NATO und die amerikanische Diplomatie auf Bereinigung des Konflikts. Nach einem Vorabkommen zwischen den türkischen und griechischen Ministerpräsidenten in Zürich, wurde am 19 Februar 1959 in London das Zypernabkommen unterzeichnet: „Das Ergebnis der Verträge von Zürich und London war die volle staatliche Selbständigkeit der Insel.“[376]

Nach Ausarbeitung der Verfassung übergab am 16. August 1960 der letzte britische Gouverneur Sir Hugh Foot dem neu gewählten Präsidenten Erzbischof Makarios die Regierungsgewalt über die Republik Zypern.

Zum ersten Mal in seiner Geschichte war Zypern ein unabhängiger und selbständiger Staat. Kurzfristig sah es danach aus, dass durch das Zypernabkommen ein Kompromiss geschlossen wurde, der sowohl den griechischen als auch den türkischen Zyprioten gerecht wurde: Als Zugeständnis an die Türkischsprachigen wurde von der ENOSIS abgesehen und dafür gab es das Abkommen gegen TAKSIM.

Herrschende Kräfte von außen zeigen sich auch im Konflikt, der durch die Verstaatlichung des Suezkanals entstand – eine Entwicklung, die den britischen Außenminister Eden veranlasste, Stärke zu zeigen, indem er mit den Franzosen einen Angriff auf Ägypten plante. Zypern geriet wider ins Interessens- und damit Spannungsfeld, weil dort das Führungs- und Logistikzentrum für militärische Interventionen im Nahostgebiet aufgebaut wurde.[377]

Ein Einschub zur Darstellung des geopolitischen Interesses an Zypern in der Mitte des letzten Jahrhunderts: 1.) der Suezkanal als Wirtschaftsstraße für Öltransporte in den Westen. 2.) ein unübersehbares Territorium an blockfreien Staaten (Syrien, Jordanien, Ägypten, Irak und Libanon), die noch dazu Ölvorkommen oder Pipeline-Länder waren 3.) die Abhängigkeit der Wirtschaft vom Energieträger Öl – dessen Transport schon in Punkt 1.) angeschnitten wurde 4.) Der NATO Einfluss war bis zur Unabhängigkeit Zyperns über das Mitglied Groß-

---

[376] Maier, S. 201

[377] Vgl. Richter, Heinz A., Kurze Geschichte des modernen Zypern 1878 – 2009, Ruhpolding, 2010, S. 76

britannien gegeben, eine Entkolonialisierung könnte einen Territoriumsverlust für die NATO bedeuten.[378]

Einen weiteren Einfluss von außen auf Zypern stellte der „kalte Krieg“ dar, der dazu führte, dass die USA stärker auf das Netzwerk mit der NATO in Europa und der SEATO in Asien setzte und der Umgang mit dem Zypernkonflikt zuallererst die Interessen des Verbündeten Großbritannien widerspiegelte, dann die der Türkei und erst zuletzt wurden die Auswirkungen der griechisch-türkischen Spannungen für die NATO berücksichtigt.[379] Nicht zu vernachlässigen ist in diesem Zusammenhang auch die Tatsache, dass die Insel als Militärbasis fungieren sollte und so die militärische Bedeutung zunahm, weil die USA im Fall des Verlustes des Flughafens in Adana die Flughäfen in der Türkei als Ersatz einsetzte. So wurde im kalten Krieg auch die Royal Air Force-Basis in Akrotiri in Zypern als An- und Abflughafen benützt.[380] All diese Fakten zehrten jedoch an der inneren Stabilität.

Das Experiment „der Staat Zypern“ scheiterte. Der zuvor erwähnte Kompromiss war offensichtlich doch kein allgemein zufriedenstellender, die Konflikte wurden durch die weltpolitischen Konstellationen geschürt und führten zur Separation der Volksgruppen, zu Mordanschlägen, Bränden usw. und machten ein Zusammenleben schließlich unmöglich.

---

[378] Punkte 2-3: Vgl. Maier, S. 188f

[379] Vgl. Sherman, S. 43

[380] Vgl. Ebenda, S. 111

6.6 Die Verfassung von 1960 und ihre völkerrechtlichen Aspekte im Bezug auf das Selbstbestimmungsrecht

Erstmalig wurde Zypern ein unabhängiger Staat: Das bedeutet, wie in der eingängigen Definition (siehe. Kapitel 3), es wurde von anderen Staaten anerkannt, es gab ein Staatsgebiet, nämlich die Insel Zypern, eine permanente Bevölkerung und eine stabile Regierung, die sich an das Völkerrecht hielt. Die innere Souveränität war zwar scheinbar gewährleistet, da es eine unabhängige Verfassung gab, aber die drei Garantiemächte verfolgten weiterhin ihre gegensätzlichen Interessen (ENOSIS von Griechenland, TAXIM von der Türkei und *divide et impera* von Großbritannien; siehe Kapitel 3). Die Entkolonialisierung bedeutete einen Aufbau von internationalen Beziehungen. Allerdings begannen damit neue Abhängigkeiten mit dramatischen Auswirkungen (bürgerkriegsartige Zustände) anstatt inneren Friedens, die im Folgenden gezeigt werden sollen.

Zunächst aber war eine Entspannung der Lage feststellbar: Am 19. 2. 1959 unterzeichneten Erzbischof Makarios und Dr. Kücük das Zypernabkommen. Präsident Eisenhowers Statement: die Verfassung sei ein „victory for a common sense, an „imaginative act of statemenship, and a splendid achievement.“[381] Am 16. August 1960 schließlich wurde mit dem Abkommen von Zürich und London die Unabhängigkeit Zyperns beschlossen und Erzbischof Makarios wurde mit der Regierungsbildung betraut.[382]

Der unabhängige Staat Zypern war jedoch nur eine Kompromisslösung, die für keine der Bevölkerungsgruppen wirklich befriedigend war, weshalb es bald wieder zu Konflikten kam. Zu sehr waren die Wunden der Vergangenheit spürbar, als dass ein friedliches Zusammenleben möglich war. Deshalb galt es, eine Verfassung zu schreiben, die eine möglichst große Stabilität förderte.

---

[381] Vgl. Stephen, Michael, The Cyprus Question, London, 2000, S. 9
[382] Vgl. Maier, S. 201

Unter Einsatz einer internationalen Verfassungskommission war eine Verfassung für den neuen Inselstaat erarbeitet worden.[383]
Sie sollte die Zyperngriechen und Zyperntürken zu gleichberechtigten Partnern machen. „Die zypriotische Verfassung aber war großen Teils geradezu ein Musterbeispiel mangelnden guten Willens und Vertrauens. Insofern enthielt sie nicht wenige Elemente, die von vornherein geeignet waren, den jungen Staat in eine Verfassungskrise zu stürzen."[384]

Weiters führt Tzermias aus, dass einige Autoren von einem juristischen Monstrum sprechen, da der Verfassung die Volksnähe fehlte. „Die zypriotische Verfassung entsprach weder den Inselgriechen noch den Inseltürken vom Herzen."[385] Stephen notiert auch konkrete Ängste der Türkischzyprioten: „The Turkish Cypriots had seen what happened to the Turkish people of Crete under Greek hegemony, and knew there would be no future for them in Cyprus without a Turkish military guarantee.[386]

Die Verfassungsurkunde war sehr lang und detailliert, Zeichen eines durch langes Ringen erreichten Kompromisses. Rechtlich und politisch brisant war eine Aufteilung in fundamentale und nicht fundamentale Normen. Das bedeutete, dass die fundamentalen Normen auf keine Weise abgeändert werden durften. Das bewirkte eine Starrheit der Verfassung. Auch die nicht fundamentalen Verfassungsbestimmungen konnten nur unter erschwerten Formalitäten abgeändert werden. Dies war dadurch entstanden, dass die am Zypernabkommen Beteiligten, die Sicherung der Bestimmungen als vorrangig betrachteten.

„Das hervorstechende Merkmal der zypriotischen Staatsorganisation nach der in die Verfassung von 1960 als unabänderlicher Bestandteil (Artikel 182; Anhang III) übernommen Structure de base ist die Gleichstellung der beiden Volksgruppen, die an die Stelle des demokratischen one man one vote- Prinzips tritt. „[387]

383 Vgl. Piller, S. 32
384 Tzermias, S. 232
385 Ebenda, S. 233
386 Vgl. Stephen, S. 10
387 Laffert, Gerd von, Die völkerrechtliche Lage des geteilten Zypern und Fragen seiner staatlichen Reorganisation, Frankfurt, 1995, S. 38

Die zypriotische Verfassung von 1960 regelt penibel alle Bereiche der Exekutive, Legislative und Justiz unter dem Gesichtspunkt des Proportionalitätsprinzips, d. h. einer Gerechtigkeit in Bezug auf Selbstbestimmung der Bevölkerungsanteile der beiden Volksgruppen. Diese scheint nicht vollständig gelungen zu sein.[388]

Durch diese Verfassung konnte die Zypernfrage in keiner Weise auch nur ansatzweise gelöst werden. „Sie war aber realistisch gesehen das kleinste Übel- ein Kompromiss."[389]

Die wesentlichen Regelungen bestanden aus einem bis ins kleinste Detail geregelten System einer staatsrechtlichen Balance zwischen den beiden Volksgemeinschaften: „In Zypern, einer Republik mit Präsidialsystem, musste der Präsident immer ein griechischer, der Vizepräsident ein türkischer Zypriot sein (Art. 1). Beide waren die obersten Organe der Exekutive. Ihnen stand ein zehnköpfiger Ministerrat zur Seite, dessen drei türkisch-zypriotische Mitglieder vom Vizepräsidenten und sieben griechisch-zypriotische Mitglieder vom Präsidenten ernannt wurden (Art. 46)."[390]

Der Präsident und der Vizepräsident verfügten über ein absolutes Vetorecht (Art. 50) gegenüber allen vom Parlament verabschiedeten Gesetzen und Beschlüssen des Ministerrates. Dies machte Zypern eindeutig zu einer Präsidialrepublik.

388 Vgl. Savvidou, Tania, Die Republik Zypern mit besonderen Berücksichtigung der UNO Initiative in der Zypernfrage, Diplomarbeit, Wien, 1997, S. 38f

389 Savvidou, S. 40

390 Choisi, S. 227

Die staatliche Organisation der Republik Zypern in Form einer Präsidialrepublik wird in nachstehendem Schema in ihrer Komplexität deutlich:

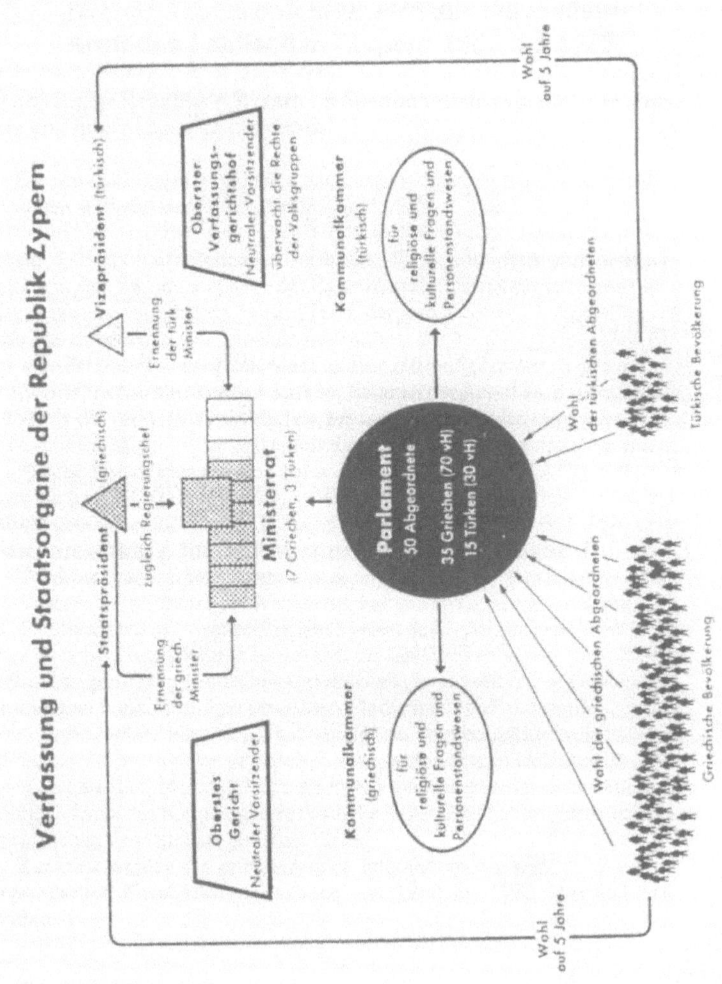

Abb. 4: Verfassung der Republik Zypern nach Choisi[391]

391 Choisi, 1993, S. 302

„Gemäß dem nationalen Proporz, der den politischen Einfluss der griechischen Zyprioten mit 70% und den der türkischen mit 30% fest legte, wurden auch die 50 Parlamentssitze an 15 türkische – und 35 griechisch – zypriotische, in freien Wahlen zu ermittelnde Abgeordnete vergeben (Art. 62). Daneben wurde die legislative durch ein griechisch- und ein türkisch- zypriotisches Unterparlament ergänzt (Art. 86). Diese hatten getrennt voneinander gesetzgebende Kompetenzen in Fragen der Erziehung, des Sozialen und in kirchlichen Angelegenheiten (Art. 87).“[392]

Auch die Verteilung von Staatsämtern war in allen Bereichen peinlich genau durch das Prinzip eines „nationalen Proporzes“ geregelt, meist im Verhältnis von sieben zu drei, bei der Armee sogar von sechs zu vier.[393]

Erst auf den zweiten Blick tritt zu Tage, dass durch diese Regelung die Chancen nicht gleich verteilt sind.
„Angesichts eines tatsächlichen Bevölkerungsverhältnisses von achtzig zu achtzehn folgt daraus, dass die Aussichten eines türkischen Zyprioten, in ein Staatsamt zu gelangen, fast doppelt so gut sind wie die eines griechischen Zyprioten.“[394]

Diese Tatsachen bewirkten seitens der griechischen Zyprioten nicht zu Unrecht ein Gefühl der Privilegierung der Türkisch- Zyprioten.[395]

Es stellte sich die Frage, ob die Verfassung 1960 tatsächlich vom Selbstbestimmungsrecht- in seiner gegenwärtigen Ausprägung- getragen war, in dem Sinne, dass sowohl Griechisch-Zyprioten als auch Türkisch-Zyprioten ihre Angelegenheiten eigenverantwortlich und ohne Zwang regeln konnten (Siehe Kapitel 3). Handelt es sich hier tatsächlich um wirkliche Gleichberechtigung der Völker im Sinne des Art.1 der UN-Charta?[396]

„Der Konflikt zwischen Volksgruppengleichstellung, wie sie die Verfassung Zyperns von 1960 vorsah, und individueller Gleichheit bei der

---

392 Choisi, S. 228
393 Laffert, S. 39
394 Ebenda
395 Vgl. Tzermias, S. 204
396 Detaillierte Abhandlung dieses Themas, S. Laffert, S. 41f

Wahrnehmung staatsbürgerlicher Rechte, wie sie die griechischen Zyprioten stets eingefordert hatten, spitzt sich also zum Konflikt zweier Menschenrechte, des kollektiven Rechts auf Selbstbestimmung einerseits und des individuellen Rechts auf Gleichbehandlung andererseits, zu."[397]

Eine Klärung dieser Frage ist auch nicht mit Hilfe der europäischen Menschenrechtskonvention (04.11.1960, Art. 14) möglich. Darin werden nur Freiheitsrechte geregelt, nicht aber staatsbürgerliche Rechte, um die es hier geht.[398]

Laffert kommt zu der Schlussfolgerung, dass das Völkerrecht eine Gruppengleichstellung, wie sie die zypriotische Verfassung vorsieht, weder verbietet noch gebietet: „Auch eine großzügige Auslegung des Selbstbestimmungs-rechts vermag aus ihm nicht mehr als einen Anspruch der Volksgruppe auf Gewährung einer funktionell begrenzten Autonomie herzuleiten."[399]

Als weiterer Aspekt kommt hinzu, dass bei dieser „Kompromissverfassung" die Interessen der sogenannten Garantiemächte, Großbritannien, Griechenland, und Türkei einflossen. Großbritannien gab zwar die absolute Herrschaft preis, behielt aber seine Stützpunkte. Griechenland und die Türkei verzichteten zwar auf ihre maximalen Postulate (ENOSIS/TAKSIM) übernahmen aber – zusammen mit Großbritannien – gleichsam den „Schutz des neuen Staates."[400]

Obwohl diese Verfassung die Unabhängigkeit Zyperns bedeutete, war sie in Wirklichkeit eine „gebundene".[401]

Die Weltmacht Großbritannien hatte ihre Interessen verteidigt und den veränderten Umständen angepasst, d.h. sie hatte sich Militärstützpunkte auf Zypern gesichert und war außerdem in der Lage, auf ihre NATO- Verbündeten Griechenland und Türkei Einfluss zu nehmen.

---

397 Ebenda, S. 42f
398 Laffert, S. 43
399 Ebenda, S. 44
400 Tzermias, S. 205
401 Ebenda, S. 206

Alle drei Staaten hatten durch einen Garantievertrag das Recht der Intervention, falls die Verfassung gefährdet wäre. „Ob eine solche Intervention allerdings von diplomatischer oder militärischer Natur sein sollte, geht aus dem umstrittenen Art. IV des Garantievertrages nicht eindeutig hervor. Der Streit um die Auslegung dieses Artikels und die damit verbundene rechtliche Beurteilung der türkischen Invasion von 1974 ist bis heute ein Streitpunkt zwischen griechischen, türkischen und zypriotischen Politikern, Juristen und Wissenschaftlern."[402]

Die eingeschränkte Souveränität Zyperns war geeignet die Insel im Einflussbereich westlicher Interessen zu halten. Es ist möglich, dass dies eine wichtige Intention vor allem Großbritanniens bei der Ausarbeitung der Verfassung gewesen ist. „Den Zyprioten war eine Verfassung gegeben worden, deren Bestimmungen den inter-ethnischen Elitenkonflikt institutionalisierten und den Einfluss Griechenlands, Türkei und Großbritanniens auf die Innenpolitik der Insel legalisierten."[403]

Sowohl Erzbischof Makarios als auch der türkische Volksgruppenführer Rauf Denktas sahen die neue Republik als Übergangsstadium auf dem Weg zu einer türkisch-zypriotischen Autonomie an. „Sollte die zypriotische Republik als griechisch dominierter Einheitsstaat verwirklicht werden oder würden sich türkisch zypriotischen Separationsvorstellungen durchsetzen können?"[404]

Die Republik Zypern war seit ihrer Gründung im Jahr 1960 bis zur türkischen Invasion 1974 ständig vom Spannungsfeld dieser Frage charakterisiert. Beide Gruppierungen arbeiteten permanent auf die Verwirklichung ihrer politischen Ziele ENOSIS/TAKSIM hin. Dies förderte auch das gegenzeitige Misstrauen, gleichzeitig verhinderte es die Ausbildung eines (gesamt)zypriotischen Nationalbewusstseins.

„Der Dualismus der Macht beruhte sozusagen a priori auf der Bejahung des griechischen und des türkischen Patriotismus und nicht etwa auf der Konzeption eines gesamtszypriotischen Nationalbewusstseins."[405]

---

[402] Choisi, S. 229
[403] Ebenda, S. 233f
[404] Ebenda, S. 234
[405] Tzermias, S. 243

Tzermias spricht sogar von einer Institutionalisierung der nationalen Zugehörigkeit zum Griechentum bzw. zum Türkentum.[406]

Die innenpolitische Konfliktsituation wurde auch ständig von äußeren Mächten bzw. Machtinteressen beeinflusst und gelenkt.

„Die praktische Umsetzung der bikommunalen Verfassung bereitete unüberwindliche Schwierigkeiten. Das Repräsentantenhaus erwies sich als unfähig zu gemeinsamem Vorgehen."[407]

Ein Stimmungsbild aus dieser Zeit: Am 09. April 1963 erwähnte Markarios in einem Times Interview: „The Union of Cyprus with Greece is an inspiration always cherished within the hearts of all Greek Cypriots. It is impossible to put an end to this by establishing a republic." Stephen erwähnt weiters: „The Turkish Cypriots were told by the outside world to take no notice of statments of this kind. They were told that they were just rhetoric …"[408]

In dieser Situation, entschloss sich der amtierende Präsident Erzbischof Makarios zu einer Revision der Verfassung, denn die vorgeschriebenen Abstimmungsmehrheiten zur Regelung des Finanzhaushaltes waren seit zwei Jahren nicht mehr zustande gekommen. Im April 1963 konnte auch im Bezug auf die Verwaltung der türkisch-zypriotischen Gemeinden keine Einigung erzielt werden, für beide Fragen wurde der Verfassungsgerichtshof angerufen.[409]

---

406 Vgl. Ebenda
407 Laffert, S. 8f
408 Stephen, S. 11
409 Vgl. Choisi, S. 243f

6.7 Die Verschärfung der Krise – Makarios' dreizehn Punkte.

Am 30. November 1963 übermittelte der Erzbischof Makarios dem türkisch-zypriotischen Vizepräsidenten Kücük ein 13 Punkte-Memorandum zur Änderung der Verfassung. Die Vorschläge enthielten so weitgehende Änderungen gegenüber der Verfassung von 1960, dass sie von den Türkisch-Zyprioten als zu radikal empfunden wurden. Die zu deren Schutz geschaffenen Schutzbestimmungen sollten weitgehend abgebaut werden, das Proporzsystem und die Vetorechte der türkisch-zypriotischen Parlamentsabgeordneten abgeschafft werden:[410]

a) The „Makarios' Proposals"

1. The right of veto of the President and Vice-President was to be abandoned.
2. The Vice-President of the Republic was to deputise for the President in case of his temporary absence or incapacity to perform his duties.
3. The Greek President of the House of Representatives and the Turkish Vice-President were to be elected by the House as a whole. Originally, the President was elected by the Greek members of the House and the Vice-President by the Turkish members of the House.
4. The Vice-President of the House of Representatives was to deputise for the President of the House in case of his temporary absence or incapacity to perform his duties.
5. The constitutional provisions regarding separate majorities for enactment of certain laws by the House of Representatives should be abolished.
6. Unified municipalities were to be established.
7. The administration of justice was to be unified.
8. The division of the Security Forces into Police and Gendarmerie was to be abolished.
9. The numerical strength of the Security Forces and of the Defense Forces was to be determined by law.

[410] Vgl. Choisi, S. 235

10. The proportion of Greek and Turkish Cypriots in the composition of the Public Service and the Forces of the Republic was to be modified to be in proportion to the ratio in the population of Greek and Turkish Cypriots.
11. The number of members of the Public Service Commission was to be reduced from ten to five.
12. All decisions of the Public Service Commission were to be made by a simple majority.
13. The Greek Communal Chamber was to be abolished.“[411]

Die Folgen des Memorandums waren weitreichend: „Um es mit aller Deutlichkeit vorwegzunehmen: Makarios’ Vorstoß war ein zu verurteilender Schritt. Ein Schritt, der dem gesamten zypriotischen Volk viel Unheil brachte.“[412]

Es fällt auf, dass Tzermias, der ansonsten in Fragen terminologischer Feinheiten und begrifflicher Anwendungen sehr genau ausführt, hier den Begriff „zypriotisches Volk“ verwendet. Ich glaube nicht, dass man zu diesem Zeitpunkt von einem solchen sprechen kann. Jedenfalls besteht hier meiner Meinung nach ein Erklärungsbedarf.

Tzermias führt weiter aus, dass er trotz der Folgen des Memorandums die 13 Punkte als vernünftige Diskussionsgrundlage betrachtet.[413]

„Diese Vorschläge zur Verfassungsrevision waren auf Grund der Ablehnung durch die türkischen Zyprioten politisch nicht durchzusetzen.“[414]

Ohne Zweifel waren die Vorschläge von den türkischen separatistischen Taksimideen weit entfernt. Sie waren eher dazu geeignet ein Bestreben in Richtung eines einheitlicheren Staates fortzusetzen.[415]

Durch die angespannte innenpolitische Situation wirkte das Memorandum wie ein zündender Funke im Pulverfass, und es kam am 21. Dezember 1963 zunächst in Nikosia und dann auch in anderen Gebie-

---

411 Choisi, S. 235f
412 Tzermias, S. 265
413 Vgl. Ebenda, S. 266
414 Tatli, S. 54
415 Vgl. Ebenda, S. 267

ten Zyperns zu blutigen Auseinandersetzungen. Diese Phase geht als die sogenannten „Blutigen Weihnachten“ in die Geschichte ein und wird noch heute einseitig in türkischen Schulbüchern angeführt und somit instrumentalisiert, wobei diese tragischen Ereignisse eigentlich einer ausgewogenen Darstellung bedürften. Dieser Konflikt entfachte, nachdem Makarios ein 13-Punkte Programm vorlegte, das der türkischen Minderheit auf der Insel das uneingeschränkte Vetorecht abschaffen sollte. Er hatte erkannt, dass die Insel praktisch unregierbar war für ihn, denn ein Fünftel der Bevölkerung wurden unverhältnismäßige Befugnisse gegenüber der Mehrheit (80%) eingeräumt. Makarios wollte einen neuen Wahlmodus einführen und neue Verfassungsbestimmungen, die gesonderte Mehrheiten für bestimmte Gesetzesvorlagen im Parlament erforderlich machen. Das 13-Punkte Memorandum wurde von der Regionalmacht Türkei zurückgewiesen – nicht von den türkischen Zyprioten. Dies stellt einen Akt des Missbrauchs dar.

Es kam zu Bombenanschlägen, Attentaten und Terror. Die Auseinandersetzungen wurden zwischen militanten Anhängern der EOKA und TMT[416] geführt. Auch Einheiten der griechischen und türkischen Truppen, die Aufgrund des Bündnisvertrages auf Zypern stationiert waren, wurden in Kämpfe verwickelt.

„Dadurch entstand die Gefahr eines militärischen Zusammenstoßes von Streitkräften zweier NATO-Staaten. Um die Ausweitung des Konfliktes auf regionaler Ebene zu verhindern, einigten sich Verhandlungsdelegationen der drei Garantiemächte und Zyperns auf die Bildung einer griechisch-türkischen Friedensstreitmacht unter britischem Oberkommando.“[417]

Am 15. Januar 1964 trafen sich Vertreter der Konfliktparteien zu einer Friedenskonferenz in London. Es konnte kein Ergebnis erzielt werden, die Kämpfe in Zypern gingen weiter. Auch war es zu Umsiedlungen türkisch-zypriotischer Bevölkerungsteile gekommen, der Hauptteil dieser Bevölkerungsgruppe zog sich nach Nordzypern zurück. Dies entsprach einem erhöhten Sicherheitsbedürfnis und auch den Vorgaben der Taksim-Forderung.[418]

---

416 Beide Abkürzungen: Vgl. Anhang

417 Choisi, S. 236

418 Vgl. Tzermias, S. 303f

Als Folge der Auseinandersetzungen verließen rund 20.000 Zyperntürken ihre Heimatorte: Der Prozess gestaltete sich, wie William Mallinson, ein britischer Diplomat des Foreign Office, in *Britain and Cyprus,* darstellt, so, dass systematisch eine große Anzahl an Menschen aus der Türkei auf der Insel illegal angesiedelt wurden, was dazu führte, dass der Prozentsatz der bereits auf der Insel lebenden türkischen Zyprioten auf mehr als die Hälfte zurückging. „The Turkish government now began a policy of systematic (illegal) immigration: today there are now over 160,000 illegal Anatolian (mainly) settlers in Cyprus, while the original Turkish Cypriots have dwindled to less than half their original number of 116,000, through emigration."[419]

„Neben der Beendigung einer jahrhundertealten engen Koexistenz von griechischen und türkischen Zyprern hatte diese weitgehend erzwungene Bevölkerungsbewegung wichtige siedlungsgeographische Auswirkungen. Als Enklaven im ländlichen Raum, die als Zielorte dienen konnten, waren nur Orte geeignet, die Schutz vor Übergriffen griechischer Nationalisten boten, d.h. in relativer Entfernung von größeren griechischen Siedlungen und zudem möglichst verkehrsgünstig gelegen waren, um die Kommunikation zwischen den allein nicht lebensfähigen Enklaven zu ermöglichen und das Risiko einer völligen Blokkade durch griechisch-zypriotische Kräfte zu minimieren."[420]

Der Hauptteil der türkisch-zypriotischen Flüchtlinge zog in die größeren Städte besonders nach Nikosia. Die größte Enklave Nord-Nikosia vereinigte bis 1973 mehr als ein Drittel der türkischen Bevölkerung.[421] Die Bevölkerungsbewegungen der türkischen Volksgruppe sind in der folgenden Abbildung detailliert dargestellt:[422]

---

419 Mallinson, S. 8

420 Brey, Hansjörg, Heinritz, Günter, Bevölkerungsverteilung und Siedlungsstruktur in Zypern nach 1974, Wiesbaden, 1988, S. 16

421 Vgl. Ebenda

422 Vgl. Ebenda, Brey Hansjörg, Heinritz Günter, Bevölkerungsverteilung und Siedlungsstruktur in Zypern nach 1974, Wiesbaden, 1988, S. 17

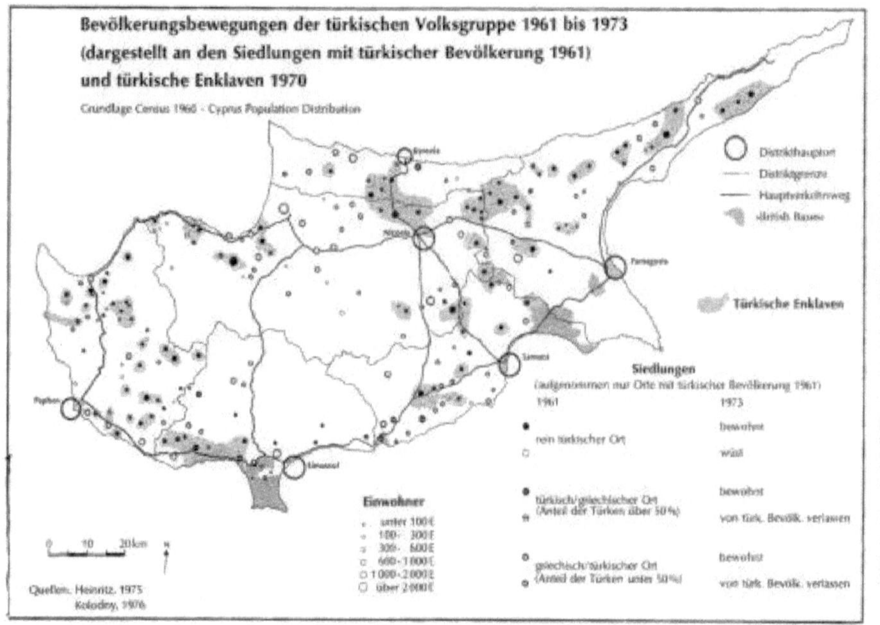

Abb. 5[423]

Nach Anrufung des UN-Sicherheitsrates durch die Konfliktparteien wurde schließlich im März 1964 eine 7.000 Mann starke UN-Friedenstruppe auf Zypern stationiert. Die UNFICYP (United Nations Peace Keeping Force in Cyprus) sollte die Feuereinstellung überwachen und die Normalisierung des Inselalltages garantieren. „[424]

Die UNO-Friedenstruppe stand unter dem Kommando des indischen Generalleutnants Prem Singh Gyanni. Dazu kamen noch 173 Angehörige der UNCIVPOL (UNO-Polizei). Weiters wurde von UNO-Generalsekretär U Thant ein UN-Vermittler ernannt.[425]

Trotzdem kam es im August 1964 zur einer erneuten Eskalation des Konfliktes: Türkische Flugzeuge bombardierten griechische Truppen-

423 Quelle: Brey, 1974, S. 25
424 Choisi, S. 237
425 Vgl. Savvidou, S. 52

verbände an der Nord-Westküste der Insel im vorwiegend türkisch-zypriotischen Siedlungsgebiet.

„Ein Zypernkrieg zwischen den NATO-Partnern Griechenland und Türkei schien in greifbare Nähe gerückt. Da die Südostflanke der NATO aufgrund der strategisch-politischen Interessen der Westmächte jedoch unter keinen Umständen ins Wanken geraten durfte, schalteten sich die Vereinigten Staaten aktiv in den Konflikt ein.“[426]

Das aktive Eingreifen der USA bestand in der Vorlage des Acheson-Planes, benannt nach dem Sonderbotschafter des amerikanischen Präsidenten Lyndon B. Johnson. Der Plan wurde als Basis für die Genfer Zypernverhandlungen zwischen Griechenland und der Türkei vorgelegt.

b) „Der so genannte Acheson-Plan umfasste folgende Regelungen“:

- Die Vereinigung Zyperns mit Griechenland.
- Die Bildung dreier türkischer Kantone unter türkisch-zypriotischer Selbstverwaltung.
- Die Stationierung türkischer Truppen und die Errichtung eines türkischen Militärstützpunktes im Norden Zypern (Karpasia)
- Der Verzicht Griechenlands auf die Dodekanes-Insel Castellorizo zugunsten der Türkei als Ausgleich für die Vereinigung mit Zypern.
- Die Leistung von Entschädigungszahlungen von Seiten Athens an türkische Zyprioten, die Zypern verlassen wollten. „[427]

De facto bedeutete dieser Plan das Ende der Souveränität Zyperns, dies lag im Interesse der NATO und USA, stieß aber auf den erbitterten Widerstand von Erzbischof Makarios.
Das innenpolitische Klima war verhärtet und von Misstrauen geprägt. Beide Seiten beschuldigten einander die Auseinandersetzungen provoziert zu haben.

---

[426] Choisi, S. 237
[427] Ebenda, S. 237

Es gab immer wieder Gewaltakte von und auf beiden Seiten, wobei Zivilisten, darunter auch Kinder und Frauen ums Leben kamen. Der Journalist Mustafa Akyol beruft sich auf einen aktuellen, sensationellen (weil erstmaligen) Bericht von Sabri Yirmibesoglu in Daily News vom September 2010. Daily News ist eine staatsnahe englischsprachige Zeitung in der Türkei. Sabri Yirmibesoglu, mittlerweile 82 Jahre alt, war General und bis zur Invasion der Türkei in Zypern tätig. Er gab im türkischen Fernsehen bekannt, dass das türkische Militär Moscheen in Zypern bombardiert hatte und die Griechen dafür beschuldigt wurden. Sabotageakte auf heilige Werte wurden den Feinden zugeschoben: „Such attacks and sabotages on sacred values are done and portrayed as if the enemy did them.“

Mit großer Wahrscheinlichkeit bezog sich der General dabei auf die Bombardements in Bayraktar- und Ömeriye-Moscheen in Nikosia in der Nacht auf den 24. März 1962:

„As Yildiray Ogur, a columnist in daily Taraf, wrote, the operation the ex-general refers to is probably the bombings of Bayraktar and Ömeriye mosques in Nicosia on the night of March 24, 1962. The incident, naturally, inflamed Cypriot Turks, who organized demonstrations against the Greeks of the island, who they thought were responsible.“[428]

Die Radikalisierung der beiden gegensätzlichen Standpunkte zeigte sich auf griechisch-zypriotischer Seite durch den Geheimplan AKRITAS, der das Ziel hatte mit allen Mitteln das uneingeschränkte Recht auf Selbstbestimmung für die griechischen Zyprioten zu erkämpfen. Dadurch sollte die ENOSIS verwirklicht werden.

Auf türkisch-zypriotischer Seite führten die Gewaltandrohungen der faschistischen TMT zu verstärkten Umsiedlungen, Ausdruck der separatistischen Bestrebungen der türkisch-zypriotischen Führer mit dem Ziel, die Teilung der Insel vorzubereiten.[429]

---

[428] Akyol, Mustafa in: Daily News, September 29, 2010

[429] Vgl. Choisi, S. 238 und Tzermias, S. 308f

6.8 Die 64iger Krise auf Zypern und die Machtverhältnisse im östlichen Mittelmeerraum

Aufgrund der geo-strategisch interessanten Lage Zyperns begann 1964 die Weltmacht USA ihre diplomatische Aktivität zu steigern, um ihre diesbezüglichen Interessen durchzusetzen. Die Ausweitung des Konflikts muss im Zusammenhang dieser Machtkonstellationen sowohl global als auch auf den östlichen Mittelmeerraum bezogen gesehen werden.

Ein souveränes Zypern wäre für die Großmächte in dieser Konstellation ein erheblicher Risikofaktor bezüglich ihrer Interessen. Dem beugte der Züricher Vertrag vor: Zypern war zwar ‚unabhängig' aber von den Garantiemächten (Griechenland, Türkei und Großbritannien) kontrolliert. Die Briten wollten ihre Militärbasen auf Zypern erhalten, von der aus Gibraltar, Malta und die asiatischen Kolonien gut erreichbar sind.

Ausgelöst durch die gewalttätigen kommunalen Zusammenstöße nach der von Makarios angestrebten Revision der Züricher Verträge, versuchten die türkischen Zyprioten ihren Einfluss in der Region Mansura Kokino auszuweiten, sprich unter türkische Kontrolle zu stellen um türkischen Truppen im Falle einen Invasion den Zugang zum Meer zu erleichtern. Bahcheli schildert die türkisch-zypriotischen Truppen sowohl zahlen- als auch ausrüstungsmäßig unterlegen. Vermittlungsversuche der UNO scheiterten, weshalb Makarios am 07. August 1964 Truppen in das Gebiet schickte, die die türkischen Zyprioten angriffen. Darauf reagierte die Türkei mit einem Bombenangriff.[430] Makarios wandte sich an Ägypten, Syrien und die Sowjet-Union um Hilfe. Auch die UNO verlangte eine Einstellung des Bombardements.

Die Rolle der NATO war es laut der NATO-Generalsekretere Wörner und Claes nicht, ein „sub-contractor" der UNO zu werden, obwohl es ursprünglich so geplant war. Hier ein kleiner Exkurs zur Rolle der NATO generell: sie gilt nicht nur als wichtigstes Verbindungsglied

---

[430] Vgl. Bahcheli, Tozun; Domestic Political Developments, in Südosteuropa-Handbuch Bd. VIII, Zypern, Hrgs. K.-D. Grothusen et alii, S. 105ff

zwischen Amerika und Europa sondern auch als amerikanische Rechtfertigung für militärische Präsenz in Europa zur Einflussnahme auf europäische Angelegenheiten.[431] Die hehren Gründungsideale, nämlich Friedenssicherung sowie über die Gründungsväter: siehe Fußnote.[432]

Zurück zum Zypernkonflikt: es gibt keinen Regelungsmechanismus für den Fall, „dass die Friedensbedrohung aus den eigenen Reihen kommt – wie etwa beim griechisch-türkischen Zypernkonflikt."[433] Durch diese Vorgabe fehlte der UNO die militärische Rückenstärkung, ein militärischer Angriff gegen den Friedensstörer Türkei fand nicht statt und der Konflikt wurde nicht bereinigt (vgl. Kapitel 4.2.3). Gleichzeitig wahrten die Westmächte ihre Interessen, indem Zypern als NATO-Stützpunkt erhalten blieb.

---

431 Vgl. Brzezinski, Zbigniew, Die einzige Weltmacht, Amerikas Strategie der Vorherrschaft, Weinheim und Berlin, 1997, S. 79

432 Kleiner Exkurs zur Gründung der NATO: obwohl sie nicht zum Zweck der sicherheits-politischen Beherrschung gegründet wurde, eroberte sie sich diesen Bereich. Vgl. Siedschlag S. 291. Darin führt er auf, dass es Pläne von Churchill und Pleven für Alternativen gab, die aber nie realisiert wurden. Einschub Fakten und Zahlen zur NATO: gegründet am 04.04.1949 von USA, Kanada, Großbritannien, Frankreich, Italien, Belgien, Niederlande, Luxemburg, Dänemark, Norwegen, Island, Portugal zur Eindämmung der Gefährdung durch die Sowjetunion. Vgl. als Zeitdokument Brockhaus, Ausgabe 1955, Bd. VIII, S. 443. Was den Schutz der Zivilisationen, Demokratien der Mitgliedsländer, betrifft, den Schutz der persönlichen Freiheiten und des Rechts, Vgl. Vertrag: Washington DC, 04. April, 1949:
„Die Parteien dieses Vertrags bekräftigen erneut ihren Glauben an die Ziele und Grundsätze der Satzung der Vereinten Nationen und ihren Wunsch, mit allen Völkern und Regierungen in Frieden zu leben. Sie sind entschlossen, die Freiheit, das gemeinsame Erbe und die Zivilisation ihrer Völker, die auf den Grundsätzen der Demokratie, der Freiheit der Person und der Herrschaft des Rechts beruhen, zu gewährleisten. Sie sind bestrebt, die innere Festigkeit und das Wohlergehen im nordatlantischen Gebiet zu fördern. Sie sind entschlossen, ihre Bemühungen für die gemeinsame Verteidigung und für die Erhaltung des Friedens und der Sicherheit zu vereinigen. Sie vereinbaren daher diesen Nordatlantikvertrag"
Vgl.http://www.nato.diplo.de/Vertretung/nato/de/04/Rechtliche__Grundlagen/Nordatlantikvertrag.html, Zugriff am 31.10.2011

433 Siedschlag, S. 292. Weiters führt er an, dass dieser Fall ein Musterbeispiel für synoptischen Realismus gesehen werde kann, das internationale Kooperationen (gerade in der Sicherheitspolitik) immer auf einem Wechselverhältnis von internationalen Norm- und individuellen Nutzenerwägungen basiert.

Am 15. August reagierte die Sowjetunion mit einer Unterstützungserklärung für Zypern.[434]

Zahariadis und Alp beschreiben ein Gespräch am 26. August 1964 zwischen Acheson und Ministerpräsident Nihat Erim, das die Vorgehensweise der USA verdeutlicht: Acheson schlug Erim vor, ohne Blutvergießen eine für die Türkei vorgesehene Region auf Zypern zu besetzen. Wenn das möglich wäre, würde die sechste Flotte nicht gegen die Invasoren vorgehen und würde im Gegenteil sogar ihren Schutz anbieten. Verfestigt wurde diese Strategie dadurch, dass in diesen Tagen US-Delegierte in Genf diese Angriffe der Türkei positiv bewerteten. Sie fürchteten nämlich, Zypern könnte ein „Kuba" des Mittelmeers werden, also eine Bedrohung für die „freie Welt".[435]

In der Zeit des Kalten Krieges sollte einer Verschiebung des Kräfteverhältnisses zugunsten der UdSSR vorgebeugt werden. Der US-amerikanische Einfluss im Schnittpunkt dreier Kontinente musste gefestigt bleiben. „Zypern stellte als ‚Schrittstein im atlantischen Sicherheitssystem' im Krisengebiet rund um Israel als Kontrollposten für die Zufahrt zum Suezkanal, der kürzesten Seeverbindung zum persischen Golf, eine wichtige Basis zur Befestigung des Mittelmeerraumes zum ‚mare americanicum'[436] dar."

Die USA befanden sich 1964 in ihrer Politik gegenüber der NATO-Verbündeten Griechenland und Türkei in einer schwierigen Situation, da die politischen Ziele der beiden zypriotischen Volksgemeinschaften eng mit der Politik der so genannten Mutterländer verbunden waren. Auch strebten beide NATO-Partner eine Vormachtstellung an.

Es war daher sehr heikel, wenn es zu einer Veränderung der Kräfteverhältnisse auf der Insel gekommen wäre. Zur Sicherung ihres Einflusses im östlichen Mittelmeerraum war es für die Weltmacht USA klug, sowohl Griechenland als auch die Türkei als Verbündete zu haben.

Den USA gelang es 1964 zwar, die Eskalation des Konfliktes abzuschwächen, es herrschte aber ein „prekärer Friede", der durch die ei-

[434] Vgl. Zahariadis, Karolos/Alp Yusuf: KIBRIS, Istanbul, 1979, S. 35
[435] Vgl. Zahariadis, Karolos/Alp, S. 39
[436] Choisi, S. 240

gens geschaffene UNO-Truppen (UNFICYP) aufrechterhalten wurde, aber bereits 1967 sein Ende fand.

Trotz Stationierung der Friedenstruppen war es Anfang August 1964 zu einer Eskalation gekommen, die einen Zypernkrieg zwischen den NATO-Partnern Griechenland und Türkei auszulösen drohte: Im türkisch-zypriotischen Siedlungsgebiet war es zu Kämpfen zwischen griechischen Truppenverbänden und türkischen Zyprioten gekommen. Griechisch-zypriotische Truppen griffen den einzigen Zugang der Türkisch-Zyprioten zum Meer an. Dies bot Anlass für die Türkei militärisch einzugreifen und türkische Flugzeuge bombardierten Angriffsziele im Nordwesten Zyperns, wodurch die griechisch-zypriotischen Streitkräfte deutlich geschwächt wurden.

„The bombing was in response to a major offensive which Greek Cypriot forces launched against the only outlet to the sea (at the Kokkina (Erenkoy) and Mansoura beachhead) controlled by Turkish Cypriot fighters. By inflicting heavy losses on the Greek Cypriot forces and causing considerable damage in surrounding Greek Cypriot villages, Turkey's air raids stopped the Greek Cypriot advance. "[437]

Durch Druck der USA kam es 1964 bis 1967 zu einer gewissen Kompromissbereitschaft zwischen Griechenland und der Türkei, der griechische Ministerpräsident Papandreou gab zu verstehen, dass er von der Forderung der ENOSIS abrücken werde.

Dem türkischen Ministerpräsidenten Inönü wurde mitgeteilt, dass die USA ihren Bündnisverpflichtungen gegenüber der Türkei nicht nachkommen würden, falls türkische Truppen in Zypern einmarschierten.[438]

Trotz dieser Entschärfung konnten keine Ergebnisse in Richtung einer dauerhaften Lösung des Volksgruppenkonflikts erzielt werden.

Die USA wählten als Mittel ihrer Interessensdurchsetzung den Weg über die NATO: Nachdem Makarios sich im Dezember 1963 erfolglos an die UNO gewandt hatte, um Beistand gegen die türkisch-

---

[437] Bahcheli, S. 106
[438] Vgl. Choisi, S. 239f

zypriotische Provokationen zu erbitten, die USA aber gegen Makarios' Politik war, wollte die USA ihren Einfluss dahingehend sicherstellen, dass sie den Konflikt nur innerhalb der NATO oder nur mit Griechenland, Großbritannien und der Türkei behandelt haben wollte. Mit einer Stationierung der NATO auf Zypern, schien eine Teilung (Taksim/Enosis) der Insel einfacher. Um die westliche Position zu stärken, sollte die UNO umgangen werden und die NATO sich mit dem Zypernkonflikt befassen.

Die Einbringung der NATO konnte von Makarios hingegen nicht gutgeheißen werden. Einerseits war Zypern kein NATO- Mitglied, andererseits stand die Position der NATO im Widerspruch zu den Wünschen der Regierung Zyperns.

Welche Interessen die USA an Zypern hatten, wurde am 18.09.1964 von Georg W. Ball, stellvertretendem Außenminister, in einer Ansprache vor dem Chicago Counsil on Foreign Relations in 8 Punkten verdeutlicht:

„1) Infolge der ethnischen Bindungen und der komplizierten Verteidigungsstruktur droht dieser totale Streit, einen bewaffneten Konflikt zwischen Griechenland und der Türkei heraufzubeschwören.
2) Er beeinträchtigt die Beziehung der griechischen und türkischen Regierung zu der Regierung von Zypern.
3) Er berührt Großbritannien als eine der Garantiemächte mit strategischen Stützpunkten auf der Insel.
4) Er bringt Verwicklungen in den Beziehungen zwischen der Regierung Zyperns und dem britischen Commonwealth, dessen Mitglied Zypern ist.
5) Er bedroht die Stabilität einer Flanke unserer NATO-Verteidigung und interessiert infolgedessen alle NATO-Partner.
6) Da der UN-Sicherheitsrat beschlossen hat, den Frieden auf der Insel zu erhalten, ist das Zypernproblem ein aktives Element der internationalen diplomatischen Aktivität in New York.
7) Er förderte eine neue Beziehung zwischen der Regierung Zyperns und anderer bündnisfreier Staaten, mit denen sie sich neuerlich zu verbinden suchte.
8) Der Flirt von Erzbischof Makarios mit Moskau (und die politische Macht der legalen einheimischen kommunistischen Partei AKEL)

könnte das Eindringen der Sowjetunion in das strategisch wichtige östliche Mittelmeer ermöglichen."[439]

Die USA fürchteten eine Annäherung Zyperns an die Sowjetunion, boten selbst aber keinen geeigneten Lösungsansatz. Die amerikanische Position wurde im Sinne ihrer Stellung als Weltmacht, auf der in der Außenpolitik auch, was das kleine Territorium Zypern betraf, der Focus lag, von Adams und Cottrell wie folgt zusammengefasst:

„1) Zypern müsste politisch stabile Verhältnisse schaffen und sich mit Großbritannien, Griechenland und der Türkei zusammentun zur Bildung eines stabilen Bollwerkes gegen den Kommunismus.
2) Zypern müsste mit Nachdruck die wirtschaftliche Entwicklung forcieren, die Bildung freier demokratischer Institutionen vorantreiben und eine prowestliche Orientierung einnehmen.
3) Die USA müssten die uneingeschränkte Benutzung der bestehenden Nachrichtenanlagen auf der Insel zugestanden bekommen.
4) Die unter britischer Souveränität stehenden Gebiete der Militärstützpunkte müssten unangetastet bleiben und zur Verfügung jeder westlichen Nation und zu jedem Zweck freistehen."[440]

Das bedeutet, dass die USA sehr autoritäre Bedingungen stellten, die rein zu ihrem Vorteil dienen sollten: Von Zypern wurde ganz klar ein pro-westlicher Kurs eingefordert, sowohl militärisch als auch wirtschaftlich gegen den als Bedrohung empfundenen kommunistischen Einfluss der Sowjetunion. Dazu gehörte nicht nur die Forderung, dass Zypern ein Stützpunkt für alle Westmächte sein sollte, auch die Nachrichtenanlagen sollten von den USA kontrolliert werden können.

Die Sowjetunion hingegen versuchte ihren Einfluss ebenfalls zu festigen: Sie verstärkte ihre Flotte im östlichen Mittelmeerraum[441] und, nachdem sie zuvor Makarios mit Waffenlieferungen unterstützt hatte, versuchte sie, die Türkei näher an sich zu binden. Die türkische Regierung unter Inönü pflegte zwar gute wirtschaftliche und nachbarschaftliche Beziehungen zur Sowjetunion, wollte aber den Neutralitätsver-

---

439 Nikitopoulos, Ingeborg.: Aspekte der Selbstbestimmungsproblematik in den Vereinten Nationen. Fallstudien zu Zypern und Puerto Rico, Berlin,1970, S. 58
440 Nikitopoulos, S. 58
441 Vgl. Zahariadis, Karolos/Alp, S. 39

trag von 1925 nicht erneuern. Die Türkei stand den Westmächten nach wie vor näher.[442]

Das unglückliche 13 Punkte Memorandum von Makarios militarisierte den Volksgruppenkonflikt und erstmals wird die Taktik der muslimischen Seite sichtbar: Der türkischen Flottenlandung wird im wahrsten Sinn des Wortes die Basis gebaut, die USA sichern in einer Geheimabsprache zu, eine unblutige Invasion nicht zu sanktionieren. Außerdem wechselt die USA auf die NATO als Regulierungsmittel – dementsprechend unerhört bleibt ein Hilferuf Makarios an die UNO. Eine zivile Lösung scheint unter diesen Gegebenheiten in weite Ferne gerückt.

---

442 Vgl. Schieder, Theodor (Hrsg.): Europa im Zeitalter der Westmächte, Stuttgart 1979, Bd. 7, S. 1347

6.9 Die Vermittlung der UNO: Stationierung von Friedenstruppen, Bericht des Zypernvermittlers Galo Plaza, UNO-Resolution 1965

Die Stationierung der UNFICYP diente vor allem der Abwendung von blutigen Auseinandersetzungen:
„Der UN-Einsatz wurde an ‚empfindlichen' Regionen stationiert, wo die Population gemischt und daher die Gefahr grösser war. Der Einsatz gründete ein System von fixen Posten, regelmäßigen Patrouillen, sofortiger Intervention an Ort und Stelle und Interpositionen, um die Eskalation der Zwischenfälle zu verhindern."[443]

Die Anwendung von Gewalt seitens der Friedenstruppe ist nur im Fall der Notwendigkeit von Selbstverteidigung erlaubt: Zum Beispiel wenn ein Mitglied der Truppe gezwungen wird sich zu verteidigen, wenn Abmachungen, die von beiden Seiten angenommen wurden, verletzt werden, oder wenn die Sicherheit der Truppe in Gefahr ist.

„Die UNFICYP stand im Grunde genommen unter dem Druck, die Kontingente zwischen die Parteien zu stellen und es kam auch vor, dass sie von beiden Seiten beschossen wurde."[444]

Ein Aufgabenbereich der UNFICYP war die Aufrechterhaltung des Waffenstillstandes, dies geschah durch Installierung von festen Posten, regelmäßigen Patrouillen in den Gebieten, in denen besonders gekämpft wurde.

„Im Fall einer bewaffneten Auseinandersetzung versuchte man durch Überzeugung, Verhandlung und Interpositionierung die Kämpfe zu beenden."[445]

„Die Rolle der Friedenstruppe beruhte weitgehend auf der schon unter Dag Hammearskjöld (1905 bis 1961) entwickelten Philosophie: Handeln im Konsens mit der Regierung des betreffenden Landes, kein

---

443 Savvidou, S. 59
444 Ebenda, S. 60
445 Ebenda, S. 61

Waffengebrauch außer zur Selbstverteidigung, keine Befugnis zur Entwaffnung von ‚Irregulären', Überzeugungsmethoden und Ermutigung von Verhandlungen. Die Friedenstruppe war daher nicht dazu da, das machtpolitische Gewicht dieser oder jener Partei zu stärken."[446]

Ein weiterer Aufgabenbereich der UNFICYP war die Wiederherstellung von Recht und Ordnung. Die Zielsetzung war die Bewegungsfreiheit für die gesamte Bevölkerung auf den Verkehrswegen in den Stadtgebieten wieder herzustellen, die Zivilisten zu entwaffnen, die Rückkehr der türkisch-zypriotischen Beamtenschaft in ihre Position zu ermöglichen und die Reintegration der griechischen und türkischen Zyprioten innerhalb der Zivilpolizei wiederherzustellen.

Parallel zur UNO-Friedenstruppe agierten zwei von der UNO ernannte Vermittler: Bis zum 9. September 1964 Sakari S. Tuomioja, der an diesem Tag verstarb, danach Galo Plaza.[447]

Nachdem der Vermittler Gespräche mit den beteiligten Parteien geführt hatte, übermittelte er am 26. März 1965 seinen Bericht:

„Von Anfang an kritisierte Plaza die starren Vorschriften der Verfassung von 1960 und er war außerdem davon überzeugt, dass bestimmte Regelungen der Verträge von Zürich und London „nicht gerade geeignet gewesen seien, zur Funktionsfähigkeit des Staates beizutragen."[448]

Plaza war der Meinung, dass die türkisch-zypriotische Idee von einem föderativen Staat eine territoriale Basis voraussetze, die in Zypern nicht ausreichend existiere, auch nicht nach Bildung der Enklaven. Auch wirtschaftliche Gründe sprächen dagegen.[449]

---

446 Tzermias, S. 332

447 Vgl. Tzermias, S. 357f Anm.: Der ecuadorianische Politiker, in New York geboren, hatte verschiedene, bedeutende politische Ämter in seinem Land bekleidet, bevor er mit verschiedenen Sondermissionen der Vereinten Nationen beauftragt wurde. Am 16. September 1964 wurde er zum neuen UNO-Zypernvermittler ernannt.

448 Ebenda, S. 358

449 Vgl. Savvidou, S. 76ff

Ein weiterer Punkt des Berichtes befasst sich mit dem Schutz der Individualrechte und der Rechte der Minderheit. In der Praxis sollte die Sicherheit der türkisch-zypriotischen Minorität bewahrt werden, ohne dass die griechisch-zypriotische Mehrheit benachteiligt wird.

Der UNO- Vermittler machte auch Vorschläge zur Entmilitarisierung der Insel als Beitrag zur Erhaltung des internationalen Friedens.[450]

Plazas Bericht wurde unterschiedlich aufgenommen und kommentiert: Auf der türkisch-zypriotischen Seite war man der Meinung, der griechische Standpunkt werde unterstützt. „Der UNO-Vermittler Plaza hat aber in seinem Vermittlungsbereich den griechischen Standpunkt im Ergebnis und in der Begründung unterstützt. Nicht nur gegen das Ergebnis, sondern auch gegen den Inhalt dieses Berichts bestehen Bedenken.“[451]

Allerdings ist auch Tzermias der Meinung, dass der Bericht des UNO-Vermittlers als pro-griechisch empfunden werden könnte. Zugleich meint er, dass Plazas Bericht von dem ehrlichen Bemühen getragen sei, eine adäquate Lösung zu finden.[452]

„Am 18. Dezember 1965 hat die Generalversammlung der UNO folgende Resolution verfasst:

„Nach Erörterung der Zypern-Frage, in Erinnerung an die Entschließung des Sicherheitsrates vom 4. März 1964...usw., in Erinnerung an diejenigen Teile der Erklärung... der blockfreien Länder in Kairo vom ... 1964..., in Kenntnis des Berichts des Vermittlers der UNO ... vom 26. März 1965, und im Hinblick darauf, dass die Regierung von Zypern durch ihre Absichtserklärung ... verpflichtet ist,

a) allen Bürgern Zyperns ohne Rücksicht auf Rasse und Religion den vollen Schutz der Menschenrechte einzuräumen;
b) Minderheitsrechte zu garantieren und
c) diese Rechte nach Maßgabe der Absichtserklärung zu gewährleisten,

450 Ebenda
451 Tatli, S. 70
452 Vgl. Tzermias, S. 362f

1. nimmt die Generalversammlung die Tatsache zur Kenntnis, dass die Republik Zypern, als gleichgestelltes Mitglied der Vereinten Nationen, in Übereinstimmung mit der Charta der Vereinten Nationen volle Souveränität und vollständige Unabhängigkeit und territoriale Integrität der Republik Zypern ohne jede fremde Intervention oder Einmischung beanspruchen kann und genießen sollte;

2. ruft die Generalversammlung alle Staaten auf, in Übereinstimmung mit ihren Verpflichtungen nach der Charta und insbesondere nach Art. 2 Absatz 1 und 4, die Souveränität, Einheit, Unabhängigkeit und territoriale Integrität der Republik Zyperns zu respektieren und von jeder gegen sie gerichteten Intervention Abstand zu nehmen;

3. empfiehlt die Generalversammlung dem Sicherheitsrat die Fortsetzung der Vermittlungsbemühungen der Vereinten Nationen in Übereinstimmung mit der Resolution vom 4. März 1964.“[453]

Diese UNO-Resolution war mit vielen Stimmenthaltungen zustande gekommen. Rechtlich hatte sie keine bindende Wirkung, allerdings waren alle Staaten aufgerufen worden, den Zyprioten ungerechte und unannehmbare Lösungen nicht aufzwingen zu wollen. Sie bedeutete in der Praxis einen Schritt in der Richtung der Anerkennung der Legitimität des Makarios-Regimes. Es bedeutete eine Stärkung der Republik Zypern und eine Anerkennung ihrer Souveränität.

Die Resolution hatte Proteste seitens der Türkei hervorgerufen, weil darin gegen fremde Intervention oder Einmischung Stellung bezogen wurde.

Außerdem war in der Resolution von Minderheitenrechten die Rede, was sich auf die türkische Volksgruppe bezog, darüber war die Türkei verstimmt.[454]

„Die Türkei war nicht an einer Lösung des Zypernproblems im Rahmen der Vereinten Nationen interessiert. Genehm war ihr hingegen ein Zyperndialog mit Griechenland, also eine Prozedur ohne die Beteiligung der Zyprioten. „[455]

[453] Tatli, S. 74f

[454] Vgl. Tzermias, S. 363ff

[455] Ebenda, S. 367

Dies widersprach den Vorstellungen des UNO-Vermittlers Galo Plaza, der dem interkommunalen Dialog große Bedeutung zumaß.

Die Resolution berücksichtigte die Verbindlichkeit der Verträge von 1959/60 nicht. Suzan Tatli geht mit ihrer Kritik am Bericht und an der UNO-Resolution allerdings weit: Die beiden Volksgruppen auf Zypern konnten ungeachtet ihrer zahlenmäßigen Stärke nicht gleichberechtigt sein, da dies mit der Verfassung von 1960 unvereinbar war. Trotzdem war in dieser Verfassung eine überproportionale Beteiligung der türkischen Zyprioten am Staatsapparat vorgesehen.[456]

Nachdem die Zypernfrage durch diese UNO-Resolution nicht gelöst werden konnte, wurde der Dialog zwischen Griechenland und der Türkei auf Ministerebene fortgesetzt. Es kam zu keinen Vereinbarungen aber zu einem Meinungsaustausch. Gleichzeitig beschäftigten sich in Athen Kronratssitzungen mit der Zypernfrage, vor allem damit, ob der Dialog mit der Türkei fortgesetzt werden solle. Präsident Makarios nahm daran teil und trat wieder für die ENOSIS ein.[457]

---

[456] Vgl.: Tatli, S. 74 und Tzermias, S. 366
[457] Vgl. Savvidou, S. 81f

6.10 Von der „Vorkrise 1967“ zur türkischen Intervention 1974

Politische Veränderungen in Griechenland, das von einer Militärdiktatur regiert wurde und von politischer Instabilität mit wechselnden Regierungschefs gekennzeichnet war, blieben nicht ohne Auswirkungen auf den türkisch-griechischen Zyperndialog.

Der radikal-nationalistische Führer der EOKA-B[458] General Grivas war in Kooperation mit den Nationalisten auf dem Festland. Er sollte gemäß einer Entscheidung der Regierung Georgios Papandreou die oberste militärische Führung aller Streitkräfte Zyperns im Falle einer türkischen Invasion übernehmen:

„Dadurch stärkte Athen die Position des machthungrigen Generals im Bestreben, die Stellung Makarios’ zu unterminieren.“[459] Makarios war gegen die Unterordnung der zypriotischen Nationalgarde unter das Kommando Grivas'. Er hatte die Befürchtung, dass diese eine bürgerkriegsähnliche Situation verursachen könnte.[460]

Am 21. April 1967, nach einem erneuten Militärputsch in Athen, kam es zu starken politischen Auffassungsunterschieden zwischen Athen und Nikosia im Bezug auf die Zypernfrage. Die Regierung rechtsradikaler Nationalisten in Athen unterdrückte die griechischen Linken auf dem Festland.

Auf Zypern war die Linke an einer Mitte-Links-Koalition regierungsbeteiligt. Dies schuf einen starken Auffassungsunterschied.[461]

„Im November 1967 kam es auf Zypern zu eine neuen Krise. Die Regierung Zyperns beabsichtigte, eine Operation durchzuführen mit dem Ziel, Kontrolle über die Strasse Nikosia Limasol, welche durch das türkisch-zypriotische Kanton in der Gegend Kophinou-Agios Theodoros geht, zu sichern.“[462]

---

458 Anm.: die EOKA-B war die 1971 gegründete Nachfolgeorganisation der EOKA
459 Tzermias, S. 378
460 Vgl. Ebenda
461 Vgl. Tatli, S. 77
462 Savvidou, S. 82

Die zypriotische Regierung hatte die UNFICYP informiert, und erwähnt, dass die griechische Nationalgarde diese, beziehungsweise die Polizei, begleiten werde. Am 15. November 1967 kam es zu schweren Auseinandersetzungen in den türkisch-zypriotischen Enklaven zwischen der Nationalgarde und der lokalen Bevölkerung.

Nach einem Protest der türkischen Regierung beim UNO Generalsekretär, verlangte dieser den sofortigen Abzug der Nationalgarde, der am 16. November erfolgte.

Die Regierung in Athen entzog Grivas den Oberbefehl der Nationalgarde von Zypern. Er und 6000 Mitglieder der Nationalgarde mussten zurück auf das griechische Festland. Ankara wurde dadurch bestärkt und verfolgte weiterhin TAKSIM.

Es kam vorerst zu keinen weiteren schweren Ausschreitungen, es folgte sogar eine leichte Entspannung zwischen den beiden rivalisierenden Ländern Türkei und Griechenland. Sie beschossen, die zypriotische Bevölkerung selbst über die Verfassung bestimmen zulassen.

Drei Jahre später musste dieses Experiment als gescheitert betrachtet werden, die Verhandlungen zwischen türkischen und griechischen Zyprioten wurden beendet. Griechenland und die Türkei hingegen begannen geheime Verhandlungen. Jedenfalls stellte sich Griechenland offen gegen Makarios, und drohte mit Sanktionen, falls Makarios die griechisch-türkische Politik nicht akzeptieren würde.

1970 sollte der Plan „Hermes“ der griechischen Geheimpolizei unter Ioannides in Kraft treten. Dieser Plan kann als Folge der Großmachtpolitik der USA verstanden werden, da die CIA dabei offenbar keine unwesentliche Rolle spielte: Der Plan „Hermes“ sah folgendes vor:

„Ermordung von Präsident Makarios und Sturz seiner Regierung, Anschluss Zyperns an das faschistische Griechenland, Bereitstellung von Militärstützpunkten für die NATO.“[463] Am 8. März 1970 wurde der Hubschrauber, in dem sich Makarios befand, beschossen, aber Maka-

[463] Corsten, Nina: Zypern, der konservierte Konflikt, Bremen, 1980, S. 5

rios überlebte das Attentat. Die Attentäter waren vom griechischen Geheimdienst KYP angeheuert und hatten Verbindungen zur CIA.[464]

Makarios, ließ sich von der Androhung von Sanktionen nicht beeindrucken. 1971 reiste Grivas unbemerkt als Beauftragter Griechenlands nach Zypern. Dort sollte er mit Hilfe terroristischer Bewegungen, die er zur EOKA-B zusammen schloss, die ENOSIS vollziehen.

Makarios hatte sich unterdessen mit einem großen Waffenbestand aus der Tschechoslowakei eingedeckt und bewaffnete so eine von Griechenland völlig unabhängige Truppe. Das hatte bald militärische Auseinandersetzungen zwischen Zypern und Griechenland zur Folge. Die EOKA-B überschattete die Insel mit Terrorattentaten, sie wollte Makarios stürzen und ganz Zypern schwächen, um die ENOSIS zu erreichen.

Es lag im Interesse der USA, dass Zypern zur NATO gehören und dabei seine Unabhängigkeit aufgeben sollte. Durch ENOSIS bzw. TAKSIM wäre der Krisenherd ausgelöscht worden und die Parteien mit sozialistischen Ideologien würden an Bedeutung verlieren. Die Politik der türkischen Zyprioten wurde immer stärker von der Türkei beeinflusst und unterstützt, während die ENOSIS immer aussichtsloser wurde, nicht zuletzt wegen der Politik Makarios',[465] der sich gegen den „Acheson-Plan" stellte, welcher die „doppelte ENOSIS", also eine „Aufteilung Zyperns zwischen den ‚Mutterländern'" vorsah.

„Alle politischen Anstrengungen auf Zypern, eine Reintegration der beiden Bevölkerungsgruppen voranzutreiben und so die ‚Divide and Rule'-Politik der Westmächte zu durchbrechen, wurden aus Athen, Ankara und Washington durch unablässige geheimdiplomatische Gegenoffensiven bekämpft."[466]

In Zypern standen sich somit drei konkurrierende Kräfte gegenüber: Radikale zypriotische Türken, die eine Teilung der Insel anstrebten und sich als Teil der Türkei betrachteten, die terroristischen Verfechter der ENOSIS – beide der NATO nahe stehend – und die Regierung von Erzbischof Makarios der eine blockfreie Politik vertrat aber Beziehun-

[464] Vgl. Ebenda
[465] Vgl. Choisi, S. 244ff
[466] Corsten, S. 4

gen zum Warschauer Pakt ausbauen wollte. Dazwischen standen kommunistische, sozialistische Organisationen und Parteien, die eine Konsenslösung anstrebten.

Die Republik Zypern konnte diesen an ihr zerrenden Gewalten nicht sehr lange widerstehen. Dass die Konflikte, die auf der Insel bestanden und die von außen in das Land hineingetragen wurden, nicht mehr zu bewältigen waren, ist nach dieser politischen Analyse offensichtlich.

6.11 Das Attentat auf Erzbischof Makarios und die Eskalation des Konflikts als Folge der Weltmachtpolitik der USA

Der Zypernkonflikt ist auch eine Folge des Ägäiskonflikts, denn die türkische Invasion auf Zypern steht damit in engem Zusammenhang. Im Folgenden gibt es deshalb einen kleinen Exkurs, der die Spannungen in der Ägäis beleuchtet:

Diesem Konflikt lag die Seerechtskonferenz der UN vom Jahr 1958 zugrunde. Wäre sie befolgt worden, läge der griechische Anteil an der Ägäis bei fast 64% der türkische auf 10%. Deshalb ratifizierte die Türkei diese Konvention nicht, und Griechenland strebte eine Ausdehnung vorerst nicht an. Allerdings machte die Türkei von ihrem Recht Gebrauch, ihre Hoheitsgewässer im Schwarzen Meer auszudehnen. Der Beginn des Ägäiskonflikts wird mit 1. November 1973 datiert.

„Zwar existieren bereits vor diesem Tag ägäis-politische Differenzen zwischen Athen und Ankara (etwa in Fragen der Fischereirechte oder der Militarisierung der ostägäischen Inseln), doch stehen diese in den Jahren vor 1973 eindeutig im Schatten des Konflikts auf Zypern. Im Herbst jenes Jahres entsteht indes eine völlig neue Situation: Unter dem Eindruck der erfolgreichen Probebohrungen im griechischen Küstengebiet bei Thasos erteilt die türkische Regierung Naim Talu der staatseigenen Erdölgesellschaft TPAO (Türkiye Petrolleri Anonim Ortakligi) Explorationslizenzen im Zentrum der nördlichen Ägäis. Mit der Veröffentlichung dieser Lizenzvergabe im türkischen Staatsanzeiger vom 1. November 1973 erhebt Ankara erstmals offiziell Anspruch auf weite Teile des Schelfs im Zentrum des ägäischen Meeres.“[467]

Seither schwelt der Ägäiskonflikt zwischen Griechenland und der Türkei und beinhaltet folgende Streitpunkte:

---

[467] Meinardus, Ronald: Die Türkei-Politik Griechenlands. Der Zypern-, Ägäis- und Minderheitskonflikt aus der Sicht Athens (1967-1982), Frankfurt am Main, 1985, S. 301

Die Hoheitszonen in den Küstenmeeren, die Rechte auf die Festlandsockel, den militärischen Luftraum über der Ägäis, den Status der Inseln im Osten der Ägäis.[468]

Im Lausanner Vertrag vom Jahr 1923 ist die Grenze zwischen Griechenland und der Türkei in der Südägäis genau festgelegt, nicht jedoch in der Nordägäis. Diesen Umstand nützte die Türkei, um sich viele Inseln, deren Status Zugehörigkeit nicht geklärt war, anzueignen.

Neue Spannungen entstanden wegen der Ölfunde bei Thassos 1973. Als die Türkei Anspruch auf dieses Fördergebiet erhob, trat Griechenland dagegen ein, in dem es sich auf die Genfer Seerechtskonvention berief. Ein NATO-Manöver verschlimmerte diesen Konflikt. Der Luftraum über der Ägäis gehörte Griechenland. Trotzdem wurde die Lufthoheit von türkischen Militärflugzeugen verletzt und griechische Abfangjäger drängten die türkischen Militärflugzeuge zurück. Daraufhin wurde das NATO-Manöver abgebrochen.

Im Mai 1974 entsandte die Türkei ein Forschungsschiff in die umstrittene Seezone. Griechenland mobilisierte daraufhin seine Seemacht. Es folgte eine Reihe von Verhandlungen, die zu keiner befriedigenden Lösung führten, einen Kriegsausbruch allerdings verhinderten.

Seit 1994 ist die UN-Seerechtskonvention von 1982 in Kraft, nach der jeder Küstenstaat seine Hoheitszone bis 12 Seemeilen ausdehnen kann. Die Türkei droht seit Jahren Griechenland damit, die Ausweitung auf nur auf 6- Seemeilen zum Casus belli zu erklären und beschloss 1995 ein Gesetz, das sie zum Krieg ermächtigt. Diese Kriegsdrohung ist völkerrechtswidrig. Zudem ist Griechenland weit davon entfernt, auf dem Gesetz der 12-Seemeilenzohne zu bestehen, weil es nicht am Status Quo rütteln möchte und auch die Türkei zur Akzeptanz desselben verpflichten will. Die Türkei möchte eine Einigung auf eine Mittellinie, was bedeuten würde, dass ihr die gesamte Osthälfte der Ägäis mit Ausnahme der Hoheitszonen um die griechischen Inseln zufallen würde, samt Bohrrechten.

---

[468] Vgl. Ägäis-Konflikt –Standpunkt der Türkei – Politcsgr.com, http://politicsgr.com/forum/showthread.php?p=585, am 10.11.2011

Um den Konflikt für alle Male zu beenden, strebt Griechenland eine durch ein Urteil des Internationalen Gerichtshofs an, was die Türkei bisher vermieden hat. Denn dann müsste die Türkei davon absehen, griechische Inseln in der Ostägäis als Enklaven der türkischen Ägäishälfte anzusehen.[469]

Völkerrechtlich betrachtet ist die griechische Hoheitszone in der Ägäis nicht lückenlos miteinander verbunden. Allerdings gilt seerechtlich das Prinzip der „Freiheit der Meere“, die u. a. die Freiheit der Schieffahrt gewährleistet.[470]

„Erst als die türkische Regierung in den Jahren 1973/1974 danach trachtet, ihren direkten militärischen und wirtschaftlichen Einflussbereich bis in die Mitte der Ägäis auszudehnen und für die Kontrolle des Luftraumes und die Abgrenzung des Festlandsockels eine Demarkationslinie anvisiert, die deutlich ‚hinter‘, d. h. westlich der östlichen griechischen Ägäis-Inseln liegt, sieht die Athener Regierung die ungestörte Verbindung zwischen dem griechischen Festland und der insularen Peripherie Griechenlands ernsthaft gefährdet.“[471]
„Angesichts der durch den Zypern-Krieg vergifteten bilateralen Atmosphäre ist eine zügige, politisch-diplomatische Beilegung des Disputs, in der beide Seiten von ihren Maximalpositionen abrücken, von vornherein ausgeschlossen. Darüber hinaus hat die von der türkischen Regierung systematisch betriebenen ‚Politisierung‘ des Konflikts und das Insistieren auf bilaterale (politische) Verhandlungen konfliktperpetuierende Wirkung: Angesichts der völkerrechtlichen Haltlosigkeit des türkischen Anspruchs auf die östliche Hälfte des ägäischen Festlandsockels verwirft Ankara eine Konfliktbereinigung durch einen Schiedsspruch des Haager Gerichtshofs und vereitelt somit eine schnelle und zudem unanfechtbare Lösung durch eine neutrale Instanz.“[472]

---

469 Vgl. Der Streit um die Ägäis: Luftraum, Hoheitsgewässer und Meeresboden – Politcsgr.com, http://politicsgr.com/forum/showthread.php?p=556, am 10.11.2011

470 Vgl. Meinardus, S. 285

471 Meinardus, S. 285. Meinardus verweist in einer Fußnote auf das Genfer Übereinkommen über die Hohe See vom 29.04.1958, Art. 2 und Art. 8, Text in Berber (1973), S. 212-221, hier: S. 212 u. S. 214.

472 Meinardus, S. 294

Die Türkei kritisiert vielmehr die Militarisierung der griechischen Inseln, doch Griechenland verweist im Gegenzug auf Artikel 51 der UN-Charter, das Selbstverteidigungsprinzip, mit dem auf die Bedrohung der türkischen Landungsflotte reagiert wird.[473]

Aktuell (2011) gibt es eine Verschärfung im Ägäis-Konflikt und im Zypern-Konflikt und betrifft die Suche nach Erdgasvorkommen in der Ägäis:
Die griechisch-zypriotische Regierung hat der US-Firma Noble Energy den Auftrag erteilt, mit den Probebohrungen zu beginnen. Der islamisch konservative Premier Erdogan drohte mit der Entsendung von Kriegsschiffen, da er der Meinung ist, Nikosia habe dazu nicht das Recht, solange nicht gewährleistet wird, dass die türkischen Zyprioten nicht an den zu erwartenden Profiten beteiligt werden. Andererseits ist Nikosia in Aufregung, da ein türkisches Forschungsschiff zu weit südlich in der Ägäis gesichtet wurde.[474]

„Nun will die Türkei, mit den türkischen Zyprioten, eigene Forschungen nach Erdgasvorkommen betreiben – und das unter Aufsicht der Marine. Nachdem sie bereits angekündigt hat, künftige Hilfsflotten für Palästinenser im von Israel isolierten Gazastreifen mit Kriegsschiffen begleiten zu lassen, wäre das eine weitere Verstärkung ihrer militärischen Präsenz im Mittelmeer. Gleichzeitig hat die Türkei damit gedroht, ihre Beziehungen mit der EU auf Eis zu legen, sollte der Konflikt um die Insel bis 2012 – wenn Zypern den EU-Vorsitz übernimmt – nicht gelöst werden. Eine Einigung ist allerdings nach wie vor nicht in Sicht."[475]

Zurück zum Jahr 1974: Die griechische Junta genoss kaum mehr das Ansehen in der Bevölkerung. Anfang 1974 verstarb Grivas und der griechische Geheimdienst KYP führte nun die EOKA-B. Makarios erkannte die Vorbereitungen auf einen neuerlichen Putsch gegen ihn und wandte sich um Hilfe an die Sowjetunion, Syrien und Ägypten. Au-

---

473 Vgl. Der Streit um die Ägäis: Luftraum, Hoheitsgewässer und Meeresboden – Politcsgr.com, http://politicsgr.com/forum/showthread.php?p=556, am 10.11.2011

474 Vgl. Czarnowska Martyna: Probebohrungen mit Sprengpotenzial. In Wiener Zeitung, 22./23. Oktober, 2011, S. 3

475 http://www.wienerzeitung.at/nachrichten/politik/europa/398643_Tuerkei-verschaerft-Ton-gegen-Zypern.html

ßerdem wollte er durch Personalwechsel die Nationalgarde Zyperns zu einer ihm loyalen Truppe umwandeln.

Doch die griechischen Nationalgarde und EOKA-B putschten am 15 Juli 1974 gegen Makarios. Makarios entkam und verließ am 17. Juli 1974 fluchtartig mit der Unterstützung der Briten und der UNFICYP Zypern um in London ins Exil zu gehen. Die Griechen setzten den berüchtigten, für seine Grausamkeiten an den Türken bekannten Sampson als Präsident ein.

Die Hintergründe, warum Griechenland den Putsch anordnete, obwohl es dadurch die Unterstützung der USA verlor, sind bis heute ungeklärt.

Die Türkei reagierte empört doch zunächst noch gemäßigt. Der türkische Premierminister Bülent Ecevit reiste ebenfalls am 17. Juli 1974 nach London um Garantieverpflichtungen von der britischen Regierung zu erwirken, erkannte aber bald, dass er nichts erreichen konnte. Der US- Außenminister Kissinger deutete an, dass sich die USA um das Problem kümmern würde. Sie entsandten Sisco zu den Verhandlungen nach London, der von den Türken keinerlei Zugeständnisse verlangte, was das Verhalten auf Zypern betraf. Ecevit, der, als er in den USA studierte, ein Student des späteren Außenministers Kissinger war,[476] interpretierte das als völlige Handlungsfreiheit und gab am 20. Juli 1974 den Befehl zur Invasion.

Die Empörung über die Invasion war und ist nicht ungeteilt. Von manchen Autoren wird sie überhaupt nicht als solche eingestuft und – besonders aus türkischer Sichtweise – wird die Teilung der Insel als notwendige Maßnahme gerechtfertigt. Dazu ist die sprachliche Ausdrucksweise entscheidend. So soll nun hier ein Einschub erfolgen, wie von der militärischen Ausdrucksweise auf die psychologische gewechselt wird, ohne weiter auf das Forschungsdesiderat Krisenforschung eingehen zu wollen. Dabei sticht nicht nur die unwissenschaftliche türkische Literatur zu diesem Thema ins Auge, man findet einen zumindest einseitigen Zugang zur Vorgangsweise der türkischen Regierung auch bei Vamik Volkan, dem prominenten Psychologen, Au-

[476] Vgl. Eleftheriadou, Eleni: Die Berichterstattung der österreichischen Tageszeitungen Kurier und Presse über die Türkische Intervention auf Zypern. Diplomarbeit an der Geistes- und Kulturwissenschaftlichen Fakultät der Universität Wien, Wien, 2003, S. 83

tor, Krisen- und Friedensforscher aus den USA, der im türkischen Teil Nikosias geboren wurde und der auch ein Klassiker in der westlichen Universitätsliteratur ist.

Volkan merkt an, dass

„... es dann die Bemerkungen zweier Politiker waren, die das Interesse der Psychoanalytiker zu wecken vermochten. Einer dieser Politiker war Bülent Ecevit, der 1974 bei der von der türkischen Armee durchgeführten Teilung Zyperns in den türkischen Sektor im Norden und den griechischen Sektor im Süden Premierminister der Türkei war. Ecevit verdeutlichte in einigen seiner politischen Reden, dass die meisten Probleme zwischen Türken und Griechen nach seinem Dafürhalten psychologischer Natur waren.“[477] Cassia versucht aus den Ängsten formelhaft (‚worst case‘ und Wiederholung der Exzesse der Ahnen) Zukunftsszenarios der Akteure zu erkennen und vorherzusagen. Die geistigen Feindbilder und Schreckgespenster die er bei seinen Forschungen fand, waren der ‚türkische Soldat‘, ein ‚Nomade‘, ;aus den Tiefen Asiens‘ bis hin zu Attila. Die türkische Gegenseite hingegen hatte nach den Terrorakten von 1963 Angst einzeln aufzutreten, ihre Gruppe zu verlassen.[478]

Bemerkenswert ist, dass Volkan nicht von einer Invasion, also einer gewaltsamen Aktion der türkischen Armee spricht, sondern sich eher auf die Seite der Aggressoren zu befinden scheint: Heißt es im eben zitierten Text, „von der türkischen Armee durchgeführten Teilung“, als ob diese ganz selbstverständlich und ruhig erfolgt wäre, schreibt er ein paar Seiten später unkritisch:

„Schließlich landeten 1974 Türken vom Festland auf der Insel, um die türkische Minderheit zu schützen ...“[479],

[477] Volkan, Vamik D.: Das Versagen der Diplomatie. Zur Psychoanalyse nationaler, ethnischer und religiöser Konflikte. Aus dem Amerikanischen übersetzt von Anni Pott. Gießen, 1999, S. 22

[478] Vgl. Cassia, Sant Paul, Bodies of Evidence, Burial, Memory and the Recovery of Missing Persons in Cyprus, New York, Oxford, 2005, S. 189 und auch S. 23 bezüglich der Überfälle, deren Muster sie nicht erkennen konnten.

[479] Ebenda, S. 152

Auch lässt er die oben geschilderten Rahmenbedingungen unerwähnt, ebenso die Strategie des türkischen Mutterlandes, den Wechsel vom „Schutz" einer Minderheit zur „Selbstbestimmung" einer „Volksgruppe" zu vollziehen (vergl. Kapitel 3.6.).

Vielmehr gibt er Ecevit als ein Testimonial für die Großgruppenpsychologie an:

„Viele Politikwissenschaftler und Diplomaten schlossen sich nun offen den Meinungen Bülent Ecevits und Anwar as Sadats an und erklärten, dass die Großgruppenpsychologie in internationalen Beziehungen eine Schlüsselrolle spielt und mit den wirtschaftlichen, rechtlichen, umweltpolitischen und militärischen Fragen der realen Welt verknüpft ist und die damit kompliziert."[480]

Natürlich spielt in Konflikten aller Art die Psychologie eine große Rolle, aber erstens werden Konflikte zwischen Volksgruppen verharmlost, wenn sie nur als psychologisches Problem, dass man leicht heilen könnte, dargestellt werden. Die Analyse muss auch die historischen, wirtschaftlichen, politischen und ethnischen Hintergründe, miteinbeziehen – und zwar objektiv – um Lösungsansätze herauszuarbeiten. Das kann unter Umständen eine Großgruppentherapie sein, aber zielführender sind diplomatische Verhandlungen und eine politikwissenschaftliche Aufbereitung.

Zurück zum politisch-historischen Ablauf. Zwischen griechischen und türkischen Truppen kam es zu heftigen Kämpfen. Wieder herrschte zwischen Griechenland und der Türkei große Kriegsgefahr. Die USA wandte sich an den UN-Sicherheitsrat um das NATO-Gebiet Türkei, Griechenland und Zypern zu befrieden. Das kann so interpretiert werden, dass die USA einerseits kein Machtvakuum entstehen lassen wollten, von dem die Gefahr bestand, dass dieses Vakuum von der UDSSR gefüllt werden könnte, andererseits eine Gleichgewichtspolitik betrieben, die dazu führte, dass die Konfliktparteien miteinander beschäftigt waren und keine Bedrohung für die Interessen der USA darstellten (Vgl. Kapitel 3.7)

---

[480] Ebenda, S. 26

Allerdings gibt es auch Berichte, aus denen hervorgeht, dass es Waffenlieferungen von den USA an die Türkei gab, z. B. im Kurier vom 24. Juli 1974, S. 1., 2.,5): „Die USA lieferten weiterhin Waffen an Griechenland und die Türkei. Auf Zypern selbst wurde am Dienstag trotz des vereinbarten Waffenstillstandes heftig gekämpft, auch die UNO-Truppen gerieten unter den Beschuss der Konfliktparteien."[481]

Das Militärregime in Griechenland wurde von den USA dahingehend unter Druck gesetzt, keinen Krieg mit der Türkei zu beginnen. So kam es am 22. Juli 1974 auf Zypern zu einem Waffenstillstand. Am 24. Juli ersetzte die griechische Armee ihren Führer Ioannides durch den Zivilisten und Konservativen Konstantin Karamanlis als Ministerpräsident, um die USA zu beschwichtigen.

Karamanlis betonte, dass ihm die Lösung des Zypernkonflikts ein Anliegen sei. In Genf fanden Gespräche zwischen Griechenland, Großbritannien und der Türkei statt, die zu einem Abkommen zur Einstellung der Kampfhandlungen führten.

---

[481] S. Eleftheriadou, S. 47f

6.12 Die Entwicklung nach der ersten Phase der Invasion auf Zypern – Die Genfer Verhandlungen

„Der Versuch der griechischen Militärdiktatur, durch den Sturz von Präsident Makarios auf Zypern eine für die Vereinigung mit Griechenland eintretende Regierung unter Nikos Sampson zu etablieren, war an der türkischen Intervention gescheitert.“[482]

Am 25 Juli 1974 kamen in Genf die Außenminister Großbritanniens, Griechenlands und der Türkei zu Verhandlungen bezüglich der Zypernkrise zusammen. Zypriotische Vertreter waren nicht geladen, die betroffenen Volksgruppen wurden in eine mögliche Lösung nicht einbezogen. Dies führte zu einer Abhängigkeit der betreffenden Volksgruppen von Griechenland bzw. der Türkei.

„Die griechische Position in Genf war eindeutig: Türkische Truppen, die Zypern in einer Art ‚Willkürakt' überfallen hatten, müssen die Insel umgehend verlassen, genauso wie es der Sicherheitsrat gefordert hatte.“[483]

Der türkische Außenminister verlangte:
- Die volle Autonomie der türkisch-zypriotischen Enklaven
- Die sofortige Beendigung der Belagerung inseltürkischer Ortschaften
- Die Anerkennung der Machtbefugnisse Rauf Denktas.[484]

Die darauf folgende zweite Genfer Konferenz am 14. August scheiterte, weil bei der Frage der Verfassung Zyperns keine Einigung zu erzielen war. Sowohl der türkische Außenminister Günes als auch der Führer der türkischen Zyprioten Denktas traten für eine Teilung der Insel ein.

Parallel zu den Verhandlungen wurden immer wieder militärische Drohungen von der Türkei ausgesprochen. Auch wurden die Truppen

---

482 Tatli, S. 102
483 Piller, S. 65
484 Ebenda, S. 66

auf den britischen Militärbasen bereits während der Genfer Verhandlungen verstärkt.

„Am 14. August gab der britische Außenminister, James Callaghan, das Scheitern der Konferenz bekannt.“[485]
In der Zwischenzeit hatte die Türkei ihre Truppen kontinuierlich verstärkt. Zu diesem Zeitpunkt standen der türkischen Armee 35.000 bis 40.000 Soldaten, 250 bis 300 Panzer und über 1000 Flugzeuge zur Verfügung.[486]

485 Tatli, S. 112
486 Vgl. Savvidou, S. 116

6.13 Die zweite Phase der Invasion

Der Begriff „Invasion“ wurde bewusst gewählt, weil wir es hier mit einer gewaltreichen militärischen Aktion zu tun haben: „Invasion, [lat.], Einfall, feindliches Einrücken in fremdes Gebiet.“[487]

In der einschlägigen Literatur wird sowohl der Begriff „Invasion“ als auch der Begriff „Intervention“ verwendet: „Intervention [lat.], …das diplomatische oder gewaltsame Eingreifen eines oder mehrere Staaten in die Verhältnisse eines anderen; als Beeinträchtigung der staatlichen Unabhängigkeit nach der Satzung der Vereinten Nationen unzulässig.“[488]
Zum Beispiel verwendet Tatli den Begriff „Intervention“ um die gewaltsamen Vorgänge abzuschwächen: „Die zweite türkische Intervention führte durch ihren reibungslosen Verlauf [sic!] zur schnellen Besetzung des nördlichen Teils der Insel und infolgedessen zur Massenflucht der griechischen Bevölkerung. Die griechischen Zyprioten wurden aber nicht, wie behauptet wird, von den türkischen Truppen vertrieben. Die Gründe für die Massenflucht der griechischen Zyprioten sind im psychologischen Bereich zu suchen. [sic !]“[489]

Weiters ist zu festzuhalten, dass Zum Beispiel Varvaroussis die Begriffe „Intervention“ und „Invasion“ synonym verwendet.[490]

Die Türkei setzte Zypern ein 24 Stunden Ultimatum, der Separation zuzustimmen, was Staatspräsident Klerides ohne Zustimmung von Griechenland nicht konnte.

„Günes hat den Griechen ein 24-stündiges Ultimatum gestellt: entweder sie akzeptieren den türkischen Plan zur Aufteilung der Insel, oder die türkische Delegation verlässt die Konferenz und lässt sie platzen.“[491]

Allerdings behaupteten die Türken, dass es sich gar nicht um ein Ultimatum handelte. Es ging bei der Genfer Zypernkonferenz gar nicht

487 Merckle Lexikon, Oldenburg, München, 1994, S. 177
488 Ebenda, S. 175
489 Tatli, S. 117
490 Vgl.: Varvaroussis, Konstellationsanalyse, S. 119f
491 Eleftheriadou, S. 63, Kommentar von Erich Reyhl aus Genf, S. 3

um einen funktionierenden Staat Zypern, sondern lediglich um die Erreichung der eigenen Ziele. Der bevorstehende Ausbruch des Konflikts wurde durch ausweichende und schonende Wortwahl zu vertuschen versucht.

„All diese Tricks und anderen subtilen Mittel haben nur ein Ziel: das jeweilige Einflussgebiet zu vergrößern.“[492]

Nach Ablauf der Frist führte die Türkei einen widerrechtlichen Großeingriff auf Zypern durch.

Dass die Argumente der Türkei nicht ganz ernst genommen wurden, zeigen auch Karikaturen, die zu jener Zeit auch in der österreichischen Presselandschaft zu finden sind (siehe Anhang, Abb.: 20-23).

Varvaroussis führt drei wichtige Faktoren an, die den Entscheidungsprozess der türkischen Regierung für eine militärische Operation auf Zypern beeinflusst haben.

„Erstens die ‚normative Kraft des Faktischen‘, die sich wiederum in drei Wirkungsfaktoren untergliedern lässt: a) In das Interventionsrecht des Garantievertrages durch den Staatsstreich auf Zypern; b) in die militärische Machtüberlegenheit gegenüber Griechenland und der günstigen strategischen Position der Insel für militärische Operationen und c) in die Staatskrise in Griechenland durch das sich auflösende Militärregime.“[493]

Zweitens spiegelte sich das jeweilige Feindbild in den beiden Bevölkerungsgruppen der Insel. Feinseligkeiten der Vergangenheit und das Gefühl der Unterdrückung der türkischen Minderheit durch die griechische Mehrheit beeinflussten die türkische Führung.

Drittens: Die innere soziale und wirtschaftliche Problematik der Türkei, die einen außenpolitischen Erfolg dazu benützen konnte, um von ökonomischen Problemen abzulenken.

---

492 Eleftheriadou, S. 63ff

493 Ebenda

„Wegen der Schwäche der Regierungskoalition in Ankara sowie wegen der sozialen und wirtschaftlichen Probleme des Landes war die Versuchung groß, durch einen 'Zypernsieg' das türkische Volk von den innenpolitischen Schwierigkeiten abzulenken."[494]

„Unstrittig ist dabei, dass die türkische Militäraktion auf Zypern vom Anfang bis zum Ende von Ministerpräsident Ecevit dirigiert wurde; sie ist nicht das Resultat politischen Drucks durch die Militärs."[495]

Der gesamte Nordosten der Insel wurde erobert und die griechischen Zyprioten wurden terrorisiert. Es wurden auch Napalmbomben eingesetzt, wodurch auch drei österreichische UNO-Soldaten ums Leben kamen, wie in der ‚Presse' vom 15. August 1974 berichtet wurde:

„Die drei Soldaten waren auf Vermittlungsmission nördlich von Larnaka unterwegs. Obwohl ihr Wagen deutlich als UNO-Fahrzeug gekennzeichnet war, wurde er von einem türkischen Kampfflugzeug beschossen. Bundeskanzler Kreisky unterbrach seinen Urlaub und kam nach Wien zu Beratungen. Wien hat in Ankara scharf protestiert und den Vorfall als 'unerklärlich und unentschuldbar' bezeichnet. Für den Bundeskanzler ist die Entschuldigung der Türkei nicht ausreichend. Ein Abzug der österreichischen UNO-Truppen von Zypern scheint nicht ausgeschlossen zu sein."[496]

Ungefähr ein Viertel der griechischen Bevölkerung floh in den Süden. Im Gegenzug kam es zu Terrorattacken seitens der Nationalgarde und der EOKA-B auf die türkische Bevölkerung im Süden die ihrerseits nach Norden floh. De facto kam es zur ethnischen Teilung der Insel. Durch die Invasion wurde die TAKSIM- Idee verwirklicht. Die Möglichkeit einer Föderation schien in weite Ferne gerückt. ENOSIS war verhindert worden, mit gleichzeitiger Vermeidung einer militärischen Konfrontation mit Griechenland.

Das veränderte geografisch-politische Bild der griechisch-zypriotischen Gemeinschaft sah nach der Invasion, die vom 14. bis 16. August dauerte, folgendermaßen aus: 40% des Territoriums war von türkischen Truppen besetzt, etwa 200.000 Flüchtlinge mussten ihre

---

494 Tzermias, S. 455
495 Tatli, S. 117
496 Eleftheriadou, S. 69

Wohn- oder Arbeitsorte verlassen. Auf dem türkisch besetzten Gebiet befanden sich 65% der landwirtschaftlich genutzten Fläche und 80% der Getreideproduktion.[497]

Brey und Heinritz sprechen allerdings von etwa 40.000 griechischen Flüchtlingen zu Beginn der Invasion und gegen November 1974 von schätzungsweise 180.000.[498]

Durch die Invasion war aber auch für die Türkisch-Zyprioten die im Süden der Insel lebten, eine untragbare Situation entstanden. Ca. 45.000 Menschen waren davon betroffen. Erst im Zuge von Verhandlungen fand ein Bevölkerungsaustausch statt: „Während die Zyperngriechen vor einer anrückenden Armee flohen, taten dies die Türken nur aus subtileren Zwängen und aus der Erfahrung einer langjährigen Unsicherheit und Unterdrückung."[499]

Im folgenden Schema werden die Teilung der Insel und die Position der türkischen Invasionstruppen dargestellt:[500]

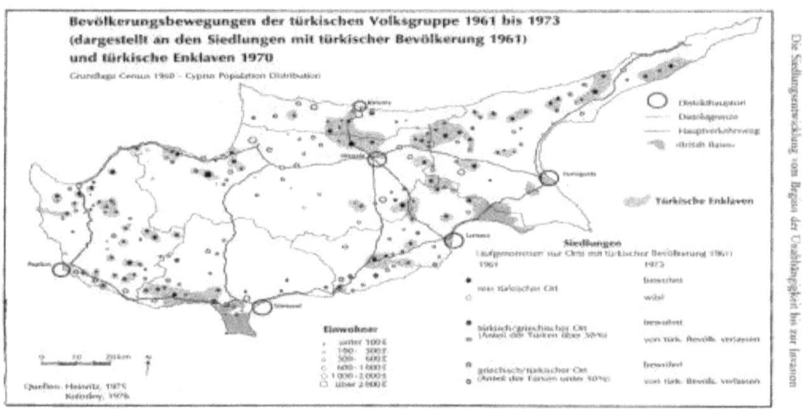

Abb. 6: Bevölkerungsbewegungen der türkischen Volksgruppe 1961-73[501]

497 Vgl. Varvaroussis, S. 136
498 Vgl. Brey,Heinritz, S. 26f
499 Brey, Heinritz, S. 30
500 Ebenda, S. 25
501 Quelle: Brey, 1974, S. 25

Im Nordosten Zyperns wurde ein türkisch-zypriotischer Teilstaat vorbereitet und die türkischen Truppen blieben auf diesem Gebiet stationiert. Bülent Ecevit konnte damit seine Position auch in der Türkei festigen. Die griechischen Obristen hingegen erlitten einen Machtverlust.

Die Türkei und Griechenland konnten sich nicht auf die Teilung des Luftraumes über der Ägäis einigen und erklärten ihn beidseitig als gefährliches Gebiet. Griechenland verweigerte die Koordination des Luftverkehrs und trat am 14.08.1974 aus der militärischen Organisation der NATO aus. „In der Zypernforschung herrscht weitgehend Konsens über das widerrechtliche Vorgehen der Türkei während der zweiten Invasionsphase im August 1974“.[502]

[502] Choisi, S. 263

6.14 Die konkreten politischen und sozialen Folgen der Invasion – Die Haltung der USA, der UNO, der Türkei und Griechenlands

Nach der Invasion der türkischen Armee war die Insel Zypern in folgender Situation: De facto war die Insel geteilt und der Norden wurde ausschließlich von der türkischen Armee kontrolliert. Viele Menschen waren auf der Flucht, vermisst oder gefangen genommen.

„Nach der Invasion wurden 1619 Personen als vermisst gemeldet, 627 davon Zivilisten, darunter 116 Frauen. Diese Personen waren von den türkischen Truppen als Gefangene genommen worden und sind nach dem Gefangenenaustausch nicht zurückgekehrt."[503] Über ihren Verbleib berichtet Cassia, der anthropologische Untersuchungen über die Vermissten beider Seiten anstellte. Neben Exekutionen während der Invasion (vornehmlich Opfer auf griechischer Seite) erwähnt er auch türkische Lager auf dem Festland.[504] Die vermissten 803 türkischen Personen sind hingegen bei 2 ‚Kampagnen' zu beklagen: bei den interkommunalen Schwierigkeiten 1963 und ebenso bei der Invasion 1974. Während die griechischen Opfer meist militärischen Hintergrund hatten, sind bei der türkischstämmigen Bevölkerung auch Zivilisten zu beklagen.[505]

Diesen dramatischen Umständen hatten auch katastrophale Auswirkungen auf die wirtschaftliche Situation:[506]
Nach den Umsiedlungen, die die ethnische Teilung der Bevölkerung mit sich brachte, lebten nur die Türkisch-Zyprioten, also nur 18% der gesamtzypriotischen Bevölkerung im abgeteilten Norden der Insel. Dieser von der Türkei besetzte Teil war aber wirtschaftlich wesentlich besser entwickelt als der Süden. „Hier (im Süden, Anm. des Autors) befanden sich 1974 nur ca. 30% der gesamten Produktionskapazitäten,

---

503 Savidou, S. 125

504 Vgl. Cassia, S. 49, Anmerkung: auch wenn es Vermisste auf beiden Seiten gab, sowie Exekutionen auf beiden Seiten, sind doch Lager auf dem türkischen Festland ein Zeichen tiefer Einmischungen und ohne Zweifel hat sich die Türkei vieler Menschenrechtsverletzungen schuldig gemacht

505 Vgl. Ebenda, S. 23 ebendort auch die Ängste der Moslime: die Muster der Angriffe waren für sie nicht erkennbar

506 Vgl. Savvidou, S. 124ff

darunter 20% der Industrieanlagen, 44% des Bergbaus und der Steinbrüche, 13% der in Betrieb und 33% der im bau befindlichen Touristen-Hotelanlagen, 59% der Viehzuchtbetriebe und 21% der Zitrusplantagen u.a.“[507]

Nach 1974 entwickelte sich die Wirtschaft im Süden zwar sehr rasch, aber es blieben die Wunden der Zerstörung der sozialen Systeme: Ehemalige Bauern wurden zu schlecht bezahlten Hilfskräften, Familien waren auseinander gerissen und: „An die Stelle des ‚Alt-Werdens' im bäuerlichen Familienzusammenhang … ist buchstäblich von einem Tag auf den anderen das einsame ‚Alt-Sein' auf Rentenbasis getreten.“[508] Das heißt, die griechisch-zypriotische Gesellschaft musst nicht nur eine veritable Wirtschaftskrise überwinden, sondern auch persönliche psychische Traumata, nachdem nach der türkischen Invasion die davor bestehenden Ordnungssysteme nicht mehr existierten.

Um die politische Situation unter Kontrolle zu bringen fanden interkommunale Gespräche statt. Die Leiter der Verhandlungsdelegationen waren Klerides für die griechisch-zypriotische und Denktas für die türkisch-zypriotische Seite. In erster Linie sollten die Modalitäten für einen gegenseitigen Gefangenenaustausch erörtert werden.[509]

Gleichzeitig kam es am 1. November 1974 zu einer UN-Zyperndebatte und zum Abschluss der UN- Resolution 3212, die einen Abzug der ausländischen Truppe, eine Garantie für die Rückkehr der Flüchtlinge in ihrer Heimatorte und das Recht beider Gemeinschaften forderte, selbst über eine zukünftige Verfassung entscheiden zu können.[510]

Nach der UNO- Resolution kehrte Erzbischof Makarios am 7. Dezember 1974 auf die Insel zurück. „Der Erzbischof verurteilte jede Art von territorialer Separation und betonte, dass eine Lösung der Zypernfrage nur im Rahmen eines einheitlichen zypriotischen Staates erzielt werden könne; Vorbedingung für gemeinsame Verhandlungen sei der Abzug der illegalen türkischen Truppen.“[511]

---

507 Corsten, S. 10
508 Corsten, S. 11
509 Vgl. Choisi, S. 335f
510 Vgl. Ebenda
511 Ebenda

Allerdings erklärte er sich bereit, mit seinen „türkischen Mitbewohnern“ über eine Zypernregelung zu verhandeln, die der türkischen Minderheit das Recht der Selbstverwaltung gewährleisten würde.[512]

Die griechisch-zypriotische Bevölkerung bereitete dem Erzbischof einen triumphalen Empfang. Der Präsident erteilte Klerides eine Verhandlungs-vollmacht, um die Gespräche mit Denktas am 19. Dezember 1974 fortzusetzen.

Diesmal ging es um den verfassungsmäßigen Status Zyperns, es konnte keine Einigung erzielt werden und Denktas rief am 13. Februar 1975 den „Türkischen Föderativstaat von Zypern“ aus.

Eine Hintergrundinformation zur angestrebten Verfassung: Der Entwurf stammte von Denktas, wurde jedoch von der Türkei revidiert. Vizepräsident Erbakan äußerte sich auf einer nationalen Sicherheitsversammlung (MGK – Milli Güvenlik Kurulu) dazu: sie solle zwar nach Außen wie eine Föderation aussehen, aber in Wahrheit ein getrenntes Zypern darstellen (Taksim). Selbstbewusst äußerte der panislamistische Vizepräsident Erbakan[513]: … „wir haben etwas Gutes (Anm.: für die griechischen Zyprioten) getan, wir haben (Anm.: nur) 40% genommen. Sollten die Amerikaner verärgert sein, könnte die Türkei die amerikanischen Soldaten vom heimischen Boden vertreiben“.[514]

Die Föderation wurde am 12.02.1975 von der Türkei angeordnet. Der Diplomat Barutcu Ecmel rief Denktas an, und unterbreitete ihm, er könne sich am nächsten Tag als Präsident der türkisch-zypriotischen Föderation ausrufen. Diese Anordnung war das Ergebnis einer Anordnung des Außenministers Esenbel, der seinen Stab über die zu ergreifenden Schritte informierte und sich der heftigen Gegenreaktion be-

---

[512] Vgl. Tzermias, S. 476

[513] Zur Rolle Erbakans: Er war Koalitionspartner des sozialdemokratischen Premiers Ecevits und zählte selbst zum islamischen Lager. Er gilt als der geistige Vater des jetzigen Premiers Erdogans.

[514] Birand, Mehmet Ali, Diyet, Istanbul, 1985, S. 232. Zur Person Birands: Er gilt als renommierter Journalist, Schriftsteller und Fernsehmoderator. www.mehmetalibirand.com.tr, 31.10.2011

wusst war, aber auch zugab, das die Türkei keine andere Lösung sähe.[515]

Die USA lehnten die Anerkennung des neuen Staates ab: Die einseitige Staatsproklamation der Insel/türken wurde bedauert.[516] Dazu und auch zu fehlenden Sanktionen mögliche Deutungen von Rüstow: a) personelle Ereignisse: während den beiden Invasionen der Türkei auf Zypern trat der amerikanische Präsident Nixon ab und Ford wurde sein Nachfolger. b) die türkisch-amerikanischen Beziehungen wurden nicht nur vom Opium und Raketenthema beherrscht, sondern auch von der Zypernfrage. c) die innenpolitischen Spannungen in der Türkei: hier nennt er die einzige Einigkeit des Premiers zur Invasionszeit, des Sozialdemokraten Ecevits und seines militanten islamisch-konservativen Vizepräsidenten Erbakans: eine nationalistische Haltung in der Zypernfrage. Ecevit war stolz darauf, die Invasion nicht auf Druck der USA abgeblasen zu haben.[517]

„Daraufhin schaltete die griechisch-zypriotische Seite den UN- Sicherheitsrat ein. Dieser ‚bedauerte' in der Resolution 367 die Proklamation des türkisch- zypriotischen Teilstaates und sprach sich für erneute Verhandlungen zwischen beiden Gemeinschaften aus, die unter der Schirmherrschaft von UN-Generalsekretär Kurt Waldheim abgehalten werden sollten."[518]

Von 1975 bis 1977 fanden in Wien mehrere Gesprächsrunden zwischen den Vertretern beider zypriotischen Gemeinschaften statt. Die Verhandlungspartner kamen sich dabei jedoch nicht näher.

Dazu zwei Stimmungsbilder über die Schwierigkeiten – dargestellt am Selbstbewusstsein der türkischen Verhandlungsseite: Außenminister Caglayangil antwortete Kissinger, der Denktas eine Flächenrückgabe empfahl: dies habe Denktas nicht zu entscheiden, strategische Ent-

---

515 Birand, S. 83

516 Vgl. Tzermias, S. 481

517 Vgl. Rüstow, Dankwart, A.: Die Türkei, Brücke zwischen Orient und Okzident, Göttingen,1990, S. 118ff. Ebendort auch zum Opiumthema: S. 113. Eine weitere Anmerkung zur türkischen Innenpolitik: 1971-3 herrschte in der Türkei Kriegsrecht und parteilose Regierung. Ecevit stellte die erste gewählte Regierung nach dem Putsch.

518 Choisi, S. 337

scheidungen treffe die Türkei, die das Land eingenommen habe.[519] Als zweites Beispiel: Wieder Caglayangil im Gespräch mit Kissinger, der eine biterritoriale Föderation, eine Zentralregierung und Flächenrückgabe befürwortete: Wenn die griechischen Zyprioten 28% vorschlagen, würden sie (Anm.: die Türken) 38% sagen, um sich in der Mitte zu einigen.[520]

1976 wurde Klerides von Papadopoulos abgelöst. Auch Gespräche zwischen Makarios und Denktas 1977 führten zu keiner Annäherung. Am 3. August 1977 verstarb Erzbischof Makarios, sein Nachfolger Spiros Kyprianou vertrat den gleichen Standpunkt.

Es gestaltete sich als schwierig, die durch Makarios' Tod entstandene politische Lücke zu füllen. Innenpolitische Spannungen erschwerten die Handlungsfreiheit des Makarios-Nachfolgers.

Auch Regierungswechsel in der Türkei verkomplizierten die Lage. Im April 1978 legten türkisch-zypriotischen Vertreter dem UNO- Generalsekretär Kurt Waldheim die türkischen Verfassungsvorschläge vor. Die Vorschläge sollten im Zuge der interkommunalen Gespräche weiterverhandelt werden. Dies war für die griechische Seite unannehmbar. Trotzdem bildeten diese Vorschläge weiterhin den Kern des türkisch-zypriotischen Standpunkts für die Lösung des Zypernkonfliktes.[521]

Auch US-Vorschläge zu Lösung des Konfliktes waren für beide Seiten unannehmbar. „Der große Nachteil dieses Dokuments für die Regierung Zyperns war der Versuch, die Zypernfrage außerhalb der UNO zu lösen; eine Tatsache, die die Regierung Zyperns im Gegensatz zu der Regierung Ankaras, die eine Lösung des Problems ohne Einmi-

---

519 Anmerkung: das übersteigerte Selbstbewusstsein des türkischen Auftretens beschreibt Mallinson ein Gespräch des Britischen Aussenministers mit seinem amerikanischen Kollegen Kissinger am 14. August 1974 anläßlich der vollendeten Tatsachen über die erfolgte militärische Invasion, in dem ersterer die Türken beschreibt mit: „...the Turks are too jiiongoistic indeed too close to Hitler for my liking.“ Vgl. Mallionson S. 70. Anmerkung: derartig drastische Vergleiche sind in Mitteleurope nicht üblich, in GB jedoch nicht ungewöhnlich.

520 Vgl. Birand, S. 158, über Gespräche die am 11.09.1975 stattfanden.

521 Vgl. Tatli, S. 156ff

schung bzw. Beteiligung der UNO anstrebte, ausdrücklich von Anfang an ablehnte.“[522]

Die türkische Regierung strebte in einer Erklärung eine Zypernlösung an, die von den betroffenen Volksgruppen selbst gesucht werden müsse, denn eine verschleierte Rückkehr zum Zustand von 1960 sei unannehmbar.[523]

Auf einer Sondertagung der UN- Generalversammlung im Mai 1978 wurde die Entmilitarisierung Zyperns von griechisch-zypriotischer Seite vorgeschlagen, konnte jedoch nicht realisiert werden. Erst im Mai 1979 wurde in Nikosia unter Aufsicht Waldheims von Kyprianou und Denktas weiterverhandelt.

Bis 1981 wurden mehrere Gespräche ohne konkrete Ergebnisse geführt, abgebrochen und wieder aufgenommen.

Die Standpunkte waren verhärtet und können wie folgt zusammengefasst werden: Schema nach Suzan Tatli, S. 171f

a) Die griechische Standpunkte

1. Zypern soll eine unabhängige, und souveräne territorial integrale Bundesrepublik sein.
2. Unverzüglicher Abzug der türkischen Truppen.
3. Rückkehr aller Flüchtlinge in ihre Heimat und sofortiger Einhalt aller Maßnahmen zur Änderung der demographischen Struktur Zyperns.
4. Gründung einer Föderation und nicht einer Konföderation.
5. Die wirtschaftliche Einheit der Inselbewohner muss erhalten bleiben, desgleichen die volle Bewegungsfreiheit.
6. Die Beteiligung beider Volksgruppen an den Bundesorganen soll sich nach dem Bevölkerungsanteil der jeweiligen Volksgruppe richten.
7. Die Bundesregierung soll für alle Angelegenheiten zuständig sein, die nicht ausdrücklich den Regionen übertragen werden. Die Bundesregierung soll insbesondere zuständig sein für Außenpolitik,

522 Savvidou, S. 152f
523 Vgl. Tatli, S. 163

Verteidigung und „innere Sicherheit“ für Straf und Zivilrecht, Gerichtswesen, Staatsbürgerschaftswesen, Handel und Industrie, Schiffbau, Versorgung mit Wasser und Strom, Bergbau, Forstwirtschaft und Fischerei Münzwesen, Post, Zoll- und Finanzwesen, Arbeit und Wohlfahrt, Vereinswesen, Gefängnisse, Bundesbehörden, öffentliches Gesundheitswesen sowie Land Wirtschaft.

8 Das Territorium der türkischen Volksgruppe soll 20 bzw. 22% Zyperns umfassen.

9. Lösungssuche im Rahmen einer internationalen Konferenz. zypriotische Verhandlungen.

b.) Die türkischen Standpunkte

1. Zypern soll eine unabhängige, souveräne und territorial integrale Bundesrepublik sein.
2. Die türkischen Truppen werden nach Regelung der endgültigen Lösung abgezogen.
3. Auf Zypern sind neue Tatsachen entstanden, die nicht rückgängig gemacht werden können. Nach einer endgültigen Zypernlösung ist mit territorialen Konzessionen zu rechnen, die einer bestimmten Zahl von Flüchtlingen die Rückkehr an ihre Heimatorte entlang der Attila Line ermöglichen sollen.
4. Föderation durch Evolution.
5. Einschränkung der Bewegungsfreiheit zumindest für den Zeitraum einiger Jahre um eine neuerliche ökonomische und soziale Vorherrschaft der griechischen Volksgruppe zu verhindern.
6. Die Frage der Bevölkerungsanteile spielte keine Rolle. Das entscheidende Kriterium ist vielmehr die Gleichberechtigung. Die gemeinsamen Institutionen werden somit nach dem Prinzip der Gleichberechtigung und so organisiert werden, dass eine effektive und juristische Vorherrschaft einer Gemeinschaft über die andere unmöglich ist.
7. Den beiden föderierten Staaten sollen alle Macht und Funktionen zufallen, die nicht ausdrücklich der Bundesregierung übertragen werden. Die Zuständigkeitsbereiche für die Bundesregierung sind: Außenpolitik (sie schränken dies wiederum ein, indem sie erklären, jeder der beiden Staaten müsse das Recht haben, Verträge mit den jeweiligen Mutterländern Türkei und Griechenland abschließen können), äußere Verteidigung (mit getrennten Einheiten der beiden

Volksgruppen, die jeweils im eigenen Staat stationiert sind) Bankwesen, Bundeshaushalt (jeder Staat müsse darüber hinaus seinen eigenen Haushalt haben), Bundesgerichte (für konstitutionelle Angelegenheiten und Verletzungen des Bundesrechts), Post und Fernmeldewesen, Gesundheitswesen, Maße und Gewichte, Patente sowie Wetterdienste.
8. Das Territorium der türkischen Volksgruppe soll 32,8% der Inselfläche umfassen.
9. Lösungssuche im Rahmen der innerzypriotischen Verhandlungen.

Bedenkt man, dass beide Seiten im ersten Punkt über die Unabhängigkeit übereinstimmen, verwundert es, wie unterschiedlich die Vorstellungen einer unabhängigen, souveränen und territorial integralen Bundesrepublik Zypern sein können. Es handelt sich offenbar um zwei extreme Auslegungen, die von gegenseitigem Misstrauen, von Machtpolitik und wirtschaftlichen Interessen geprägt sind. Wie aus Punkt 4 ersichtlich, ging den griechisch- Zyprioten die Eigenständigkeitbestrebungen der Türkisch-Zyprioten zu weit. Sie waren überzeugt, dass durch die Invasion und die darauf folgenden Ereignisse die Teilung Zyperns besiegelt werden sollte.

6.15 Das Scheitern der Verhandlungen und die Ausrufung der Türkischen Republik Nordzypern (TRNZ)

Nach der UNO- Resolution 37/352 die den Abzug aller ausländischen Besatzungstruppen forderte und bei Nichteinhaltung die Anwendung praktischer Maßnahmen zu prüfen empfahl, verweigerte Rauf Denktas sein geplantes Treffen mit UN-Generalsekretär Perez de Cuellar. Er betrachtete die UNO-Resolution als Aggression gegen seine Volksgruppe und als diplomatische Niederlage. Der Generalsekretär konnte die Konfliktparteien nicht wieder an den Verhandlungstisch bringen.

Am 15. November 1983 wurde die türkische Republik Nordzypern Kuzey Kibris Türk Cumhuriyeti-KKTC) ausgerufen.[524]

Die internationalen Reaktionen auf die Proklamation des neuen Staates waren ablehnend: Der amerikanische Kongress verabschiedete eine Resolution, die die Proklamation verurteilte und die Regierung Kyprianou als die einzig legale Regierung auf der Insel bestätigte. Die Sowjetunion, Großbritannien und Frankreich verurteilten ebenfalls die Ausrufung.[525]

Bereits am 18.11.1983 verabschiedete der Sicherheitsrat der Vereinten Nationen eine Resolution, in der der neue Staat als völkerrechtlich ungültig erklärt wurde und alle Staaten aufgefordert wurden, keinen anderen zyprischen Staat als die Republik Zypern anzuerkennen.[526]

Auch per Definition kann im Falle der Türkischen Republik Nordzypern nicht von einem anerkennenswerten Staat gesprochen werden: Er ist nicht legal, sondern aufgrund von Gewalt von Außen (der Intervention des so genannten Mutterlandes Türkei 1974) entstanden. Da die Türkische Republik Nordzypern außer durch die Türkei von keinem anderen Staat rechtmäßig anerkannt wird, bleibt de facto die Regierung der Republik Zypern die einzige legitime Vertretung der Insel (siehe Kapitel 3)

524 Vgl. Choisi, S. 367
525 Vgl. Savvidou, S. 163
526 Vgl. Choisi, S. 368

In der Generalversammlungsresolution 2625 heißt das erste Prinzip: „No territorial acquisition resulting from the threat or use of force shall be recognized as legal."[527] Diese Resolution geht auf die so genannte Stimson- Doktrin 1932 zurück. Der Völkerrechtler Laffert: „Angesichts des nach überwiegender Meinung der Resolution 2625 zukommenden Rechtscharakters ist die Anerkennung eines Staates, der auf Grund einer rechtswidrigen Intervention entstanden ist, verboten."[528]

Daher konnte der neue Staat von der internationalen Gemeinschaft keinesfalls anerkannt werden, es sei denn die Republik Zypern wäre damit einverstanden gewesen.

„Ob der Staat international anerkannt wurde oder nicht, spielt in Bezug auf die Existenz überhaupt keine Rolle, „…denn alle drei Kriterien (Gebiet, Volk und Verfassung), die zur Existenz eines Staates nötig sind, werden erfüllt."[529]

Piller spricht hier den pragmatischen Ansatz an, der vermutlich von Denktas und der politischen Führung der Türkei von langer Hand geplant war: Dies war der wahre Hintergrund des von Suzan Tatli genannten 4. Punktes (siehe Schema im vorangegangenem Kapitel) „Föderation durch Evolution?"[530]
Savvidou schreibt über die politische Taktik von Rauf Denktas: „Er hat selbstverständlich nicht mit einer sofortigen internationalen Unterstützung gerechnet, sondern gepokert und auf den Faktor ‚Zeit' gesetzt. Seine Absicht war de facto Tatsachen zu schaffen, die er dann benützen würde, um die offizielle Teilung der Insel zu erreichen."[531]

Auch die Reaktionen der türkisch-zypriotischen Parteien lassen auf einen politischen Alleingang Denktas' schließen: Es kam sogar in dem

527 Laffert, S. 131
528 Ebenda, S. 131f
529 Piller, S. 85
530 Anm.: heißt Evolution etwa solange zu warten, bis die Weltöffentlichkeit einen gewaltsam geschaffenen Zustand aus Gewohnheit anerkennt? Meiner Meinung nach versteht man unter Evolution eine natürliche, friedliche Weiterentwicklung.
531 Savvidou, S. 164

besetzten Gebiet zu starken Protesten, besonders im Zusammenhang mit der neuen Verfassung.[532]

Für den UNO- Generalsekretär Perez de Cuellar wirkte die Ausrufung der TRNZ wie eine Brüskierung, er erklärte, dass dies seine Vermittlungsanstrengungen erschwere.[533]
Trotzdem setzte die UNO und ihr Generalsekretär die Vermittlungsbemühungen fort und es fanden immer wieder Gespräche statt; am Status quo änderte sich nichts, außer dass die Türkei als einziger Staat die TRNZ sofort anerkannte, und sich als Garantiemacht für den neuen Staat betrachtete.[534]

532 Vgl. Ebenda
533 Vgl. Tzermias, S. 562
534 Vgl. Ebenda

6.16 Die UNO als internationaler Mediator im zypriotischen Spannungsfeld

Die Aufgabe der Vereinten Nationen ist es, ihre Mitglieder dazu anzuhalten, alle Aktionen zu unterlassen, die den Weltfrieden gefährden. Die Vereinten Nationen selbst haben allerdings keine Autorität um bei Konflikten selbständig eingreifen zu können. Ihre Rolle ist es, die streitenden Parteien vor der Weltöffentlichkeit darauf hinzuweisen, ihre Konflikte in einer Art zu bereinigen, die die internationale Sicherheit nicht gefährdet.

Ein kurzer Einschub zur Organisation der UNO: Ausgelöst durch das Scheitern des Völkerbundes nach dem Zweiten Weltkrieg gegründete 1945 die Anti-Hitler-Koalition die United Nations mit damals 51 Staaten um künftigen Generationen „die Geißel des Krieges“ zu ersparen. Neben Wirtschafts- und Sozialrat ist sie für Peacekeeping-Operationen verantwortlich: Dabei sollen militärische Auseinandersetzungen durch politische Verhandlungen unter Zu-Hilfenahme zusätzlicher militärischer Instrumente erwirkt werden.[535]

„Die Tatsache, daß die Vereinten Nationen ihren Hauptsitz in New York haben, bringt die Weltorganisation unter die direkte Kontrolle der USA. Sie nutzen diese Möglichkeit schamlos aus … der Sicherheitsrat tagt nur in den USA/in New York. In der Praxis geht die Initiative zur Einberufung einer Sitzung vom USA-Außendepartement aus. Die Botschafter bzw. de Vertreter der vier anderen ständigen Mitglieder und der zehn nicht ständigen Mitglieder werden schriftlich, manchmal auch nur telefonisch oder sonstwie benachrichtigt. … Bereits seit 1950 führen die ihre Kriege gegen die Menschheit durch. Sie werden als ‚UN-Mission’ bezeichnet. Der grausame und blutige US-General MacArthur wurde 1950 von der US-Administration des Präsidenten Truman zum Oberbefehlshaber der ‚UN-Streitkräfte’ gegen Korea eingesetzt. Im Namen der UNO verübten die USA Massenmord und die Politik der verbrannten Erde in Korea. Die Folgen dieser Kriegsverbrechen sind bis heute nicht überwunden. Zur Wiedergutmachung werden die USA nicht verpflichtet.“[536]

---

535 Vgl. Ahlbrecht et. Alii, S. 164-165
536 Khella, S. 312

Mit der Unabhängigkeit Zyperns 1960 wurde es Mitglied der Vereinten Nationen. Das stellte die UNO während der Krise von 1963/64 vor ein rechtliches Problem: Durften die Verträge von Zürich und London rückgängig gemacht werden? Die Türkei verlangte die Einhaltung diese Verträge, die zypriotische Regierung ihre Aufhebung. Die Türkei argumentierte, dass sie dem Schutz der türkischen Minderheit auf Zypern dienten.

Die UNO empfahl unter anderem allen Staaten, die Unabhängigkeit Zyperns zu respektieren, den Einsatz der UNFICYP als friedenserhaltende Macht und einen unparteiischen Vermittler.[537]

Während der Krise 1974 spielten der Sicherheitsrat, die UNFICYP und der Generalsekretär der UNO eine bedeutende Rolle und reagierten auf die Menschenrechtsverletzungen der Türkei:

„Die Türkei hat mit ihrer Aktion [sic!] gegen die UNO-Prinzipien, gegen die internationale Konvention der Menschenrechte, gegen die Genfer Erklärung von 1949 usw. verstoßen. Zwei Jahre später wurde die türkische Aggressivität und Brutalität in dem Bericht der europäischen Menschenrechtskommission vom 10. Juli 1967 bestätigt und verurteilt."[538]

Der Sicherheitsrat forderte mehrere Male zum Waffenstillstand auf. Nach der zweiten türkischen Invasion beantragte er die Wiederaufnahme von Verhandlungen und rügte die Türkei wegen ihrer Militäraktionen. 1975 verabschiedete der Sicherheitsrat folgende Entschließungen:

„**1** die Beschäftigung des Rats mit dem Flüchtlingselend in Zypern; er verlangte 'die sichere Rückkehr aller Flüchtlinge' und forderte zu diesem Zweck die betroffenen Parteien auf, 'dringende Maßnahmen' zu ergreifen;

2 der Appell des Rats an die Parteien, für einen „schnellen Abzug aller ausländischen Streitkräfte und allen ausländischen militärischen und sonstigen Personals aus der Republik Zypern 'sowie für die

---

537 Vgl. Varvaroussis, S. 217f

538 Savvidou, S. 125f

Beendigung jeder ausländischen Einmischung in ihre Angelegenheiten' zu sorgen;

3 das Ersuchen an den Generalsekretär, eine 'Good-will-Mission' in Zypern zu übernehmen und die Rolle des Vermittlers bei den Verhandlungen zwischen den Vertretern der beiden Volksgruppen zu akzeptieren;

4 Die Verlängerung des Mandats der stationierten Friedenstruppen und die Aufforderung an alle Parteien, weiterhin 'voll mit den Friedenstruppen der UN in Zypern zusammenzuarbeiten'."[539]

Die Türkei hatte ihre militärischen Ziele auf der Insel durchgesetzt, war aber nicht bereit, die Beschlüsse des Sicherheitsrates vollständig umzusetzen. Nur die beiden letztgenannten Punkte wurden durchgeführt, obwohl für alle Mitglieder der Vereinten Nationen die Beschlüsse des Sicherheitsrates verbindlich sind.

Überraschend war auch, dass die Türkei seitens des Sicherheitsrates nicht als „Aggressor" verurteilt wurde, obwohl eine Verletzung der staatlichen und territorialen Souveränität Zyperns vorlag.

Man könnte sagen, dass in manchen Phasen des Konfliktes, die Reaktion der Vereinten Nationen sehr vorsichtig war. Dies ist unter anderem dadurch zu erklären, dass der Konflikt sehr eng mit der Großmachtpolitik und dadurch auch der NATO-Politik verknüpft scheint. Die Interessen der NATO- Mitglieder Griechenland und Türkei sollten auf jeden Fall ausgeglichen bleiben. So erscheint es verständlich, dass die UNO auf die „nationale Sensibilität" der Türkei besondere Rücksicht nahm.

Mehrere UNO-Generalsekretäre ließen in ihren Bemühungen die Konfliktparteien immer wieder an einen Verhandlungstisch zu bringen nicht nach. Trotzdem erscheint die gegenwärtige Situation auf der Insel als das Ergebnis und die erzwungene Akzeptanz eines militärischen Gewaltaktes, der durch die internationale Staatengemeinschaft niemals sanktioniert wurde.

Die UNO- Truppen sind weiterhin auf der Insel präsent und ermöglichen die Normalisierung des täglichen Lebens: „Die Perspektive von

---

[539] Varvaroussis, S. 219

zwei Armeen, eine griechische und eine türkische, auf der Insel hilft nicht zur Demilitarisierung von Zypern. Die weitere Stationierung der UNFICYP ist eine willkommene Regelung."[540]

Auf jeden Fall kam der UNO im laufenden Konflikt eine Vermittlerrolle als einer neutralen Organisation zu. Sie spielt sozusagen die Rolle des Mediators. Dadurch kann die Kommunikation der Verhandlungspartner gelenkt werden und emotionale Spannungen können abgebaut werden.[541]

Ob die UNO die Rolle des Mediators erfolgreich spielt, möge jeder Betrachter selbst beurteilen. Faustmann bezeichnet Zypern als „Friedhof der Diplomatie".[542]

---

540 Savvidou, S. 189

541 Allerdings wird aufgrund mangelnden Erfolgs Zypern oft als „Friedhof der Diplomatie" (Buchtitel Halil Gülbeyaz) bezeichnet; der drittlängste UNO-Truppeneinsatz der Welt findet auf Zypern statt. Vgl. Richter, APuZ, S. 3ff

542 Faustmann, APuZ, S. 9

6.17 Die Aufrüstung der NATO Südosteuropaflanke

Die USA spielen durch ihr verstärktes Weltmachtinteresse im Mittelmeerraum eine erhebliche Rolle im Zypernkonflikt. Nach dem zweiten Weltkrieg waren sie bestrebt, als Supermacht ihren politischen, wirtschaftlichen und militärischen Einfluss auszuweiten und ihre Dominanz unter anderem auch in Griechenland und in der Türkei zu festigen.

Mit der Marshall Truman-Doktrin von 1947, die als Folge des Kalten Krieges entstanden ist, hatten die USA an Zypern aus strategischen Gründen ein großes Interesse, sie unterstützten die so genannten „freien Völker“ die für ihre Befreiung und auch gegen den Kommunismus kämpften.[543]

Diesbezüglich erklärte US-Staatspräsident Truman: „Wir müssen den ‚freien Völkern' helfen, ihr eigenes Geschick auf ihre eigene Weise zu lenken.“[544]

Gleichzeitig erhielt Großbritannien eine gewichtigere Rolle in Europa:

„Es besteht in der Tat kein Zweifel, daran, dass es, als sich die Vereinigten Staaten nach dem griechisch-türkischen Hilfsprogramm 1947 eine politische Linie festgelegt hatten, in Großbritannien Kräfte gegeben hat, die ebenso wie Roosevelt und Truman wenige Jahre zuvor versucht waren, den britischen Einfluss dadurch zu stärken, dass sich die Briten nicht nur von Europa, sondern auch von der sich bereits abzeichnenden Konfrontation zwischen den Supermächten distanzierten, um damit die traditionelle Rolle Großbritanniens als Manipulator des Gleichgewichts der Kräfte in Europa und die des Vermittlers zwischen Ost und West zu erweitern.“[545]

---

543 Anm.: zur strategischen Position im Weltmachgefüge: Siehe Kapitel: 3

544 Varvaroussis. Paris. Konstellationsanalyse der Außenpolitik Griechenland und der Türkei, München, S. 157

545 Kissinger, Weltpolitik für morgen. Aao, S. 28

Damit sollte die Balance of Power in Europa gewährleistet sein, was natürlich für Zypern eine Rolle spielte, weil es demgemäß nicht aus dem britischen Einfluss entlassen wurde.

Die Hauptinteressen der USA waren einerseits die strategische Position am Mittelmeer zu halten, sowie die Kontrolle des Nahen Ostens. Andererseits versuchen die USA mit dem Bündnis mit Griechenland und der Türkei die sowjetische Expansion in dieser Region einzudämmen. Das Interesse des amerikanischen Imperialismus ist in dieser Hinsicht weiters in der Gründung des NATO-Paktes ersichtlich.
„Die 40er Jahre waren die Jahre phantasiereicher Männer und kühner Schritte auf beiden Seiten des Atlantiks: Der Marshall-Plan, die Truman-Doktrin, die Berliner Luftbrücke, der Brüsseler Vertrag und schließlich die NATO waren mutige und kreative Initiativen. Und in den folgenden Jahren haben die Vereinigten Staaten und ihre Verbündeten gegenüber sowjetischem Druck und sowjetischen Erpressungsversuchen in den Krisen um Korea, Berlin und die auf Kuba stationierten Raketen eine feste Haltung eingenommen.[546]

Kissinger konstatiert mit diesen Äußerungen aus der damaligen Sicht eine selbstverständlich von der Sowjetunion ausgehende Gefahr – die eines einheitlichen „Sozialismus",[547] – der strategisch zu begegnen sei. Unter diesem Vorwand versuchte die NATO auch erfolgreich, ihren Einfluss in der Türkei und in Griechenland zu etablieren.

Der damalige Oberbefehlshaber der NATO, General L. Lemnitzer erklärte: „Süd-Osteuropa (Griechenland und die Türkei) sind für die NATO unentbehrlich. Die militärische Macht der NATO in diesem Raum ist ein wichtiges Hindernis gegen jeden Versuch einer strategischen Umfassung der NATO im Süden. „[548]

Wie bereits erwähnt wurde, finden jährlich systematische NATO-Manöver in Griechenland und der Türkei statt, wobei allein der US-Imperialismus über hundert Militärbasen in der Türkei hat und auch die 6. Flotte im Mittelmeerraum stationiert ist.

[546] Ebenda, S. 29
[547] Vgl. Ebenda
[548] Ebenda, S. 157f

„Seine (Nixons, Anm. des Autors) Konzentration auf den Mittelmeer-Raum und der Besuch der 6. Flotte zeigten deutlich, dass wir auch weiterhin beim Schutz und bei der Entwicklung in diesem Gebiet eine Rolle spielen wollten.“[549]

Mit diesen Worten verdeutlicht Kissinger das Bekenntnis der USA als Großmacht zu agieren und keinesfalls auch nur einen Funken an Einflussverlust im Mittelmeerraum zu riskieren. Auf griechischem Boden wurden die Luftwaffenstützpunkte Athen-Hellenikon, Elefsis-Piräus, Nea Makri, Souda Bay, Heraklion und Varympotis eingerichtet, die mit Funk- und Radarsystemen und Nachschubeinrichtungen ausgestattet sind.[550]

Im Jahr 1953 wurde zwischen Griechenland und der Türkei im Rahmen des nordatlantischen Paktes ein Abkommen über die Benützung der Militärstützpunkte und der Seeflotte unterzeichnet. Mit diesem Vertrag wurden Griechenland und die Türkei verpflichtet, dass sie sich im Angriffs- und Kriegsfalle gegenseitig Hilfe leisten sollten, indem Sie sich mit den NATO- Streitkräften verbünden.[551]

Als Konsequenz bedeutete diese Vertragsunterzeichnung Teilnahme an Kriegen gegen sozialistischen Länder und blockfreie Staaten, im Interesse der USA und der NATO. Zum Beispiel an der Korea-Invasion der USA (1950-53) haben Griechenland mit 1100 Soldaten und die Türkei mit 5455 Soldaten als NATO-Partner teilgenommen.[552]

„Als Kissinger am Samstag, den 22 September 1973, seinen Amtseid als Außenminister ablegte, hatte er seine Auffassungen über die internationalen Beziehungen und die amerikanische Strategie im Kalten Krieg bereits ausführlich dargelegt. Seiner Meinung nach bestand das entscheidende Problem nicht länger darin, „zu verhindern, dass der Kalte Krieg zu einem heißen Krieg eskaliert, sondern in der Stärkung des Zusammenhalts unter den amerikanischen Verbündeten: Der NATO in Europa und der SEATO in Asien. „Später sollte er den Zypernkonflikt aus genau dieser Perspektive betrachten: Was gut war für

---

549 Kissinger, Henry. A.: Memoiren 1968-1973, München, 1979, S. 976

550 Vgl. Ebenda, S. 161

551 Vgl. Varvaroussis, S. 160

552 Vgl. Katsikides. S., „Der Nationalitätenkonflikt auf Zypern in seinen Auswirkungen auf die Gesellschaftsstruktur“, 1983, Diplomarbeit, Wien, S. 14

Großbritannien, Amerikas treuestem und verlässlichstem Verbündeten, war auch gut für die USA- das war die Hauptsache. Dann folgten die Interessen der Türkei, und schließlich galt es, die unvermeidlichen griechisch-türkischen Spannungen und etwaige Folgeschäden für die NATO zu berücksichtigen."[553],[554]

Darüber hinaus wurde am 15. April 1976 zwischen Griechenland und den USA ein neuer Verteidigungsvertrag unterzeichnet. Dieser so genannte „Verteidigungsvertrag" enthält die Benutzung von See, -Luft, -Militärbasen in Griechenland durch die USA:

1. Nea Makri (Kommunikation)
2. Souda Bay (Hafen- und Flugplatzanlagen)
3. Heraklion (Luftüberwachung)
4. Die US-Präsenz auf der Luftbasis von Hellenikon.[555]

Damit war die Präsenz der USA in Griechenland und wie weiter oben dargestellt, auch in der Türkei gefestigt. Die USA hatten somit die Kontrolle über den Mittelmeerraum zu dem Zweck, den Einfluss der Sowjetunion in diesem Territorium so weit wie möglich zu beschränken.

Der türkische Ministerpräsident Nihat Erim erklärte während der Militärdiktatur 1971 die demokratische türkische Verfassung von 1961 als „Luxus für die Türkei", woraufhin die meisten demokratischen Rechte außer Kraft traten. Trotz dieser antidemokratischen Linie der türkischen Militärregierung waren die NATO und mit ihr die USA mit der Kooperation mit der Türkei zufrieden: Einerseits sollte Zypern eine geheime Basis für die NATO werden, wobei auch die Ermordung Erzbischof Makarios in Kauf genommen wurden (Anschlag am 08.03.1970). Andererseits begrüßten die USA sehr, dass Erim bekannt gab, dass die türkischen Häfen wieder für die amerikanische Flotte geöffnet würden, die Türkei gegen antiimperialistische, demokratische

---

553 Sherman, Arnold, Zypern die gefolterte Insel, Freiburg, 1999, S. 43

554 Einschub: Varvaroussis schreibt, dass die Politik Kissingers nach seinen Machtvorstellungen gut in die Theorien des politischen „Realismus" passen. Vgl. Varvaroussis, S. 170

555 Vgl. Varvaroussis, S. 161

Kräfte vorgehen würde und die Zusammenarbeit mit den USA fortsetzen wollte.[556]

Um ihre Großmachtsinteressen durchzusetzen, zögerten die USA nicht, auch zwei rivalisierende Staaten in ihr Bündnis, (die NATO) aufzunehmen. So wurden Militärbasen in Griechenland und der Türkei errichtet und sogar die Verpflichtung gegenseitiger Unterstützung bei Angriff von außen erreicht. Was wie ein Schritt in Richtung Multilateralismus im Sinne von dem Vertreten gemeinsamer Interessen aussieht, war in Wirklichkeit eine unilaterale Handlung, die Konfrontationen und Aufrüstung zur Folge hatte (siehe Kapitel 3.7.3). Ein gegenseitiger Angriff der beiden Staaten schien der NATO wohl als geringeres Übel als das Territorium den politischen Widersachern zu überlassen. Diese Gegebenheiten stellen den Hintergrund für die „Freiheiten“ eines jeden zypriotischen Präsidenten dar: Aufrüstung und politische Dominanz auch in der unmittelbaren Nachbarschaft. Ob Blockfreiheit eine Alternative darstellt, wird im Folgenden behandelt.

Innerhalb der NATO gab es kritische Stimmen von Generälen, die aufdeckten, dass die Staaten des Bündnisses unter dem Vorwand der Sicherung des Weltfriedens, eigentlich nur auf ihre egoistischen Interessen bedacht sind/waren, allen voran die USA mit ihrer Großmachtpolitik (siehe Kapitel 3.7.) Zudem zeigen sie auf, dass die Politik in den USA sehr unter dem mächtigen Einfluss der Rüstungslobby steht, dass die NATO sogar mit der Anschaffung von militärischem Equipment, das hauptsächlich amerikanisch war, die europäische Rüstungsindustrie schädigte, dass die USA die divide-et-impera-Politik im Mittelmeerraum in subtiler Art und Weise weiterverfolgt, dass die USA, die sich selbst als Wächter des Machtgleichgewichts deklarieren, unter dem Deckmantel der Gewährleistung der Sicherheit nicht vor vehementen militärischen Drohungen zurückschrecken und dass die NATO gerade in den Öl-Regionen ihren Einfluss verstärkt:

General a. D. M. H, von Meyenfeldt, Niederlande:
„… Und diese außenpolitische Strategie der Vereinigten Staaten zielt auf die Rückgewinnung einer Position der Stärke, auf die Rückkehr zu den alten Weltherrschaftsplänen: die USA in der Rolle des Weltgen-

[556] Vgl. Heinrich, Brigitte/ Roth Jürgen, „Partner Türkei oder Foltern für die Freiheit des Westens, Reinbek bei Hamburg, März, 1973, S. 94-95

darmen, der die atomare Drohung und Erpressung und – wo erforderlich – eine Kanonenboot-Politik als legitime Mittel zur Durchsetzung der politischen und ökonomischen Interessen ansieht. ... Es ist diesem Zusammenhang auch gar nicht überraschend, dass in den letzten Jahren so viel über die Ausweitung des Sicherheitsbegriffs, über die Ausdehnung des Aktionsbereichs der NATO, über politische und ökonomische Interessenssphären in der Öl-Region gesprochen und geschrieben wurde.“[557]

Brigardegeneral a.D. Michael Harbottle, Großbritannien:
„In den USA sind Rüstungsgeschäfte durchaus lohnende Geschäfte für eine politisch einflussreiche Gruppe, den militärisch-industriellen Komplex. Auf lange Sicht ist das allerdings eine der größten Selbsttäuschungen; aber darauf komme ich noch zurück. Große Profite können bei minimalen Risiken realisiert werden, und zwar auf Kosten des Steuerzahlers. Eine einflussreiche Rüstungslobby manipuliert immer wieder den Kongress und das Weiße Haus im Sinne einer ständigen Verstärkung der sogenannten Verteidigungsausgaben.“[558]

Admiral a. D. Antoine Sanguinetti, Frankreich:
„Die NATO spielt eine tragische Rolle bei der Unterwerfung Westeuropas unter das Diktat der Rüstungsproduzenten und US-amerikanischen Interessensgruppen. Letzten Endes wird mit maßlosen propagandistischen Übertreibungen der Bedrohung das Problem der Hintergründe dieser Propaganda aufgeworfen. Will man im Westen ein Gefühl ständiger Verunsicherung schüren, um ein neuerliches Wettrüsten anzuheizen, das für bestimmte Kreise, nicht nur finanziell, überaus einträglich sein dürfte? ... Oder werden alle diese Ziele gleichzeitig verfolgt, um die Aufmerksamkeit der Europäer von der fortschreitenden Integration ihrer alten Nationen in das politisch-ökonomische amerikanische Imperium abzulenken, das sich schamlos breitmacht und heute unbestritten die Hauptbedrohung für ihre Unabhängigkeit darstellt? ... Es ist ferner eine Tatsache, dass die NATO im Laufe der Jahre auf dem Gebiet des politisch-ökonomischen Schutzes des europäischen Kontinents als regelrechtes ‚trojanisches Pferd' fungierte. Zusammen mit dem Marshallplan – eigenartigerweise ebenfalls Ausfluss der Vorstellungen eines Militärs – trug die kostenlose Liefe-

---

557 Generäle für den Frieden. Interviews von Gerhard Kade. Köln, 1981, S. 233
558 Ebenda, S. 91

rung von überschüssigem Material, die konstante Entscheidung der NATO für amerikanisches Material, zum Abbau des Spitzen- und Forschungsbereiches der mächtigen europäischen Rüstungsindustrie bei.[559]

Der griechische General Georgios Koumanakos:
„Folglich stellt die Präsenz der 6. Flotte eine zusätzliche Unregelmäßigkeit dar, weil sie in erster Linie auf offensiven Zielen und nicht auf Verteidigungsbedürfnissen der USA beruht und weil sie vor allem auf den Schutz der wirtschaftlichen Interessen des Imperialismus auf Kosten der Interessen der Mittelmeervölker, insbesondere der Araber, gerichtet ist. Es geschieht aber noch schlimmeres. Um die militärische Präsenz der USA im Mittelmeer zu rechtfertigen und auf diese Weise zu verewigen, braucht man Unregelmäßigkeiten, und wenn es keine gibt, müssen sie geschaffen werden. Die verschiedenen amerikanischen Dienste haben sich als äußerst zuverlässige Helfer bei der Schaffung nützlicher Unregelmäßigkeiten erwiesen, indem sie Meinungsunterschiede oder Rivalitäten, die innerhalb der politischen Kräfte in den Ländern oder zwischen den Ländern bestehen, missbrauchen. Sie fördern und pflegen diese Meinungsverschiedenheiten, um die Spannung in den Beziehungen dieser Länder anzuheizen und Zwietracht zu säen. Auf diese Weise brechen ‚Krisen' aus, und die Amerikaner beeilen sich dann, diese als ungebetene oder auch gebetene Schlichter zu lösen. Die altbewährte Methode des ‚Teile und Herrsche' wird heute in verfeinerter Form mit ihrer 6. Flotte, die ständig durch die Gewässer des Mittelmeeres patrouilliert, von den USA praktiziert."[560]

Direkt auf die Zypernkrise bezogen bemerkt der britische General Michael Harbottle, dass zwar jeder Konflikt anders sei und anders behandelt werden müsse, dass Großbritannien aber in Nordirland, in Palästina und auf Zypern und Aden ähnlich agierte:

„... So muss beispielsweise die Haltung Großbritanniens in dieser Hinsicht in Frage gestellt werden, weil es augenscheinlich nur geringe Unterschiede in den Methoden gibt, die in Nordirland heute ange-

---

559 Vgl. Generäle für den Frieden, a.a.o. S. 288ff
560 Ebenda, S. 135

wandt werden, gegenüber jenen, die vor 30 Jahren in Palästina und später in Zypern und Aden angewandt worden sind."[561]

Den strategischen Wert des Mittelmeerraumes für die NATO stellt auch der General Georgios Koumanakos fest:

„Angesichts der heute bestehenden Realitäten und im Rahmen der gegenwärtigen Strategien der Großmächte hat das Mittelmeer darüber hinaus einen weiteren strategischen Wert erworben, da mit den in der Region stationierten Streitkräften der USA folgendes durchgesetzt werden soll:

a) Verhinderung jedes sowjetischen Durchbruchs nach dem Süden, sei er nun strategischer, politischer, wirtschaftlicher oder ideologischer Natur;
b) Überwachung der Völker und Regierungen aller Mittelmeer- und Nachbarstaaten bis zum Persischen Golf und zum Arabischen Meer;
c) Sicherer und billiger Transport lebenswichtiger Rohrstoffe, die von großer strategischer und wirtschaftlicher Bedeutung sind, insbesondere jedoch von Erdöl aus der Region am Persischen Golf und aus Ostafrika in die Staaten des Mittelmeerraumes, Europas und Afrikas;
d) Realisierung moderner Strategien, mit deren Hilfe die strategische Sicherheit des Nutzers erhöht werden kann.

Bis zum Zweiten Weltkrieg wurde das Mittelmeer von den Seestreitkräften Großbritanniens und Frankreichs, die imperialistische Länder mit riesigen Kolonien und großen kommerziellen und ökonomischen Interessen in überseeischen Gebieten waren, kontrolliert. Nach dem Krieg wurde die Kontrolle von Amerika als Erbe und Wächter des heutigen Imperialismus übernommen. „[562]

---

[561] Generäle für den Frieden, a.a.o. S. 111
[562] Ebenda, S. 131

6.18 Die Auswirkungen der türkischen Invasion Zyperns auf die türkisch-amerikanischen Beziehungen

Die türkische Invasion auf Zypern hatte keine unmittelbaren Auswirkungen auf der Verhältnis zur USA: Ihnen war der Einfluss in der Region wichtig, den sie – da sie Stützpunkte sowohl in Griechenland als auch in der Türkei hatten – als gegeben erachteten, ohne sich um das Schicksal der Zyprioten zu kümmern. Makarios, der für die Unabhängigkeit Zyperns kämpfte und aus taktischen Gründen gute Beziehungen zu blockfreien Staaten und zur Sowjetunion pflegte, wurde gestürzt, womit die USA den Weg zum Eintritt Zyperns in die NATO geebnet sahen.

Die USA bemühte sich in unilateraler Weise (siehe Kapitel 3.7.3), auf die Republik Zypern Druck auszuüben und dazu zu zwingen, in die NATO einzutreten, um sie für ihre militärischen Aktionen im Mittelmeerraum zu verwenden, insbesondere die Südflanke des Nordatlantikpaktes zu verstärken und den Einfluss der Sowjet-Union in diesem Raum zu beschränken.

Beide Putsche in Griechenland wurden von den USA initiiert, allerdings standen die hochrangigen Offiziere nicht unter der amerikanischen Kontrolle. Die USA hatten den Putsch organisiert, um ihre Interessen zu gewährleisten. Damit in Zusammenhang steht auch das Streben der USA nach ENOSIS Zyperns, weshalb sie auch den Putsch gegen Erzbischof Makarios in Auftrag gaben. Es gibt Hinweise darauf, dass die USA gleichzeitig – die Ereignisse fanden innerhalb weniger Tage statt – auch an der Invasion der Türkei auf Zypern organisatorisch beteiligt waren.[563]

Der zypriotische Staatspräsident Erzbischof Makarios wurde am 15. Juli 1974 durch den amerikanischen Geheimdienst CIA, durch die sieben Jahre währende griechische Junta, und durch die faschistische Organisation (EOKA-B) gestürzt. Der CIA-Chef in Athen unterhielt Kontakte zum hochrangigen Juntamitglied Ioannides und die USA waren von den Putschplänen auf Makarios unterrichtet. Es kann ange-

563 Vgl. Zahariadis, S. 75

nommen werden, dass die Gleichgültigkeit, mit der Washington die Ereignisse auf Zypern reagierte, eher Absicht als Unwissenheit war.[564]

Die Putschisten wollten mit dem Ziel ENOSIS (Vereinigung mit Griechenland) die Insel gegen den Willen der zypriotischen Bevölkerung an Griechenland anschließen. Weil Präsident Erzbischof Makarios eine Neutralitätspolitik (Blockfreiheit) betrieb, die der Nahostpolitik der USA konträr war, bildete sie eine Gefahr gegenüber der Position des amerikanischen Imperialismus im Mittelmeer.[565]

Die Putschisten brachten in kurzer Zeit den rechtsradikalen EOKA-B Führer Nikos Sampson an die Macht, der in der zypriotischen Bevölkerung eine umstrittene Person war.

Die EOKA-B, eine faschistische Söldnergruppe, erhielt vom CIA finanzielle Unterstützung in der Höhe von 100.000 US-Dollar und militärische Unterstützung mit Waffen aus Griechenland und Israel.[566]

„The American embassy, together with the military mission and the CIA station, had become as influential in the governing of Greece as any of the country's own political institutions."[567]

Die USA nahmen immer wieder indirekt Einfluss auf die Zypernpolitik, indem sie Zum Beispiel auf die griechische Innenpolitik Einfluss nahmen. Darüber hinaus ging es auch immer wieder um Einflussnahme auf die Ägäispolitik der beiden Nato-Partner Griechenland und Türkei.

„Griechische Ägäispolitik ist in großem Maße ein ‚Reagieren' auf Ägäis-politische Initiativen Ankaras"[568] Die konfliktträchtige Einstellung von Premier Demirel bestätigt eine Aussage während eines Interviews mit dem Cumhuriyet Journalisten, Güngör Turgut am 20. Au-

---

[564] Vgl. Tzermias, S. 443f
[565] Vgl. Varvarousis, S. 174
[566] Vgl. Katsikides, S. 34
[567] Meinardus, Ronald, Die Türkei-Politik Griechenlands, Frankfurt, 1985, S. 35
[568] Ebenda, S. 277

gust 1975: Es gäbe keine griechischen Inseln, es gäbe ägäische Inseln. Trotz Protesten bestand er auf seiner Aussage.[569]

Der Verdacht an der Teilnahme von Massakern an den Zyperntürken und die Bestrebungen zum Anschluss Zyperns an Griechenland, war für die Türkei Anlass genug, um auf Zypern zu intervenieren: Die Türkei als sogenannte ‚Schutzmacht' Zyperns okkupierte am 20. Juli 1974 Zypern. Die türkische Armee besetzte den gesamten Norden. Die griechischen Zyprioten verloren nun 22 Prozent von 82 Prozent der Landesfläche.

„Von Seiten der türkischen Armee kam es dabei zu barbarischen Übergriffen gegen griechisch-zyprische Zivilisten, etwa 40.000 Griechen wurden zu Flüchtlingen."[570]

Die türkische Armee ging derart brutal vor, dass die griechisch-zypriotische Bevölkerung vor der Invasionsarmee flüchtete. „Die türkische Armee konnte sich bei ihrem Vormarsch Zeit lassen, darüber hinaus konnten sich die Verantwortlichen von dem Vorwurf lossprechen, sie hätten die Bevölkerung gewaltsam vertrieben."[571]

Die Invasion der Türkei auf Zypern wurde von den USA nicht geahndet, obwohl gemäß der bilateralen Abkommen, die zwischen den USA und der Türkei unterzeichnet wurden, eine türkische Invasion dem Vertrag nicht entsprach. Somit waren die USA durch ihr Nichteinschreiten mitverantwortlich für die Teilung der Insel und die ethnische Trennung der Bevölkerung. Die Türkei hatte nicht mit Konsequenzen seitens der USA zu rechnen. Die doppelte ENOSIS, die eigentlich das Wunschziel der USA war, war jedoch gescheitert.

---

569 Vgl. Birand, S. 83, Anmerkung: Dieses Statement löste einen diplomatischen Skandal aus. Das türkische Außenministerium war schockiert, denn Demirel zeigt die offensive türkische Haltung und widerrief seine Aussage nicht.

570 Brey, Heinritz, S. 26

571 Ebenda

6.19 Verschlechterung der Beziehungen zwischen den USA und der Türkei – das militärische Embargo gegen die Türkei

Infolge des Putsches auf Makarios und der Invasion der Türkei auf Zypern kam es zu Spannungen zwischen der Türkei und den USA. „Trotz seiner außergewöhnlichen Fähigkeiten auf dem politischen Parkett hatte sich der Erzbischof jedoch viele Feinde gemacht.“[572] Der regionale Verwaltungsleiter der CIA Muller schrieb 1977, dass Makarios' Tod nur eine Frage der Zeit sei. Laut Muller waren fünf oder sechs Attentate von USA-Außenminister Henry Kissinger angeordnet worden.[573]

Ausgelöst durch die Zyperninvasion verschlechterten sich die Beziehungen zwischen der Türkei und den USA erst in weiterer Folge, auch Spannungen zwischen der Türkei und Griechenland kamen hinzu. Die US-Regierung wurde durch die griechische Kongress-Lobby gezwungen, ein Waffenembargo gegen die Türkei zu verhängen. Darüber hinaus verschlechterte der Anbau von Opiummohn in der Türkei seit Monaten das türkisch-amerikanische Verhältnis.

Es gab aber noch einen anderen Grund, wie in der New York Times berichtet wurde: Im Frühling 1974 radikalisierte sich die politische Situation in der Türkei, die sozialistischen Bewegungen wurde einflussreicher und die USA waren deshalb beunruhigt. Im US-Kongress wurde darüber nachgedacht, die wirtschaftliche Hilfe an die Türkei einzuschränken.[574]

Somit war das Waffenembargo gegen die Türkei nach der Zyperninvasion nur ein Vorwand. In Wirklichkeit wollte Washington gegen

---

[572] Sherman, S. 42

[573] Vgl. Ebenda, S. 43

[574] Anmerkung: Über den Prozess der Entscheidungsfindung zwischen Einzelpersonen, der öffentlichen Meinung und dem amerikanischen Kongress wirft Varvaroussis anregende Fragen auf, S. Varvarousis, S. 169. Gerade bei der Episode mit dem Waffenembargo wird deutlich, dass Aussenminister Kissinger nicht alleine die Handlungen seines Staates bestimmt.

den Linksruck und die demokratische Entwicklung in der Türkei vorgehen, die für ihre Machtpolitik eine Gefahr darstellte.[575]

Der Informationsdienst „Interativia Airletter“ deutete an, dass amerikanisches Rüstungsmaterial auch über Drittstaaten in die Türkei gelangt sein dürfte, und zwar über Pakistan und Indien, Libyen und den Iran: „Am 12. 9. 1975 wird gemeldet, daß die libysche Regierung sieben Maschinen des Typs F-5 einschließlich Ersatzteilen an die Türkei kostenlos transferiert hat. Libyen soll diese Maschinen 'kurz zuvor' für 7 Mio. DM von den USA erhalten haben.“[576]

Nachstehende Chronologie[577] zeigt das Waffenembargo der USA gegenüber der Türkei:

„30. September 1974 Der Senat sperrt die Rüstungshilfe für die Türkei (Bewilligungsgesetz mit 57 gegen 20 Stimmen angenommen)

07. Oktober. 1974 Das Repräsentantenhaus billigt die Einstellung der Rüstungshilfe für die Türkei.

09. Oktober. 1974 Der Senat beschließt die Sperrung der Rüstungshilfe für die Türkei bis zum 15. Dezember aufzuschieben (mit 40 gegen 35 Stimmen)

11. Oktober 1974 Das Repräsentantenhaus lehnt diesen Beschluss ab (187 gegen 177 Stimmen)

14. Oktober 1974 Präsident Ford legt gegen die Entscheidung des Kongresses, die Rüstungshilfe für die Türkei zu sperren, sein Veto ein.

15. Oktober 1974 Das Repräsentantenhaus verfehlt die zur Über - Stimmung des Vetos erforderliche Zweidrittelmehrheit (bei 223 gegen 135 Stimmen)

16. Oktober 1974 Das Repräsentantenhaus billigt einen Antrag, der die Einstellung der Rüstungshilfe am 15. Dezember vorsieht, sofern

575 Vgl. Zahariadis, S. 83

576 Albrecht, Ulrich u. a.: (Angaben nach Reuter in To Vima, 13. 9. 1975)

577 Varvarousis, S. 182ff

keine Fortschritte hinsichtlich einer Lösung des Zypernkonflikts erzielt werden (mit 194 gegen 144 Stimmen)

17. Oktober 1974 Das Repräsentantenhaus verfehlt wiederum die zur Überstimmung des Vetos erforderliche Zweidrittelmehrheit (bei 161 gegen 83 Stimmen). Am gleichen Tag billigt das Repräsentantenhaus dann einen Kompromissantrag (mit 191 gegen 33 Stimmen), der die Fortsetzung der Rüstungshilfe an die Türkei bis zum 10. Dezember unter der Bedingung zulässt, dass die Türkei keine weiteren Waffen nach Zypern bringt, den Bestand der Truppen nicht vergrößert und den Waffenstillstand einhält.

18. Oktober 1974 Der Senat übersendet die Vorlage ohne Abstimmung an Präsident Ford, der sie unter großen Bedenken unterzeichnet.

18. Dezember 1974 Der Kongress billigt eine Rüstungshilfe für die Türkei in modifizierter Form. Präsident Ford kann das Verbot bis zum 05. Februar 1975 aussetzen, wenn bis dahin „Fortschritte" hinsichtlich einer Lösung des Zypernkonflikts gemacht worden sind.

04. Februar 1975 Die türkische Ministerpräsident Sadi Irmak erklärt nach einer Sitzung des nationalen Sicherheitsrates hinsichtlich der Einstellung der amerikanischen Militärhilfe an die Türkei: die Türkei sieht sich gezwungen, ihre Bindung innerhalb der NATO und die Zusammenarbeit mit den USA zu überprüfen.

04. Februar 1975 Präsident Ford erklärt hinsichtlich der vom Kongress geforderten Einstellung der Militärhilfe an die Türkei, dass die Rüstungshilfe nicht im Zusammenhang mit dem Zypernproblem steht. Sie beruht darauf, dass den Vereinigten Staaten ihrer Verbündeten ebenso wichtig sind. Die Regierung hält die Auswirkungen einer solchen Sperre für so ernst, dass sie den Kongress ersucht, seinen Schritt zu überprüfen.

05. Februar 1975 Der Kongress stellt die Militärhilfe für die Türkei ein.

09. Mai 1975 Der Senat stimmt für eine begrenzte Wiederaufnahme der Waffenlieferungen an die Türkei.

17. Juni 1975 Erklärung der türkischen Regierung hinsichtlich des US-Waffenembargos gegenüber der Türkei und ihrer Verteidigungseinrichtungen: Die türkische Regierung glaubt, dass die Vertragsverpflichtungen bezüglich der Zusammenarbeit bei gemeinsam benutzten keine Gültigkeit mehr habe; es wurde daher beschlossen, mit den Vereinigten Staaten neue Prinzipien und Konditionen auszuhandeln.

24. Juli 1975 Das Repräsentantenhaus stimmt (mit 223 gegen 206 Stimmen) für die Aufrechterhaltung des Waffenembargos gegenüber der Türkei.

25. Juli. 1975 Die türkische Regierung beschließt, die Kontrolle über alle amerikanischen Stützpunkte und Einrichtungen in der Türkei zu übernehmen. Am gleichen Tag appellierte US- Präsident Ford an die türkische Regierung, die amerikanischen Stützpunkte in der Türkei nicht zu schließen.

28. Juli 1975 US-Präsident Ford richtet ein neues Ersuchen an den Kongress, das Waffenembargo aufzuheben.

02. Oktober 1975 Das Repräsentantenhaus billigt (mit 237 gegen 176 Stimmen) eine teilweise Aufhebung des Waffenembargos gegenüber der Türkei.

03. Oktober 1975 Der Senat stimmt dieser Aufhebung des Waffenembargos zu (zunächst Lieferung von Kriegsmaterial im Wert von 185 Millionen Dollar).

03. Oktober 1975 Die teilweise Wiederaufnahme der US-Waffenlieferungen an die Türkei wurden von der türkischen Regierung als nicht völlig zufriedenstellend angesehen: „eine sofortige Reaktivierung der US-Stützpunkte komme nicht in Frage".

Die Befürworter des Waffenembargos gegen die Türkei argumentierten, dass die USA gegen das Gesetz verstoßen würden, wenn sie die Türkei weiterhin militärisch unterstützen würden, da die Türkei bei der illegalen Invasion auf Zypern amerikanische Waffen zum Einsatz gebracht hätten, was gegen die „Foreign Assistance Laws" verstoße. Sie hofften außerdem, dass die Türkei auf Grund des Waffenembargos gezwungen wäre, den Zypernkonflikt mit Griechenland friedlich zu lösen, ohne dass die USA in irgend einer Weise davon beeinträchtigt werden würde.

Die Regierung Ecevit beschloss als Gegenmaßnahme zum Waffenembargo der USA die Übernahme und die Kontrolle der amerikanischen Militärbasen in der Türkei, welche unter der US-freundlichen Nationalfrontregierung (Milliyetci Cephe) unter dem Vorsitz Süleyman Demirels kurze Zeit später wieder unter amerikanische Aufsicht gestellt wurden.

„Eine Abwendung der Türkei vom westlichen Bündnis würde die NATO- Verteidigung an der Südflanke empfindlich treffen, die Kontrolle der strategisch wichtigen Meerengen durch die westliche Allianz nicht mehr erlauben und die Aktionsmöglichkeiten der westlichen See- und Luftstreitkräfte, z. B. in einem militärischen Nahost-Krieg, erheblich einschränken. Seit den 60er Jahren unterhalten der US- Imperialismus und die NATO zahlreiche Stützpunkte in der Türkei. Nur kurzfristig waren diese Stützpunkte aufgrund des US-amerikanischen Waffenboykotts gegen die Türkei nach der türkischen Zypern-Invasion von 1975 bis 1978 geschlossen. Seit 1978 sind die militärischen Stützpunkte für die USA wieder zugänglich.“[578]

Die Krise, die während der sozialdemokratischen Regierung unter Ecevit zwischen den USA und der Türkei bestand, wurde beendet, als die Nationalfrontregierung unter dem proamerikanischen Süleyman Demirel an die Macht kam und sich in den Dienst der USA stellte.[579]

Ein drei monatiges Waffenembargo scheint die einzige Reaktion der USA auf die türkische Invasion Nordzyperns. Selbst dieses ist nicht frei von politischem Taktieren: Die USA wollten nicht Waffen in ein Land liefern, in dem die „falsche“ politische Strömung stark wird.

---

578 Kaya,Yakup: Die Türkisch-US-amerikanischen Beziehungen innerhalb der NATO. Dargestellt anhand bilateraler Abkommen. Diplomarbeit, Universität Wien, 1987. S. 58

579 Vgl. Kaya, S. 76

6.20 Die Position der Sowjetunion bzw. ihres Fortsetzerstaats Russlands zu Zypern

Im realpolitischen Streben um Macht war mit den USA die SU die zweite Determinante im Weltgeschehen der 60iger Jahre. Die Außenpolitik der Sowjetunion kann konzeptionell folgendermaßen umrissen werden: Sie ist aus ihrer Sicht als ideologische Mission zu begreifen, wobei nicht nur die internationalen Beziehungen zwischen Nationalstaaten von Interesse waren, sondern auch der fortwährende Kampf von innenpolitischen, sozialen, ökonomischen Aspekten in Hinblick auf die eigene Ideologie mit der damit verbundene Hoffnung auf Ausbreitung der Letzteren.

1963 verstärkte die Sowjetunion ihre diplomatische Aktivität zur Ausweitung ihrer Machtsphären während des kalten Krieges. Eine Aufweitung an der Südosteuropaflanke lag im Interesse an der ‚Festung Europa'. Auf Besuchen in den neutralen skandinavischen Ländern wurde die Vision eines entmilitarisierten Mittelmeeres verbreitet.[580] Dem griechischen Botschafter riet Chruschtschow den Austritt aus der NATO, mit einem nuklearen Angriff wurde – zumindest taktisch – gedroht.

Während der Krise auf Zypern 1963 nahm die Sowjetunion eine unterstützende Haltung für Zypern und gegen die Angriffe der Türkei auf die Insel ein, ebenso gegen die politische Einflussnahme der USA und der NATO auf Zypern. Auf Dauer war das Engagement der Sowjetunion in Zypern eher zurückhaltend.[581]

Die Sowjetunion pflegte gute Beziehungen zur Türkei, während die NATO und die USA auf Griechenland Einfluss nahmen. Damit wollte die Sowjetunion verhindern, dass sie keinen Zugang zum Mittelmeer habe. Sie unterstützte die Türkei wirtschaftlich und unterzeichnete Freundschafts- und Neutralitätsverträge mit der Türkei in den 20er Jahren. Dafür sicherte sie sich den freien Zugang zur Ägäis, z. B für Handels- und Kriegsschiffe. In den 50er Jahren kam es kurzfristig zu einer Verschlechterung des Verhältnisses zwischen der Sowjetunion

---

580 Vgl. Brzszinski, Zbigniew, K.: Alternative zur Teilung, Neue Möglichkeiten für eine gesamteuropäische Politik, Köln, Berlin, 1966. S. 110

581 Vgl. Zahariadis, S. 77

und der Türkei, das sich, gerade bedingt durch die Zypernkrise von 1963 bis 1964, wieder besserte.

In Griechenland löste die Vertiefung der Beziehungen zwischen der Türkei und der Sowjetunion Enttäuschung aus, da Griechenland sich erhofft hatte, dass die Sowjetunion die griechische Haltung in der Zypernfrage bei den Vereinten Nationen unterstützen würde. Die Sowjetunion hingegen versuchte die Unabhängigkeit Zyperns zu bewahren und bemühte sich darum, dass Zypern blockfrei und nicht von fremden Mächten beherrscht werde. Deshalb begrüßte sie die Politik von Erzbischof Makarios gegen alle Kräfte, die ENOSIS oder TAKSIM anstrebten.

„Wir treten konsequent für den Abzug aller ausländischen Truppen und die Beseitigung der ausländischen Militärstützpunkte auf dem Territorium der Insel ein. … In unserem Lande wird die Politik der Blockfreiheit, die die Regierung der Republik Zypern mit Präsident Makarios an der Spitze durchführt, mit Verständnis und Achtung aufgenommen …“[582]

Ein Abzug der bzw. aller ausländischen Truppen wurde weder von Griechenland noch von der Türkei betrieben.

Nach dem Attentat auf Erzbischof Makarios stellte sich die Sowjetunion auf seine Seite, indem sie ihn als rechtmäßigen Präsidenten Zyperns bezeichnete und machte die NATO für die Vorfälle auf Zypern verantwortlich.

Das Verhältnis von Erzbischof Makarios zur Sowjetunion kann als ebenso opportunistisch wie das der SU zu ihm beschrieben werden: seine anfängliche Annäherung wich einer Politik der Blockfreiheit. Ähnlich darf wohl seine Zusammenarbeit mit den lokalen Kommunisten, vertreten durch die AKEL gesehen werden.

Als die Türkei mit der Invasion Zyperns begann, kritisierte die Sowjetunion dieses Vorgehen, ebenso die Genfer Verhandlungen. Das hatte den Grund, dass, der Forderung nach Abzug aller ausländischen Truppen von Zypern nicht nachgekommen wurde und die NATO, die

---

582 Nikolay Podgorny zitiert von Varvaroussis, S. 203

die Krise ausgelöst hatte, an den Verhandlungen teilnahm. Die Sowjetunion stand auf dem Standpunkt, dass nur der UNO-Sicherheitsrat die Krise auf Zypern eindämmen könnte.
Nach der zweiten türkischen Intervention, die schließlich zur ethnischen Trennung der zypriotischen Bevölkerung führte, beschuldigte die Sowjetunion die NATO und den Westen einer misslungenen Politik, die das Scheitern der Genfer Verhandlungen und die neuerliche türkische Invasion zur Folge hatten. Der Austritt Griechenlands aus der militärischen Organisation der NATO wurde von der Sowjetunion begrüßt. Sie forderte eine internationale Zypernkonferenz an der der UNO-Sicherheitsrat, Zypern, Griechenland, die Türkei und auch andere Staaten, besonders blockfreie, teilnehmen sollten. Dieser Vorschlag wurde von Griechenland angenommen, von der Türkei hingegen abgelehnt. Die USA und Großbritannien fanden ihn prüfenswert.

Als Denktas den „föderativen türkisch-zypriotischen Staat" ausrief, wurde er von der Sowjetunion kritisiert, weil das zur Teilung der Insel führe, was nicht den Bedürfnissen der Zyprioten entspräche.

Die Sowjetunion kritisierte die NATO dafür, nichts zu unternehmen, weniger jedoch die USA, um die weltpolitische Entspannung jener Zeit nicht zu gefährden.[583] Ker-Lindsey wird noch deutlicher, er attributiert das mangelnde sowjetische Interesse an Zypern mit den Nachwirkungen der Kuba Krise mit „... Moscow's opportunistic foreign policy that had been followed by the Soviet Union since 1955." Er bescheinigt Makarios: „... the Archbishop was able to encourage the typical opportunistic behaviour that had so often characterised Soviet foreign policy."[584] Zwar war der Brief von Khrushchev vom 7. Februar 1964 in einem deutlich härteren Tonfall verfasst, im Verhalten der Sowjetunion waren jedoch keine Konsequenzen zu bemerken.[585]

Die Haltung der Sowjetunion während des Verlaufs der Zypernkrise war zurückhaltend und beinhaltete hauptsächlich Stellungnahmen im Sicherheitsrat.[586]

583 Vgl. Varvaroussis, S. 196 ff
584 Ker-Lindsey, James, Britain and the Cyprus Crisis, 1963-64, Möhnesee, 2004, S. 126f
585 Ebenda, S. 127
586 Vgl. Richter, S. 52

„In den folgenden Jahren hielt Moskau an diesem Kurs fest. Einerseits propagierte es die Unabhängigkeit Zyperns und forderte immer wieder die Einberufung einer internationalen Konferenz. Andererseits pflegte es seine bilateralen Beziehungen zur Türkei und versuchte, ähnliche mit Griechenland aufzubauen.“[587]

Zusammenfassend lässt sich sagen, dass sich die Sowjetunion neutral verhielt, sich weder auf die türkische noch auf die griechische Seite schlug, sondern vielmehr eindeutig für die Unabhängigkeit Zyperns eintrat.

Ein Blick ins Jahr 2012: Auch nach dem Zusammenbruch des sogenannten Realsozialismus in der Sowjetunion Dezember 1991 ist Russland strategisch noch immer aktiv und interessant mit seinem liberalkapitalistischem Weg: So fragte z.B. Zypern im Juli um Kredite (1,8 Milliarden Euro) an, nachdem im Vorjahr schon Kredite im Ausmaß von 2,5 Milliarden Euro gewährt wurden. Russland setzt im Gegenzug auf die guten wirtschaftlichen Bedingungen auf Zypern, wo für russische Anleger und Geschäftsleute sehr gute steuerliche Bedingungen vorhanden sind.[588] Jüngste Wendung darin: im Zuge der Euro-Krise wird ein Schuldenschnitt diskutiert, dabei soll Russland 5 Milliarden € an den IWF überweisen.[589]

Cem Özdemir, Bundesvorsitzender der Grünen in Deutschland und türkischer Abstammung, interpretiert die Bereitschaft zur Vergabe von Darlehen als Machtpolitik, um dadurch größeren politischen Einfluss auf EU und Nato zu erlangen. Außerdem geht es in der derzeitigen Syrienkrise auch um Russlands einzigen Militärstützpunkt am Mittelmehr. Diesen zu erhalten ist wichtig.[590]

Was die militärischen Aspekte der Beziehungen beider Länder betrifft, so betont Zyperns Verteidigungsminister Sokratis Hasikos in einer russischen Militärzeitung kürzlich, dass seit langem neben guten wirt-

---

[587] Richter, S. 53

[588] Vgl. http://www.handelsblatt.com/politik/international/neue-hilsfkredite-zypern-sucht-erneut-hilfe-bei-russland/6783798.html, 17.08.2012

[589] Vgl. Süddeutsche Zeitung, 20. Dezember 2012, IWF will Zypern Schulden erlassen, S. 4

[590] Vgl. Cem Özdemir, FAZ vom 01.08.2012, Folgen eines Euro-Austritts Griechenlands bedenken, S. 8

schaftlichen, kulturellen und politischen Beziehungen, auch enge militärische Zusammenarbeit existiert, was dadurch offenkundig wird, weil Russland Zyperns größter Waffenlieferant sei und somit die Insel auch in ihrer Verteidigung unterstütze. Dabei bemerkt der Minister, zeige sich sowohl von der Sowjetunion als auch von Russland die aktive Unterstützung der Zyprioten zur Sicherung der Menschenrechte und Wahrung der Gerechtigkeit.[591] „Zypern betrachte Russland nach Griechenland als seinen Hauptverbündeten auf der Suche nach einer gerechten Lösung für den Zypern-Konflikt im Rahmen der Resolutionen des Weltsicherheitsrates."[592]

591 Vgl. http://www.prnewswire.co.uk/news-releases/zyperns-verteidigungsminister-erwartet-ausweitung-der-militarischen-zusammenarbeit-mit-russland-153953355.html, 17.08.2012

592 Ebenda

6.21 Die neue Rolle Chinas als Weltmacht(finanzierer)

Die Rolle Chinas war bis dato noch nicht diskutiert. Angesichts der Weltwirtschaftskrise von 2009 kann spekuliert werden, wie lange die USA ihre Hegemonialpolitik noch finanzieren wird können. China, das unter Deng Xiaoping, die Wende von der Kulturrevolution zum Staatskapitalismus vollzog, ist derzeit ein gefragter Kreditgeber. Unter Barack Obama musste die USA den Kniefall tun und China um Kredite bitten – nun will es seine Investitionen nicht verlieren[593] und muss neben der eigenen auch noch die amerikanische Wirtschaft fördern. Welchen politischen Anspruch China daraus ableitet, ist derzeit noch unklar.

Helmut Schmidt nennt China „einen Eroberer ohne militärische Gewalt"; das chinesische Kapital sei ihm lieber als amerikanische Hedgefonds. Auch er sieht das Schwinden autarker Volkswirtschaften hin zum globalen Wettbewerb. Seine Hoffnung bleibt ein erstarkter Sozialstaat, den er China wünscht.[594]

Dennoch zeigt sich Chinas Stärke als „friedliches" Imperium ohne militärische Gewalt mit steigendem Ausmaß der Verteidigungsausgaben, die seit 1989 stark anstiegen. Gemessen an den gesamten Staatsausgaben scheinen die Ausgaben aber maßvoll. Im Jahr 2004 erreichten sie den Umfang von 2,3% des BIP.[595]

- Die EU verbindet hauptsächliche wirtschaftliche Interessen, wobei vorrangige Anliegen der Politik mit China folgende sind:
- weiter China bilateral und global in verbesserte politische Gespräche einzubinden,

---

593 Vgl. Fox, John, Godement, Francois; Ein Power-Audit der EU-China Beziehungen S. 9, im Internet unter: www.ecfr.**eu**/page/-/CPA-ES-GERMAN.pdf 18.08.2012

594 Vgl. Interview Von Helmut Schmidt, in Der Tagesspeigel, aus der Serie: Helmut Schmidt erklärt die Welt. http://www.tagesspiegel.de/politik/helmut-schmidt-erklaert-die-welt-china-ist-ein-eroberer-ohne-gewalt/6139232.html vom 02.02.12

595 Vgl. Filzmaier, Peter; Gewessler, Leonore; Höll, Otmar; Mangott, Gerhard: Internationale Politik, Wien, 2006, S. 231

- China zu unterstützen beim Übergang zu einer offenen Gesellschaft, die dem Rechtsstaat Folge leistet und unter Beachtung der Menschenrechte.

Die Eingliederung in die Weltwirtschaft zu fördern und die Prozesse der wirtschaftlichen und sozialen Reformen zu unterstützen[596]

Chinas Anerkennung als Weltmacht ist dennoch zögerlich – vergleiche dazu Fox und Godement's Darstellungen über fehlende Strategien der EU gegenüber China auch aufgrund mangelnder Anerkennung in seiner neuen Rolle.[597] Sie stellen auch einen Bezug zu Zypern her: sie gruppieren es in die von ihnen definierte Gruppe von „nachgebenden Merkantilisten" ein und meinen damit Staaten, die sich durch gute politische Beziehungen mit China einen wirtschaftlichen Nutzen versprechen.[598]

Dass China Ansprüche einer Weltmacht zeigt, wird im schwelenden Konflikt über die Inselgruppe Senkaku deutlich. Proteste gegen den japanischen Besitz, äußern sich neben Ausschreitungen gegen japanische Bürger im Boykott, japanische Autos zu kaufen. Im September 2012 gab es einen Einbruch von 20 bis 30% bei den Herstellern Toyota, Honda und Co.[599]

Diesen Besitzanspruch Chinas nimmt auch die USA wahr, die ihrerseits mit einer kriegerischen Geste reagierte. Sie schickte einen atomar betriebenen Flugzeugträger ins Südchinesische Meer.[600]

---

596 Vgl. Ebenda, S. 235ff.

597 Vgl. Fox, John, Godement, Francois; S. 2-4

598 Vgl. Ebenda, S. 3

599 Vgl. Wiener Zeitung, 13./14.10.2012, S. 7

600 Vgl. http://www.spiegel.de/politik/ausland/usa-schicken-flugzeugtraeger-ins-suedchinesische-meer-a-862408.html, 03.11.2012

6.22 Politische Entwicklung Zyperns nach der türkischen Invasion

Da mein Hauptinteresse der Bruch des ethnischen Dialoges auf Zypern ist, der aus meiner Sicht mit der Invasion vollzogen ist, folgt nun ein kurzer Abriss des weiteren politischen Geschehens auf Zypern mit Hauptaugenmerk auf die Wiederannäherung der Volksgruppen.

Die Ausrufung der Türkischen Republik Nord Zypern (TRNZ) – am 15. November 1983 – änderte wenig an den herrschenden Verhältnissen. Die Verhandlungen wurden immer wieder unter verschiedenen Rahmenbedingungen fortgesetzt und erneut abgebrochen. Zu nennen wäre die Zyperninitiativen des UNO- Generalsekretärs Perez de Cuellar ab 1984 und die Gespräche, die im Rahmen zweier Balkankonferenzen im gleichen Jahr stattfanden. Auch traten die USA immer wieder als Vermittler auf.

Perez de Cuellar entwickelte einen Fünf- Punkte- Plan, der folgendes vorsah:

„1. Keine weitere Internationalisierung des Zypernproblems
2. Keine Anschlusshandlungen (no follow-up) an die Erklärung der Türkischzyprioten vom 15. November 1983
3. Wechselseitige Zusage beider Seiten an den Generalsekretär, die Streitkräfte auf der Insel weder quantitativ noch qualitativ zu vermehren
4. Die türkischzypriotischen Behörden übergeben das Varoscha Gebiet der UNO-Verwaltung, die es nicht vor einer endgültigen Zypernregelung den Griechischzyprioten zurückgibt
5. Annahme einer Einladung des Generalsekretärs zu einem Treffen auf hoher Ebene und zur Wiederaufnahme des Dialogs zwischen den Volksgruppen.“[601]

Die Umsetzung dieses Planes erfolgte nur zum Teil: Die Sicherheit des Zugangs zwischen einer von der UNO kontrollierten Pufferzone und der Stadt Varoscha (griechische Zyprioten waren aus der Stadt geflüchtet und sollten dort wiederangesiedelt werden), sowie die Verkehrsrechte am Flughafen von Nikosia bildeten immer wieder Streitpunkte.

---

[601] Savvidou, S. 167

Seit dem Jahr 1984 besteht ein UN-Plan, der die militärische Präsenz der Türkei auf Nordzypern als notwendig anerkennt. Dieser Plan wurde vom Parlament Südzyperns akzeptiert, nicht aber von Präsident Kyprianou.[602]

Das Treffen auf hoher Ebene fand erst im Januar 1985 in New York statt. Die dreitägige Verhandlung ging mit einem Misserfolg zu Ende.

Die strategische Bedeutung der Insel trat angesichts des Krieges zwischen Irak und Iran und der Spannungen im Libanon wieder mehr in den Vordergrund der internationalen Politik.

Um eine erneute Eskalation zu verhindern, wurden 1985 direkte Gespräche zwischen Kyprianou und Denktas eingeleitet, deren Thema ein beidseitiger Truppenabzug war. Kyprianou stand unter gewaltigem Druck, weil ihm die Schuld für das Scheitern des Gipfeltreffens in New York 1985 gegeben wurde.[603] Deshalb nahm er alle Vorschläge an. Die Konfliktparteien konnten sich bezüglich einer Entmilitarisierung der Insel aber dennoch nicht einigen, weil Denktas eine solche Entmilitarisierung von einem Abkommen abgängig machte, das eine internationale Streitmacht die Sicherung der Entmilitarisierung übernehmen sollte:

„Während Kyprianou Ende 1985 erneut die Entmilitarisierung der Insel und im Falle eines Abkommens eine internationale Streitmacht zur Überwachung der Vereinbarungen forderte, beharrte Denktas auf seiner Position, dass die türkischen Truppen erst nach einem solchen Abkommen von der Insel abgezogen werden könnten."[604]

Das Abkommen kam jedoch nicht zustande und auch eine erneute Initiative von Perez de Cuellar 1986 brachte keine Veränderungen. Der sowjetische Vorschlag einer internationalen Zypernkonferenz unter der Schirmherrschaft der UNO wurde von der Türkei und der türkisch-zypriotischen Seite abgelehnt: Das Ergebnis der Verhandlungen sollte ein vereintes und entmilitarisiertes Zypern sein.

---

[602] Vgl. Stephen, Michael: Die Zypernfrage. Aus den Englischen von Schultheis, Werner C. Köln, 1999, S. 50

[603] Vgl. Savvidou, S. 172ff

[604] Choisi, S. 372

Im Februar 1988 wurde Georgios Vassilliou zum neuen Präsidenten der Republik Zypern gewählt. Vassilliou genoss in der Bevölkerung ein weitaus größeres Vertrauen als sein Vorgänger. Das lag unter anderem daran, dass er kein Berufspolitiker war. Er leitete eine neue Verhandlungsrunde ein, an der Perez de Cuellar und Denktas teilnehmen sollten. Bei den Vorbereitungen wurde Denktas einbezogen.

Unter der Vermittlung De Cuellars traf er sich mit Denktas in New York. Es folgten mehrere Verhandlungsrunden, die kein Ergebnis brachten. Jeanette Choisi vermutet, das Scheitern sei auf Rauf Denktas' starre Haltung zurückzuführen.[605] Auch Pavlos Tzermias ist dieser Ansicht:

„Die Flexibilität Vassillious wurde von Denktas nicht mit entsprechender Elastizität honoriert."[606]

„26mal saßen sich beide Staatsmänner an einem Tisch gegenüber, um 26mal einer möglichen Lösung keinen Schritt näher zu kommen."[607]

Wollte Denktas auch der Öffentlichkeit begreiflich machen, dass der Zwist ein Problem zwischen der türkischen Minderheit und der griechischen Mehrheit sei, so sieht ein Kommentator der Frankfurter Allgemeinen Zeitung dies am 23.03.1984 so, „...dass die endlose Tragödie Zyperns vornehmlich auf die Einwirkung zahlreicher externer Faktoren und Interessen zurückzuführen ist. Die Türkei nutzt dabei legitime westliche Sicherheitsinteressen aus, um ihren Herrschaftsbereich auszudehnen und einen beträchtlichen Teil der Insel zu annektieren."[608]

Während sich am Verhandlungstisch wenig Bewegung zeigte, kam es auf Zypern während der Neunziger Jahre mehrmals zu blutigen Ausschreitungen wegen Unzufriedenheiten bezüglich der griechisch-zypriotischen Eigentumsansprüche. Solche Anlässe dienten der rechtsextremen türkischen Organisation der „Grauen Wölfe" als Vor-

---

605 Vgl. Choisi, S. 375

606 Tzermias, S. 631

607 Choisi, S. 375

608 Papalekas, Johannes Chr. Frankfurt, 1987, *Die Zypernfrage. Problematik und Perspektiven eines Dauerkonflikts* (Europäische Hochschulschriften, Reihe XXI, Bd. 112), S. 105

wand, um unmittelbar mit Waffengewalt den Konflikt weiter zu eskalieren,[609] worüber auch Amnesty International 1997 berichtete.

Beispielsweise wurde bei einer Motorraddemonstration Tassos Isaak von den Grauen Wölfen zu Tode geprügelt, anlässlich des Begräbnisses von Isaak erschossen türkische Soldaten Solomos Solomou, der die türkische Fahne von einem Fahnenmast herunterreißen wollte, und Petros Kakoulis wurde erschossen, obwohl er die Arme in die Höhe hob.

Am 24. August 1996 verurteilte die Europäische Union die menschenunwürdigen Gewalttaten und die Vereinten Nationen wurden dazu angehalten, eine politische Lösung zu forcieren.[610]

Die Spannungen zwischen Süd- und Nordzypern verschärften sich durch die beschriebenen Aggressionen. Die Gespräche, die einen Hoffnungsschimmer erahnen ließen, schienen nun umsonst. Nicht nur Konflikte zwischen türkischer und griechischer Seite konnten nicht bereinigt werden, auch innerhalb der griechisch-zypriotischen Politik kam es zu Unstimmigkeiten. 1990 wurde der Stillstand der Verhandlungen durch das europäische Parlament bestätigt, wobei die EU Vassilliou in einer Resolution unterstützte.

Ausländische und zypriotische Fernsehsender dokumentierten die damaligen Grausamkeiten der türkischen Extremisten.

Um seine Politik zu rechtfertigen argumentierte Denktas:
„1.... die zwei Gemeinschaften auf der Insel nicht zusammen leben können,
2. daß die Stationierung der türkischen Streitkräfte notwendig für die Sicherheit der türkischzypriotischen Gemeinschaft sei, und
3. daß dadurch, daß die zwei Gemeinschaften nicht zusammenleben können, die einzige Lösung die offizielle Teilung der Insel wäre.“[611]

Die Republik Zypern stellte 1990 den Antrag auf Vollmitgliedschaft in der EU. US-Präsident Bush schlug eine Zypernkonferenz unter dem

609 Vgl. Klute, Andreas, Zyperns Europäische Option, Diss., Münster, 2000, S. 14
610 Vgl. Ebenda
611 Savvidou, S. 203

Vorsitz der UN vor, an der auch Griechenland und die Türkei teilnehmen sollten. Die griechisch- zypriotische Regierung bewertete diesen Vorschlag grundsätzlich positiv.

Es kam nur zu einer Konferenz, der zweite Termin kam nicht zu Stande, weil Mesut Yilmaz, damals Premierminister der Türkei, öffentlich verkündete, dass er alle Zugeständnisse der Türkei gegenüber der UN revidiere und dass er keine internationalen Treffen mehr wünsche.[612]

Nach den Wahlen von 1993 wurde Vassilliou von Klerides abgelöst. Auch in Nordzypern fanden Wahlen statt, weil die konservative Koalition zerbrach. Da die UBP gegen eine Föderation auf Zypern auftrat, spaltete Denktas die Partei und gründete die DP. Die neue Regierung war eine Koalition zwischen DP und CTP, wobei die beiden Parteien in einem sehr gespannten Verhältnis zu einander standen.

Der europäische Gerichtshof verhängte 1994 Sanktionen über Nordzypern: Demnach durften die Mitgliedstaaten der EU kein Obst und Gemüse aus Nordzypern importieren. Diese Maßnahme bewirkte eine noch stärkere Anbindung Nordzyperns an die Türkei. Gleichzeitig wurde in einer UNO- Resolution gefordert, dass die Türkei ihre Truppen abziehen und Zypern wieder vereinigt werden solle. Die türkische Seite lehnte diese Forderungen ab.

1994 stellte Kanada keine UN-Soldaten mehr für Zypern zur Verfügung, obwohl die Anwesenheit der UN-Truppen nach wie vor notwendig war, um Waffenruhe zu garantieren.

1995 gab es eine Zusage von Beitrittsverhandlungen zwischen Zypern und der EU. In Nordzypern kam es zu einer Koalitionskrise. Es fanden Präsidentschaftswahlen statt, die Denktas im zweiten Wahldurchgang gewann.

Klerides, der bisher eine Entmilitarisierung angestrebt hatte, wechselte seinen politischen Kurs,[613] setzte auf stärkere Bewaffnung und schloss

---

612 Vgl. Savvidou, S. 180ff

613 Anmerkung: Die Frage drängt sich auf, ob der Kurswechsel von Klerides auf ein Gefühl der Stärke durch die EU-Annäherung zurückgeht oder er zumindest die Verlockung sah, mit ‚der EU im Rücken‘ die interkommunalen Verhandlungen zu vernachlässigen.

eine Rückeroberung des Nordens nicht aus. Die Beziehungen zu den USA verschlechterten sich, als der Botschafter der USA an einer Militärparade und einem Empfang in Nordzypern teilnahm.

1996 schlägt US-Vize-Außenminister Holbrooke, dem es zuvor geglückt war, den Bosnienkonflikt zu lösen, auch eine Lösung für den Zypernkonflikt vor: Es sollte der Zustand des Jahres 1974 wiederhergestellt werden. Die griechisch-zypriotische Seite lehnte den Plan ab, der somit fehlgeschlagen war.

1997 kam es zu einer neuen Krise, bei der es fast zu kriegerischen Auseinandersetzungen kam. Klerides bewilligte russische Raketen, die von Russland aufgestellt werden sollten. Nordzypern drohte damit, diese Raketen sofort zu zerstören. Die USA waren beunruhigt, weil Russland durch die Errichtung der Raketensysteme Zugang zur Radarüberwachung über westliche Militärflugzeuge erhalten könnte.[614] Die türkische Außenministerin Ciller empfand die russischen Raketen auf Zypern als Provokation. Ein Krieg zwischen Griechenland und der Türkei konnte nicht ausgeschlossen werden. Es ist jedoch nicht erwiesen, dass Griechenland und Zypern einen Angriff auf die Türkei planen wollten. Die USA vermittelten und Klerides verschob der Aufstellung der Raketen.[615]

Es scheint so, als ob die nationalistische, proamerikanische türkische Regierung und ihre Außenministerin einen Vorwand für militärisches Eingreifen gesucht hätten.

Noch immer gibt es Ausschreitungen zwischen griechischen und türkischen Zyprioten in der UN-Pufferzone. 1988 gab es gewalttätige Demonstrationen, 1989 eine Demonstration von Frauen, die aber ohne Zwischenfälle verlief. Ende 1989 drangen Studenten in die Pufferzone ein und attackierten die UN- Soldaten mit Steinen und Molotowcock-

---

Eine weitere Anmerkung: Auch ein Stimmungsbild dieser Zeit gibt der Umgang mit den Exhumierungen aus den Massengräbern: Cassia berichtet von den Schwierigkeiten von Klerides und Denktas, welche Ansprüche sich daraus ergeben könnten und welches Licht es auf die türkischen Militärs werfen könnte – weswegen dieses Thema schließlich zuerst bi-, dann unilateral verhandelt wurde. S. Cassia S. 194

614 Vgl. Piller, S. 90ff

615 Vgl. Savvidou, S. 203

tails. Auch in den folgenden Jahren kam es immer wieder zu brutalen Zwischenfällen. 1996 gab es eine Motoraddemonstration in der Pufferzone bei der es zu Todesfällen kam. Ein Demonstrant wurde beim Versuch, die türkische Fahne zu entfernen, erschossen und es folgten weitere Unruhen.[616]

Die Vorfälle zeigen, dass von griechisch-zypriotischer Seite eine Radikalisierung stattfand, die zu bewussten Provokationen der türkischen Zyprioten führten. Auch die Politiker Klerides und Denktas fanden in dieser Phase keine Gesprächsbasis (1996).

Die Vereinten Nationen befassten sich laufend mit dem Zypernkonflikt, entsandten auch konstant UNO-Soldaten um die Sicherheit auf der Insel zu gewährleisten und analysierten die Flüchtlingsbewegungen. Trotz der Feststellung, dass die Türkei nach der Invasion 1974 systematische Bevölkerungsumsiedelungen durchführte, erfolgten keine UN-Sanktionen gegen die Türkei. Es gab Migrationen in zwei Richtungen: „Zahlreiche türkische Zyprioten verließen das Gebiet wegen immenser wirtschaftlicher Schwierigkeiten; als Ersatz köderte man Anatolier mit der vagen Aussicht auf Land und Arbeit und lotste sie auf die Insel.“[617]

„Im Fall Zyperns wurde die UNO an erster Stelle als Organisation und als Institution nicht nur für unangemessene Behandlung, Erarbeitung und Anschauung des Problems kritisiert, sondern auch für die Verewigung der Krise und den Status Quo verantwortlich gemacht.“[618]

Es gibt auch Stimmen, die die UNO nicht als unparteiisch sehen und sie sogar der Prolongierung der Krise beschuldigen.[619],[620] Dülffer, ein Völkerrechtler, bezeichnet den UN-Sicherheitsrat gar als „politisches Instrument der Konfrontation.“[621]

---

616 Vgl. Stephen, S. 51ff
617 Sherman, S. 135
618 Savvidou, S. 205
619 Vgl. Ebenda, S. 205
620 Vergleiche Ziegler, S. 71: Von 1993-2003 kam es zu 43 Kriegen sogenannter niedriger Intensität (also weniger als 10000 Tote). Keinen dieser Kriege verhinderte die UNO.
621 Dülffer, Jost: in: Lappenküper, Ulrich, Marcowitz, Reiner (Hrsg.): Macht und Recht, Völkerrecht in den internationalen Beziehungen, Paderborn, 2010, S. 259

Es kann beobachtet werden, dass die Republik Zypern in der UNO meist mehr Gehör fand als der zypriotische Teil. Die graecophile Lobbyarbeit kann auf einige Erfolge zurückblicken, aber auch die türkische Seite versucht um Sympathie zu werben.[622]

Anmerkung: er untermauert diese Aussage mit Beispielen, die gleich nach Gründung der UNO passierten, wie den Irankonflikt 1946 und den Koreakrieg 1950.

622 Anm.: Als Beispiel sei genannt: Der englische Autor Michael Stephen vertritt eine sehr türkischfreundliche Haltung. Sein „wissenschaftliches-historisches“ Buch „Die Zypernfrage“, das ohne Quellenzitate auskommt, wurde in der deutschen Übersetzung in einem türkischen Verlag herausgegeben. Ursprünglich wurde diese „hochwissenschaftliche“ Arbeit von der britischen Nordzypern-Parlamentariergruppe, (von Mitgliedern beider Häuser des Parlaments des Vereinigten Königreichs), herausgegeben.
Stephen behauptet, die türkischen Truppen konnten nicht aus Nordzypern abgezogen werden, weil die UN-Truppen nicht in der Lage oder Willens waren, die türkisch-zypriotischen Familien vor griechisch-zypriotischen Angriffen zu schützen. Er kritisiert, dass die UNO es nicht einmal schafften, eine Gruppe von demonstrierenden Frauen aus der Pufferzone zu drängen. Tatsächlich haben am 19. März 1989 etwa 2000 Frauen die Grenzlinie der Pufferzone zu durchbrechen, worauf es zu einer Gegendemonstration türkisch-zypriotischer Frauen kam. Nach Stephens Darstellung waren es unbewaffnete türkische Soldaten, die einen blutigen Konflikt verhinderten, während die UNO nicht eingeschritten sei, und es westlichen Frauen erlaubte, die griechisch-zypriotischen Demonstrantinnen zu unterstützen:
„Zu ihrer Schande wurde es einigen gutmeinenden westlichen Frauen erlaubt, sich dieser Handlung anzuschließen.“
Stephen schiebt die alleinige Schuld an dem nicht enden wollenden Zypernkonflikt der griechisch-zypriotischen Seite zu. Weil radikale Rekruten der Nationalgarde den Eid leisteten: „Wir wollen türkisches Blut trinken. Tot den Türken!“, schreibt Stephen:
„Wie kann irgendein internationaler Beobachter erwarten, die türkischen Zyprer könnten mit Menschen mit einer solch kranken Mentalität in Frieden leben?“
Abgesehen von der Wortwahl, die sehr diskriminierend ist, schafft Stephen mit seiner Publikation ein falsches Bild in der Weltöffentlichkeit, weil er die ebenso radikal agierenden Türkischzyprioten außer Acht lässt. Dass es auf beiden Seiten radikale politische Strömungen gab und gibt, die ein Ende des Konflikts erschweren, stelle ich in meiner Arbeit ausführlich dar.
Weiter behauptet Stephen, dass die türkischen Truppen nie beabsichtigt gehabt hätten, ganz Zypern zu besetzen.
„Wenn die Türkei hätte die ganze Insel besetzen wollen, hätte sie es 1974 tun können und hätte nie die türkischen Zyprer ermutigt, den darauf folgenden UN-Plan, welcher die Besetzung des restlichen zyprischen Gebiets ausschloß, zu akzeptieren.“
Stephen rechtfertigt die Invasion und ignoriert, dass ein erheblicher Teil der Insel besetzt ist, und stellt sich mit seiner Argumentation auf die Seite türkischer Generäle, anstatt mit Augenmaß einen friedlichen Ausweg aus der Krise zu suchen. Er

1998 kam es zu ersten Beitrittsverhandlungen mit der EU. Denktas wurde von Klerides immer wieder dazu eingeladen, daran teilzunehmen, dieser lehnte jedoch wiederholt ab. Bei einer Pressekonferenz in der Türkei legte er folgendes Bekenntnis der Öffentlichkeit dar: „Wir werden niemals akzeptieren, dass unsere Märtyrer umsonst gestorben sind. Wir engagieren uns durch diese Ereignisse, weil wir 50 Jahre hinter uns haben. Es ist so, dass Zypern für die Türkei tatsächlich eine heilige, tatsächlich eine nationale Idee ist und wir fest daran geglaubt haben.... Ich werde keine Kolonie, keine Minderheit des Rum[623] sein... Zypern ist wie Fleisch und Nagel an die Türkei gebunden.... Nur es geht in dieser Welt darum, was die US und England sagen, wenn sie Nein sagen, bitten sie ihnen freundlich die Demokratie an. Sie können ihnen alles aufoktroyieren, was sie sich wünschen-sie bestimmen die Führer, sie stürzen die Führer. Wir sollen nicht vergessen, dass wir in dieser Welt leben."[624]

Durch diese Ausführungen zeigt sich der Hang von Denktas zu einer äußerst pro-türkischen, auch pantürkischen Gesinnung. Einerseits zeigt er dadurch die Befürchtungen vor Großmächten, andererseits steht er klar in Loyalität zur Türkei und grenzt sich klar von den griechisch-Zyprioten ab. Diese Haltung erschwerte die Lösung des Zypernkonflikts.

Auch der UNO-Präsident Kofi Annan versuchte eine Lösung des Zypernkonflikts herbeizuführen. Er entwarf den sogenannten Annan-Plan, der durch die starre Haltung der politischen Eliten zu keiner Realisierung führte. Er scheiterte am 24. April 2004 nämlich wegen der kontroversen Auffassung in mehreren Fragen, wie zum Beispiel der Abzug des türkischen Militärs aus der „Türkischen Republik Nordzypern" sowie der 40-jährige Streitpunkt des griechischen Eigentums in Nordzypern. Der griechisch-türkische Bevölkerungstausch von 1923 hätte auch ein Modell sein können.[625]

---

berücksichtigt nicht, dass auf beiden Seiten in Folge der türkischen Intervention 1974 noch nicht verheilte Wunden entstanden sind, auf die man sensibel reagieren muss. Im Gegenteil trägt er mit seiner so genannten wissenschaftlichen Publikation zu einer weiteren Entfremdung der Volksgruppen bei.

623 Vgl. Fußnote 290

624 Übersetzung des Autors vom Türkischen ins Deutsche aus Ileri, 3 aylik atatürkcü fikir dergisi, Istanbul 21 Nisan, Mayis, Haziran, Yil 3, sayi 21, 2004 Zeitschrift: Vorwärts, Istanbul, S. 144, 148 f.

625 Vgl. http://www.hri.org/docs/annan/Annan_Plan_Text.html 23.12.2012

Etliche Mitgliedstaaten der EU forderten eine klare Lösung des Zypernproblems, bevor sie einer Aufnahme zustimmen würden. Nordzypern wurde von der EU nicht als Staat anerkannt, weshalb eine neue Regelung gefunden werden musste, was bisher nicht geschehen ist. Die Verhandlungen gingen weiter und es entstand der Eindruck, ihr Hauptziel war, Zeit zu gewinnen.[626]

Für den Fall eines einseitigen Beitritts drohte die Türkei damit, Nordzypern zu annektieren. Geistiger Vater dieses vermeintlich guten Schachzuges für sein eigenes Land auf dem Weg zum EU-Beitritt war der damalige Ministerpräsident Ecevit, welcher auch zur Zeit der Invasion dieses Amt innehatte.[627]
Eine Kompromisslösung hätte die Aufnahme Südzyperns in die EU und gleichzeitig die Anerkennung Nordzyperns als souveräner Staat sein können.[628] 2004 wurde dennoch Südzypern ein neues Mitglied der EU.[629]

Wie die Entwicklung gezeigt hat, war die Lösung des Zypernkonflikts keine Notwendigkeit für die EU-Aufnahme der Republik Südzypern. Die EU-Mitgliedschaft hat auch keine Anerkennung der TRNZ durch weitere Staaten bewirkt.
Die Tatsache, dass Griechisch-Zypern ab dem 1. Juli 2012 die EU-Ratspräsidentschaft antrifft, fachte erneut den Konfliktherd an. „EU-Minister Egemen Bağış will jetzt sogar Nordzypern wieder an die Türkei angliedern, sollte es nicht zu einer Lösung im Zypern-Konflikt

626 Vgl. Klute, S. 34

627 Vergleiche dazu die Anfrage an das Europaparlament von Christos Zacharakis vom 07.11.2001, bezüglich der Drohung Ecevits, die Türkei werde das besetzte Nordzypern annektieren, sollte Zypern der EU beitreten. Zacharakis reagierte darauf mit einer Anfrage an das Europaparlament, ob diese eine derartige Gesinnung der Türkei für förderlich halte auf dem bereits eingeschlagenen und angestrebten Weg in die EU. Er forderte auch Signale der EU an die türkische Regierung um klarzustellen, das diese Strategie den EU-Beitritt der Türkei stoppen könne was negative finanzielle Auswirkungen für die Türkei hätte. Vgl.http://www.europarl.europa.eu/sides/getDoc.do?type=QT&reference=H-2001-0884&language=DE vom 23.12.2012 Zur Person Zacharakis: dieser war Europaparlamentarier von 1999-2004 http://ro.wikipedia.org/wiki/Christos_Zacharakis

628 Vgl. Piller, S. 99

629 Vgl. http://europa.eu/about-eu/countries/member-countries/cyprus/index_de.htm

kommen."[630] Dies ist wieder ein Zeichen dafür, dass nach wie vor regionale Machtinteressen im Vordergrund stehen.

[630] http://www.deutsch-tuerkische-nachrichten.de/2012/03/432870/egemen-bagis-angliederung-von-nordzypern-an-die-tuerkei-ist-moeglich/

6.23 Etablierung des (Neo-) Liberalismus in der Türkei als Folge der Entwicklung des Militärputsches und die Auswirkungen auf Zypern

Zuerst zur zivilgesellschaftlichen Auswirkung des Militärputsches von 1980:
„Die demokratischen Errungenschaften wurden durch den Putsch abgeschafft und demokratische Organisationen, Bauerngenossen–schaften und Gewerkschaften wurden verboten. Der Putsch vom 12. September 1980 war der massivste Eingriff des türkischen Militärs seit Gründung der Republik 1924. Er hat die demokratische Entwicklung des Landes um mindestens ein Jahrzehnt zurück–geworfen. Die Putschisten ließen 50 Menschen hinrichten, in den Gefängnissen starben über 400 Gefangene an Folter und Misshandlung.“[631]
„Nach dem Putsch ging die Gewalt vom Militär aus: Die Generäle ließen Hunderttausende Menschen verhaften. Mehr als 500 Todesurteile wurden gesprochen, 49 vollstreckt. Weit mehr als 100 Menschen wurden zu Tode gefoltert. Zahlreiche Lehrer und Professoren erhielten Berufsverbote. Die Verfassung der Putschgeneräle schränkte zahlreiche Bürgerrechte ein und ist in Teilen auch heute noch in Kraft.[632]

Zu den politisch-menschenrechtlichen Umständen dieser Umstrukturierung: Viele Menschen wurden verhaftet, gefoltert und zum Tode verurteilt, weil Gefahr für die pro-amerikanische, konservative Regierung bestand:
„Der Militärputsch stand in voller Übereinstimmung mit den Interessen der NATO. Er fand statt, nachdem gerade am 11. September ein NATO-Manöver mit 3.000 Soldaten in der Türkei begonnen hatte. Das westliche Militärbündnis diente den Generälen als Deckmantel. Als sofort nach der Machtergreifung Juntaführer Kenan Evren betonte, die Türkei sei weiterhin loyales Vollmitglied der NATO mit allen dazugehörigen Rechten und Pflichten, hielt es das Bündnis nicht einmal für angebracht, die Übung abzubrechen. „Die werden dort schon kei-

---

631 www.taz.de › *Politik* › *Europa*, Türkische Putschistenführer vor Gericht, Ein historisches Prozess, 11.01.2012

632 www.tagesschau.de/ausland/putsch100.html, *Prozess gegen Putschgeneräle vor 1980*

nen aufhängen", zitierte damals der *Spiegel* (38/1980) ranghohe Offiziere im NATO- Hauptquartier in Brüssel.[633]
Aus der folgenden in einem Telefonat geäußerten Erklärung des CIA-Agenten Paul Henze am Tag nach dem Putsch geht die Intention, die die USA im Süden und Osten verfolgten, deutlich hervor: „Unsere Jungs haben es geschafft."[634]

Wie Tuncer ausführlich beleuchtet, etablierte sich der Neoliberalismus in der Türkei ab 1980 aufgrund des verstärkten Interesses der USA, die Kredite und Waffenlieferungen gewährte, da sie die Türkei als strategisch erachtete im Kampf gegen die sowjetische Ausbreitung, akut geworden durch die Invasion in Afghanistan und die Islamische Revolution im Iran, die beide im Jahr 1979 erfolgten. Ebenso erhellt er diesen Schritt mit nennenswerten Details über die Bedeutung der Außenöffnung der bis dato abgeschotteten türkischen Wirtschaft und dem Ende der Importsubstituierung anhand des „Handwerkers" dieser Änderung, dem Technokraten Turgut Özal, der in weiterer Folge der erste Präsident mit nicht-militärischem Hintergrund seit dem Putsch 1960 wurde.[635]

Mallinson bemerkt dazu, dass die Rolle des Militärs bis zum heutigen Tag herausragend sei, nur hätte sich die Friedenspolitik innerhalb des Mutterlands und global nicht auf Zypern ausgedehnt. "Second, his policy of peace at home and peace in the world hardly prevailed in the case of the invasion of Cyprus."[636]

---

633 www.wsws.org/de/2000/sep2000/puts-s12.shtml *20 Jahre seit dem Militärputsch in der Türkei*

634 Vgl. Effenberger, Wolfgang: Das amerikanische Jahrhundert-Teil 1, München, 2011 http://books.google.at/books?id=u4pz3tJSOnMC&pg=PA160&lpg=PA160&dq=Paul+Henze-T%C3%BCrkei-12.+September+1980&source=bl&ots=vV_pfKhZsW&sig=Ighx0sSMyxMK-yiyiA-qVgTr_xs&hl=de&sa=X&ei=sMaST432OMbrOafo_YwE&ved=0CHwQ6AEwBg#v=onepage&q=Paul%20Henze-T%C3%BCrkei-12.%20September%201980&f=false, S. 160

635 Vgl. Tuncer 139, 141

636 Mallinson, S. 177

Diese Haltung wird in einem Bulletin, das die türkische Armeeverwaltung unter dem Vorstand General Mahmut Boguslu 1981 herausgegeben hat, widergespiegelt:
„(....) Yunan eski Osmanlı vatandaşlarıdır (...) Yunanistanla bir federasyon kurmalıyız. (...) Kıbrıs dörde bölünüp Girne Türkiye'ye bağlanabilir,...Baf Yunanistan'a bırakılabilir,... İngiliz üsleri bir süre şimdiki konumunu sürdürür,... bunlar dışında kalantopraklarda da federe bir devlet kurulur.“[637]

Der Inhalt dieses Bulletins vom 10. März 1981 besagt, dass die Griechen Staatsbürger des ehemaligen osmanischen Reiches sind und mit ihnen eine Föderation gegründet werden soll. Zypern soll in vier Regionen geteilt werden. Die Stadt Baf soll an die Griechen abgetreten werden, die Stadt Girne an die Türkei. Die britische Militärbasis darf noch eine Weile stationiert bleiben und auf dem restlichen Gebiet soll ein föderativer zypriotischer Staat gegründet werden.

Zu den territorialen Ansprüchen der Türkei äußert sich auch Brzezinski: für ihn ist der Anspruch auf die alte osmanische Ausdehnung des Staatsgebietes aktuell, wenn auch aufgrund wirtschaftlicher und militärischer Gegebenheiten undurchführbar.[638]

Differenziert man die Vorgangsweisen unterschiedlicher Militärregime, so werden sie vom der Chefredakteur der Frankfurter Allgemeinen Zeitung am 25. Jänner 1982 folgendermaßen analysiert: „Die Türkei des Generals EVREN ist das einzige der angeführten Militärregime, das Besatzungstruppen in einem anderen Land, nämlich Zypern, unterhält und eine expansionistische Politik zu Lasten eines weiteren Landes, nämlich Griechenlands, verfolgt.“[639]

Nach dem Ende der Militärdiktatur in der Türkei kam auch durch den türkischen Ministerpräsidenten Turgut Özal Bewegung in die türkische Zypernpolitik. Dies konstatiert der hochrangige türkische Militäroffizier, Richter und renommierte Autor M. Emin Deger, der feststellt, dass 1947 die Abhängigkeit und der Einfluss der USA in der Türkei begann und dass der Tag des Militärputsches, am 12. Septem-

---

637 Bütün Dünya, S. 86, 1 Eylül, Ankara, 2012

638 Vgl. http://www.foreignpolicy.com/articles/2012/01/03/after_america, 23.12.1012

639 Papalekas, Johannes Chr. Frankfurt, 1987, S. 103

ber 1980, einen Wendepunkt darstellte. Seit damals besteht ein direkter Einfluss der USA, als mit Turgut Özal, einem USA-loyalen Politiker, die Architektur einer neo-liberalen Politik mit pro-amerikanischer Ausrichtung gestaltet wurde.[640]

Diese Meinung teilt auch Jürgen Roth, der schreibt: „Türkische Monopolisten und die europäischen Staaten, insbesondere die Bunderepublik, gehen davon aus, dass unter der neuen Militärjunta und ihren politischen Marionetten die Politik der ‚Liberalisierung' der türkischen Wirtschaft durchgeführt werden kann. Das geschieht mit der Förderung einer loyalen Staatsgewerkschaft, dem Verbot von Streiks.“[641]

Viele Merkmale eines neo-liberalen Wirtschaftsprogramms sind vorhanden: Alle staatlichen Unternehmen (der Branchen Energie, Verkehr und Telekommunikation) wurden privatisiert und vom Staat dereguliert. Die Reallöhne gingen um 40% zurück,[642] was durch die Entmachtung der Gewerkschaften während und nach der Militärregierung möglich war, und die Wettbewerbsfähigkeit der Exportfirmen wurde erhöht. Das Scheitern dieses Modells manifestierte sich u.a. durch die häufigen Finanzkrisen der 1990iger Jahre.[643] „In den beiden Jahrzehnten etablierte sich in der Türkei ein ‚wilder Neoliberalismus' ohne Herausbildung neuer Governance-Institutionen und Stabilität.“[644]

Die Basis für diesen Einfluss wurde jedoch schon lange zuvor etabliert. Der „Washington Consensus“ diktierte seit den 1950er Jahren die hegemoniale Politik der USA, des IWF und der Weltbank in den lateinamerikanischen Ländern. Die Auswirkungen sind so gravierend, dass laut Noam Chomsky selbst die internationale Wirtschaftspresse die Drahtzieher – das sind ursprünglich die US-amerikanische Regierung, globale Finanzeinrichtungen und schließlich die großen Konzer-

640 Vgl. Deger, M. Emin: Oltadaki Balik, Istanbul, 1993, S. 225, 286, 287

641 Roth,Jürgen/Taylan,Kamil: Die Türkei, Republik unter Wölfen, Bornheim, 1981. S. 27

642 Vgl. Atac Ilker: EU nach Konvent und Osterweiterung, Kurswechsel, Heft 1, Wien, 2004, S. 90

643 Vgl. Ebenda, S. 89

644 Ebenda, S. 90f.

ne – als Weltregierung sieht und von einer neuen Ära des Imperialismus spricht.[645]

Die beschriebenen Marktprinzipien wurden auch auf die Türkei angewandt. Ercan und Oguz beschreiben diesen Prozess so, dass ein gesetzlich-institutioneller Rahmen etabliert wurde, der Kontrolle auf der Mikroebene ermöglichte. Durch „Anti-Labor Gesetze“ beispielsweise wurden die Arbeitsbedingungen der ArbeiterInnen neu reguliert und organisierte Interessensvertretungen geschwächt.

Die Forderungen des Washington Consensus zielen auf die fiskalische und monetäre Disziplinierung, auf die Deregulierung der Märkte, die Liberalisierung des Außenhandels, die Abwertung von Wechselkursen als Instrument zur Exportsteigerung und die Privatisierung öffentlicher Einrichtungen ab. Spezifische Eigenheiten der betreffenden peripheren Länder wurden nicht berücksichtigt.[646]

Am Beginn der 1980er Jahre sei der türkische Kapitalismus – so Ercan und Oguz – im Marxschen Sinn von reeller Subsumtion dominiert worden, während der Prozess der formellen Subsumtion trotzdem andauert, weil die Arbeitskraft auf dem Land oftmals nicht dem Produkt entfremdet war oder abstrakte Arbeit verrichtete. (Marx verstand unter Subsumtion eine Unterordnung der Arbeitskraft unter das Kapital).

„In Bezug auf Länder mit ungleichmäßiger und kombinierter Entwicklung wie der Türkei, können wir jedoch von einer gleichzeitigen Wirkungsweise von formeller und reeller Subsumtion sprechen. Mit Beginn der 1980er Jahre wurde der türkische Kapitalismus von reeller Subsumtion dominiert und von diesem Prozess relativ stark beeinflusst.“[647]

Stakeholder wie Beratungsfirmen, internationale Banken und Investoren bekamen wachsenden Einfluss auf die politischen Agenden. Die

---

645 Vgl. Chomsky, Noam, Chomsky, Noam, groups.unipaderborn.de/transparenz/politdocs/chomsky02.pdf, 04.07.2013, S. 9

646 Vgl. Atac, Ilker; Kraler, Albert; Ziai, Aram (Hrsg.): Politik und Peripherie, Wien, 2011, S. 118

647 http://fuatercan.wordpress.com/2009/06/12/anti-neoliberale-strategien-neu-denken-ein-blick-auf-die-turkei-aus-der-perspektive-der-werttheorie/ 26.06.2013, S. 9

Wirtschaftskrisen von 1994, 1999 und 2001 zeigten, wie instabil diese Staatsgefüge waren, wobei die neoliberalen Maßnahmen nie hinterfragt wurden.

Dabei wurden in der Türkei zwei Linien verfolgt: Die Restrukturierung des Gesundheitssystems und das System der sozialen Sicherheit wurden aus der staatlichen Kontrolle entlassen, während die Kontrolle über die Arbeitssysteme dem Staat überlassen wurde, um die Herrschaft über die betroffenen Schichten aufrecht erhalten zu können.[648]

„In den 1990er Jahren bildeten Finanzkrisen in mehreren »emerging markets«, in denen eine vom »Washington Consensus« diktierte neoliberale Entwicklungsweise herrschte, die Normalität der Entwicklung. Jedoch rückten die Finanzkrisen, das zunehmende Staatsdefizit und die fehlende institutionelle Anbindung des Neoliberalismus den »Washingtoner Konsensus« zunehmend in den Mittelpunkt der Kritik."[649]

Dies hatte massive gesellschaftliche Auswirkungen, weil der materielle Mehrwert im globalen Wettbewerb oft nicht ausreicht. Viele Maßnahmen wurden getroffen, die Bereiche Gesundheit und soziale Sicherheit wurden privatisiert und eigene, sich außerhalb der Zuständigkeit des Finanzministeriums befindliche Fonds geschaffen.[650] Sichtbare Folgen dieses dreißigjährigen Kampfes sind eine Neuordnung der privaten und öffentlichen Sektoren, die Reduktion von öffentlichen Ausgaben und die angebliche Ressourcenknappheit.[651] In der Türkei sind von der neoliberalen Globalisierung vor allem die Schichten der Bauern, Landarbeiter und die kleineren und mittleren Unternehmer betroffen. Außerdem dauert die Ausbeutung der Frauen und Kinder weiterhin an und hat sich sogar noch verstärkt.[652] Weitere Verweise auf die neoliberale Politik sind im 4. Kapitel nachzulesen.

---

648 Vgl. Bedirhanoglu, Pinar: S. 102 f.

649 Atac, Ilker, Was für einen Staat wünscht sich die EU in der Türkei? www.beigewum.at/wordpress/wp-content/.../089_ilker_atac.pdf, S. 91

650 Vgl. Bedirhanoglu, Pinar: S. 112 ff

651 Vgl. http://fuatercan.wordpress.com/2009/06/12/anti-neoliberale-strategien-neudenken-ein-blick-auf-die-turkei-aus-der-perspektive-der-werttheorie/ 26.06.2013, S. 3

652 Vgl. Bedirhanoglu,Pinar: 106 f.

Die neoliberale Politik versuchte alle Hindernisse aus dem Weg zu räumen, die der Kapitalakkumulation im Wege standen, was zu harten politischen und gesellschaftlichen Kämpfen führte.[653]

Um die Etablierung der neuen neoliberalistischen Wirtschaftsweltordnung zu dokumentieren, nennt Prof. Isikli im seinen Werk „Yeni Orta Cag" (Neues Mittelalter) einige aussagekräftige Tatsachen und Zahlen: Sämtliche Wirtschaftstätigkeiten befinden sich weltweit in den Händen von nur 200 Firmen.
Der Halbjahresgewinn der 6 größten türkischen Banken war 1998 größer als der Jahresgewinn der 100 größten türkischen Unternehmen.[654]

Vor diesem Hintergrund werden die vielfältigen inflationären Entwicklungen in der Türkei nachvollziehbar, wie sie entsprechend den Interessen des IWF erzeugt wurden.[655]

Die künstliche Schwäche der türkischen Währung bewirkte eine Schwächung der industriellen Investitionen. Dadurch schrumpften die Einkommen, stiegen die Preise und sank der Lebensstandard. Dies verursachte soziale Krisen und Streiks. Private Einrichtungen und Großgrundbesitzer wurden dagegen begünstigt.[656]

Seit dem Stand-by Abkommen der Türkei mit dem IWF ab 2000 kam es zu einer Vergrößerung der „Einkommensschere". Zwischen 1993 und 1998 sank das Lohnniveau in der Türkei um 33%.[657]

Zur Durchführung der Zollunion in einem Dreistufenplan erhielt die Türkei auch Finanzhilfen der EU. Ein EU-Beitritt der Türkei wurde in Aussicht gestellt.[658] Nach der Finanzkrise 2001 wurden deshalb schnell neue Schritte gesetzt, in 15 Tagen wurden 15 Gesetze verab-

---

653 Vgl. Bedirhanoglu, Pinar: Restrukturierung des türkischen Staates im Kontext der neoliberalen Globalisierung, in: Atac, Ilker, Perspektiven auf die Türkei, Münster, 2008, S. 106

654 Vgl. Isikli Alparslan, Yeni Orta Cag, Istanbul, 2007, S. 43

655 Vgl. Bedirhanoglu, S. 230

656 Ebenda

657 Vgl. Demirer, Temel, Özbudun, Sibel, Özgür, Gökcer, Sakinc Erdem, Mustafa,20. Yüzyildan 21. Ye…In: Özgür, Gökcer, Sarkinc, Erdem, Mustafa (hrg.) Amerika: Rüyami? Kabus mu?„ Ankara, 2001, S. 100

658 Vgl. Atac, Was für einen Staat… S. 91ff

schiedet, wobei Bedirhanoglu oft betont, wie stark die Korruption im Land fortgesetzt wurde.[659]

Lösungsvorschläge zur Entschärfung dieser Entwicklung zielen auf eine stärkere Verantwortung des Staates hin und auf den Wunsch nach stärkerer Regulierung der neoliberalen Marktwirtschaft. Schon Bourdieu schlug Maßnahmen vor, um dem gegenwärtigen „Turbokapitalismus" Fesseln anzulegen und die sozialen Kosten des Finanzmarktkapitalismus zu verringern.

„Angesichts des gegenwärtigen Zustandes müssen sich die Kämpfe der Intellektuellen, der Gewerkschaften, der Verbände vor allem gegen den Niedergang des Staates richten. Die Nationalstaaten werden von außen unterhöhlt durch die Finanzmärkte und von innen durch jene untergraben, die sich zu ihren Komplizen machen, Bankvertretern, Finanzpolitikern usw. Ich denke, daß die Beherrschten ein Interesse an der Verteidigung des Staates haben, insbesondere seines sozialen Gesichtes. Das hat mit Nationalismus nichts gemein."[660]

Um die Ursachen der globalen ökonomischen Krisenhaftigkeit als Teil des neoliberalen Systems zu beseitigen, können verschiedene Maßnahmen ergriffen werden. Eine davon wäre, die Arbeitszeitverkürzung in allen europäischen Ländern durchzusetzen und die Rücknahme sozialer Errungenschaften zu verbieten. Den globalen Finanzmächten, die keinerlei soziale Verantwortung tragen, müsste ihre Macht entzogen werden.

Die Auswirkungen sind so gravierend, dass laut Noam Chomsky selbst die internationale Wirtschaftspresse die Drahtzieher – das sind ursprünglich die US-amerikanische Regierung, globale Finanzeinrichtungen und schließlich die großen Konzerne – als Weltregierung sieht und von einer neuen Ära des Imperialismus spricht.[661]

Durch die Annäherung der Türkei an die EU wurde der Umbau auf neo-liberale Schienen kanalisiert, was auch mit einer Umformung des Staates einherging. Der Einfluss der EU wurde auch durch die

---

659 Vgl. Bedirhanoglu, S. 105

660 Bourdieu, S. 49

661 Vgl. Chomsky, Noam: groups.unipaderborn.de/transparenz/politdocs/chomsky02.pdf, 04.07.2013, S. 9

Zollunion noch stärker. Die Türkei erhoffte sich dabei einen größeren Einfluss in der EU und durch Direktinvestitionen eine größere wirtschaftliche Stabilität.[662]

Diese Visionen sind jedoch von großem Euphemismus gekennzeichnet, wenn wir uns die oben genannten humanitären Auswirkungen in Erinnerung rufen.

Zur Zeit finden gerade wieder neue Gespräche statt, um die Beitrittsverhandlungen in Gang zu bringen. Erst eines von 35 Verhandlungs kapitel (Wissenschaft und Forschung) wurde abgeschlossen, 13 erfolglos eröffnet. Wegen der Zypernpolitik Ankaras landeten die Verhandlungen mit der EU vor drei Jahren in einer Erstarrung, weil Ankara sich weigerte, die griechisch-zypriotische Regierung anzuerkennen.[663]

Die Situation lässt sich mit den Auswirkungen der Militärdiktaturen in Südamerika vergleichen. Es erinnert beispielsweise an Chile, das nach dem Militärputsch, durch Einflussnahme des IWF und der Weltbank, neo-liberale Prozesse in Gang brachte.[664] Die politische Schwächung der Arbeiter sowie die wirtschaftlichen Folgen des Rechtsruckes (Stichwort Auslandsverschuldung) für Südamerika werden von Becker detailliert beschrieben.[665]

Es scheint, dass für die neoliberale Umstrukturierung des Staates auch in der Türkei ein Militärputsch nach lateinamerikanischem Vorbild erforderlich war.

Durch die globale Wirtschaftskrise der letzten Jahre gelangte auch Zypern in große Bedrängnis. Im März 2013 zeigte sich erneut die Abhängigkeit, als die Eurozone und der IWF die Bedingung einer Vermögensabgabe auf Bankguthaben stellten, um ein international geschnürtes Hilfspaket der Europartner wirksam werden zu lassen. Das Parlament in Nikosia wandte sich durch diese Aktion von EU und

---

662 Vgl. Attac, S. 96

663 Vgl. Mayer, Thomas http://derstandard.at/1381369458773/EU-und-Tuerkei-schleppen-sich-weiter

664 Vgl. Becker, Joachim, in: Fischer, Karin; Maral-Hanak, Irmi; Hödl, Gerald; Parnreiter, Christof (Hg.): Entwicklung und Unterentwicklung, Wien, 2004, S. 152

665 Ebenda, S. 152

Türkei ab und vertrauensvoll hin zu Russland, das schon zuvor mit einem 2,5 Milliardenkredit ausgeholfen hatte. Wieder spielt auch die strategisch wichtige Lage der Insel für Russland eine Rolle für diese Zugeständnisse, denn geografisch ist die Insel für eine Marinebasis und den dadurch erleichterten Verbindungen nach Syrien, Ägypten, Israel, dem Libanon und in die Türkei nützlich.[666]

[666] Vgl. http://www.spiegel.de/wirtschaft/soziales/zypern-hofft-auf-hilfe-aus-russland-a-889867.html

6.24 Sichtweise pantürkischer und islamistischer Propagandisten – insbesondere der Grauen Wölfe – auf die Situation Zyperns

Der Zypernkonflikt wurde und wird noch zusätzlich von extremen Strömungen belastet, die eine Lösung der Probleme, die durch die Okkupation türkischer Truppen und die anschließende illegitime Teilung Zyperns entstanden sind, erschwert. Sie gehen hauptsächlich auf das Konto terroristischer Aktionen der Grauen Wölfe und der MHP.

„Alparslan Türkes, rechtsextremistischer Politiker der Türkei, wurde 1917 in Nikosia geboren. Im Alter von 15 Jahren ließ er sich in Istanbul nieder. Er wurde zum Berufsoffizier. In seinem Buch ‚Unsere Außenpolitik und Zypern' aus 1966 befasste er sich mit den Bemühungen um die Schaffung einer ‚Großen Türkei'. Er ging davon aus, dass Zypern türkisch sei."[667]

Türkes, der Führer und Begründer der MHP, der nationalen Bewegungspartei[668] und auch Führer der ‚grauen Wölfe', sagte in seinen „Notizen eines Idealisten": „Wo auf der Welt es einen Türken gibt, fangen unsere natürlichen Grenzen an."[669]

Diese Definition der „natürlichen Grenzen der Türkei", sowie die Bezeichnung der türkischen Invasion als eine „Friedensoperation" stellt natürlich eine Provokation dar, so auch die sogenannte Aufwertung der türkische Minderheit auf Zypern vom Beherrschten zu Beherrschern, ungeachtet dessen, dass viele Türkisch-Zyprioten sich nun als gegen ihren Willen von Türken Beherrschten empfanden und gegenwärtig noch empfinden. Für andere wiederum ist in Zeiten derartig schwerwiegenden gesellschaftlichen Imagewandels jede Aufwertung der eigenen Position willkommen. Die hier angeführten Beispiele stehen stellvertretend für Aktivitäten der panislamistischen und pantürkischen Richtung, die umso breiter wirken, wenn sie in einer bereits existierenden Bewegung aufgehen. An dieser Stelle wird die Wahl der

667 Tzermias, S. 297

668 Anm.: die MHP, eine nationalistische Partei, ist derzeit die zweitstärkste Oppositionspartei in der Türkei, sie gilt als islamistisch und pantürkisch

669 Roth, Jürgen/ Taylan, Kamil: Die Türkei, Republik unter Wölfen, Bornheim, 1981, S. 106

Mittel in Frage gestellt: Darf die militante Tradition mit mafiosen Strukturen weitergelebt werden? Über die Wahl neuer Mittel und den Aufbau einer neuen Tradition findet sich mehr im nächsten Kapitel.

Die grauen Wölfe operieren sehr weitläufig, so waren sie u.a. auch verantwortlich für das Attentat auf Papst Johannes Paul II im Jahr 1981. Der Attentäter Mehmet Ali Agca hatte „seinem Führer" Türkes 1983 einen Brief geschrieben und sich für die Unterstützung bedankt: „Sehr geehrter Führer, indem ich Ihnen hochachtungsvoll die Hände küsse, halte ich es für meine Pflicht, Ihnen vor allem meinen grenzenlosen Dank für ihre väterliche Fürsorge auszusprechen. Dank meinen Idealistenbrüder, die mich bei sich aufnahmen, sowie der allseitigen Unterstützung die sie mir gewähren."[670]

Nebenbei sei erwähnt, dass die Grauen Wölfe vom CIA mit Waffenlieferungen unterstützt wurden. So verschwand Frank Terpil, der Patron der Oceanik International – Deckname für eine Exportfirma, die amerikanische Waffen in den Nahen Osten lieferte-in den Untergrund. Bei einer Pressekonferenz in Beirut behauptete er „... dass seine Mission darin bestanden habe, den Grauen Wölfen Waffen zu liefern und sie mit Hilfe von ehemaligen Instrukteuren der US-amerikanischen Green Berets auszubilden. Nach dieser Pressekonferenz verschwand er erneut im Untergrund."[671]

Ali Ayata, der in seinem Doktorat die Außen- und Sicherheitspolitik der Türkei behandelt, führt an, dass Griechenland kurdische und türkische Terrororganisationen unterstützt: „Griechenland hat infolge von Differenzen mit der Türkei aufgrund der Zypernfrage, der Frage der Truppenplattform in der Ägäis, des Problems mit den Türken in West-Thrakien die Bewegungen der Terrororganisationen in der Türkei fortlaufend unterstützt."[672]

Derselbe Autor schlägt als Lösung des Zypernkonflikts vor, die islamischen Länder um Unterstützung zu bitten. „In den siebziger Jahren führten dann außenpolitische Überlegungen und vor allem wirtschaftliche Schwierigkeiten zu einer noch deutlicheren Orientierung der

[670] Roth, Jürgen / Ender, Berndt: Dunkelmänner der Macht, politische Geheimzirkel und organisiertes Verbrechen, Bornheim, 1984, S. 36

[671] Ebenda, S. 218

[672] Ayata, S. 157

Türkei in Richtung der arabischen Welt. Zudem brauchte die Türkei dringend die Unterstützung der islamischen Länder in der Zypernfrage.“[673]

Für die oben genannte Argumentation zitiert er prostaatliche, panislamische und pantürkische Autoren, noch dazu ohne konkrete Beweisführung.

Ayata nennt den Sampsonputsch vom 15. Juli 1974 eine ‚Intervention‘. „Der Putsch von Sampson war nichts anderes als die Umsetzung von Enosis. Dieser Vorfall war gleichzeitig eine offene Intervention Griechenlands in Zypern. „[674]

Er nennt die Okkupation der Türkei vom 20. Juli 1974 eine „Friedensoperation“.

„Nach dem Erhalt einer negativen Antwort aus England begann die Türkei, die Sicherheit der auf der Insel lebenden Türken vor Augen, am. 20. Juli 1974 mit der so genannten Friedensoperation.“[675]

Sowohl Ayata[676] als auch Stephen[677] unterschätzen die Wirklichkeit der Bemühungen beider Seiten (der griechische-zypriotischen und türkisch- zypriotischen Opposition, die seit vielen Jahren existieren) für die demokratische Einigung Zyperns und für ein friedliches Zusammenleben der Volksgruppen, das im nächsten Kapitel behandelt wird.

Vorher soll noch ein Exkurs zu panislamistischen und pantürkischen Motivationen erfolgen: Volkan nennt als Wurzel den Zusammenbruch des osmanischen Reiches, dessen Folgen den westeuropäischen Revolutionen nicht unähnlich sei. Um die alte, multikulturelle, multireligiöse und vielsprachige „Konglomeratsidentität“ abzulösen, stellt er drei Identitätskonzepte vor: a) die osmanische Identität auf alle Bürger auszuweiten. b) Großwesir Said Halims Vision, alle Muslime unter Pan-Islamismus zusammenführen. c) Yusuf Akcura zielte auf eine Expansion der türkischen Identität, die auch jene zusammenführen

[673] Ebenda, S. 197
[674] Ayata, S. 19
[675] Ayata, S. 18
[676] Vgl. Ayata, S. 18, 19, 157, 197
[677] Vgl. Stephen, S. 47, 49, 54, 55

sollte, die sich als Türken *fühlten*. Er selbst war von der Abstammung her Tatare aus Russland.[678] [679]

Vali beschreibt den Identitätswandel vom osmanischen Universalismus zum türkischen Nationenstatus als revolutionären Wandel. Nationalismus war die offizielle Ideologie der Türkei Ende der 1920iger Jahre, die die Hindernisse der Stammeszugehörigkeit, der Religionsloyalität und der Traditionsliebe überwinden musste. Den Vorläufer sieht er im Turanismus, der sogar eine „turanische Rasse" definierte.[680]

Auch Brzezinski sieht ähnliche Orientierungen: das aus der (großen) Vergangenheit abgeleitete Selbstbewusstsein der Türkei (postimperialer Staat), sowie die muslemisch/islamistische Orientierung mit Blick nach Süden und Osten und auch er erkennt ein „neues Missionsgebiet" der historisch denkenden Nationalisten – nämlich die Turkvölker des kaspischen Beckens und Zentralasiens.[681]

Zur Lebendigkeit dieser Ideologie: Die MHP (s.o.) ist davon inspiriert, sie stellte vor 10 Jahren die Regierungspartei.

Darwin, ein westlicher Autor, verortet die Entstehung des Panislamismus in die Zeit des Verlustes der europäischen Provinzen, nach-

---

678 Volkan, S. 182 f

679 „Vamik Volkan (78) wurde im zypriotischen Nikosia als Sohn einer türkischen Familie geboren. 1957 wanderte er in die USA aus, wo er Psychiatrie studierte und sich zum Psychoanalytiker ausbilden ließ. Bis 2001 war er Professor für Psychiatrie an der University of Virginia." (Brickner, Irene: „Nationen können über sich nicht nachdenken". In Der Standard. 30 April/1. Mai 2011). Über derzeitige Tätigkeiten berichtet www.odatv.com am 22.12.2010, dass Prof. Volkan ein Lösungspaket dem türkischen Präsidenten Gül vorlegte mit 71 Vorschlägen zu Kurdenfrage. Der weltbekannte Friedens- und Krisenforscher Prof. Volkan wird dabei als vom CIA infiltriert dargestellt. Oda TV ist eine seriös recherchierende Internetzeitung.

680 Vgl. Vali, Ference, A; Bridge across the Bosphorus, The Foreign Policy of Turky, Balitmore, 1971, S. 364f. Bezüglich des Turanismus: vgl. ebendort, ein Leon Cahun wird zitiert, der die Turan als Ureinwohner Europas sieht, bevor die Kelten, Lateiner und Germanen kamen. Auch Mustafa Celaleddin nannte dieses Volk. Die Abkehr von der Verwestlichung bezeichnet Letzterer als Rückkehr zu ihren zivilisatorischen semitischen (islamischen) Wurzeln, als Vereinigung mit ihren „Verwandten".

681 Vgl. Brzezinski, S. 195

dem das osmanische Imperium ein türkisch- arabischer und muslimischer Staat war. Dies geschah in der Regentschaft Abdul Hamids II (1876-1909).[682]

Nikitopoulos prägt im Zusammenhang mit Identitätsfindung den prägnanten Begriff „dominant millet“. In sich ethnisch inhomogen (z.B. Araber, Kurden et. al. unter osmanischer Souveränität) mussten ihre zypriotischen Glaubensbrüder zumindest eine Status- bzw. Imageabwertung von der „dominant millet“ zur „religiösen“ Millet durchmachen, aus der letztendlich die „türkische Gemeinschaft“ auf Zypern übrig blieb, die sich gern mit den Erfolgen Atatürks identifizierte.[683]

682 Vgl. Darwin, S. 276
683 Vgl. Nikitopoulos, S. 70

6.25 Die Entwicklung demokratischer lösungsorientierter Kräfte auf Zypern ab 1974

Die griechisch- zypriotische und türkisch- zypriotische Opposition bemühten sich seit 1974 um die demokratische Einigung Zyperns und für ein friedliches Zusammenleben, was der Nikosia Masterplan beweist:
Die Bürgermeister Lellos Demetriades und Mustafa Akinci, wollten die Stadtplanung in beiden Teilen Nikosias „so aufeinander abstimmen, dass im Falle einer Wiedervereinigung alles sofort funktionieren würde.“[684] Die Weiterführung derartiger Projekte wurde von der UNO aufgenommen und ist als Nikosia Masterplan bekannt. Es gab auch immer wieder Treffen von Vertretern politischer Parteien aus beiden Teilen Zyperns.[685]

Auch internationale Akteure engagierten sich in den 90-en Jahren für ein Zusammenleben der Volksgruppen: Es entstanden bi-kommunale Gruppen, die eine mehrsprachige Zeitschrift und einen Chor gründeten.

Die UN unterstützte diese Gruppen, aber die Behörden Nordzyperns nützten die Passagierscheinpflicht der türkischen Zyprioten dazu aus, die Zusammenkünfte zu verhindern.

Es gibt allerdings ein bemerkenswertes Dorf namens Pyla, unweit der Pufferzone, wo das Zusammenleben erfolgreich erprobt wird. In Pyla existiert sowohl eine Kirche, als auch eine Moschee, es gibt zwei Schulen, zwei Kaffeehäuser und auch zwei Bürgermeister sowie einen UN- Posten.[686] Detailiertere Untersuchungen zum ‚Klima' in diesem Dorf beschreibt Karatsioli, die durchaus auch Gewaltakte der Dorfbevölkerung fand, aber immer außerhalb des genannten Dorfes. Sie verzeichnet inter-kommunale und auch inter-personelle Beziehungen.[687]

---

684 Pilavas, Dorothee: Aus Politik und Zeitgeschichte (APuZ), März, 2009, S. 34

685 Vgl. Ebenda

686 Vgl. Pilavas, S. 35

687 Vgl. Karatsioli,Barbara: Escalation for Peace in Cyprus: Roads to Peace through Scales of Conflict, erschienen in Safran, Schlaininger Arbeitspapiere für Friedensforschung, Abrüstung und nachhaltige Entwicklung, Paper 07, Wien, 2010, S. 42ff. Anmerkung: die speziellen Unterschiede zum zweiten 'Friedensdorf' Potamia, S. 44ff

Nach ihren Forschungen strebt der griechische Bevölkerungsanteil nach Gerechtigkeit, der türkische nach Anerkennung.[688]

Die Präsidenten beider Seiten sind befreundet: Staatsoberhaupt Christofias wird folgendermaßen zitiert. „Herr Talat und ich sind Freunde und können niemals Feinde werden."[689] Talat wurde von 17. April 2005, Christofias im Februar 2008 gewählt.[690]

Talat und Christofias, die derselben demokratischen Meinung und für eine Vereinigung Zyperns sind, kamen ohne Einmischung von außen (der „Heimatländer" Griechenland und Türkei) demokratisch an die Macht.[691] Ein Einschub um den Gesinnungswechsel zu kontrastieren: Ende der 1990iger Jahre ging es noch um die trennenden Aspekte: der prosperierende Süden erlebte aus wirtschaftlichen Gründen die „Quasi-Zweistaatlichkeit" nicht unangenehm, der Norden strebte nach Anerkennung der Staatlichkeit.[692]

Das oben genannte Freundschaftsbekenntnis soll nicht über die Herausforderungen der Präsidenten hinwegtäuschen. Ein Gradmesser dafür können die Äußerungen von Protesten anlässlich des 27. Jahrestages der Gründung der „Nordzypriotische Türkischen Republik", am 15. November 2010, gegen den türkischen Staatsminister Cemil Cicek sein:

Ahmet Kaplan, Vorsitzender der staatlichen Beamtengewerkschaft meint: „Wir wollen uns nicht unterdrücken lassen und wir wollen auch nicht die Türkei auf der Insel. In Zypern gibt es eine Regierung aber ohne Demokratie."[693]

Der Vorsitzende der Lehrergewerkschaft Güven Varoglu sagt: „Wir werden uns nichts von der Türkei aufoktroyieren lassen, Cicek soll sein Paket mitnehmen und das Land verlassen."[694]

---

[688] Vgl. Karatsioli, S. 42
[689] Papadakis,Yiannis, APuZ, März, 2009, S. 18
[690] Vgl. Stergiou, Andreas, APuZ, März, 2009, S. 29
[691] Ebende, S. 32
[692] Vgl. Höpken, Wolfgang in: Südosteuropa, ein Handbuch, Hatschikjan, Magarditsch, Troebst, Stefan (Hrsg), Staaten und Politik, München, 1999, S. 274
[693] Birgün, Türkische Tageszeitung, 15. November, 2010
[694] Ebenda

6.26 Der Einfluss hegemonial gesteuerter Weltmachtpolitik der USA im 20. und 21. Jahrhundert mit besonderer Berücksichtigung Großbritanniens

Jede Weltmacht beruht auf einer soliden wirtschaftlichen Basis. Der Weg der USA dahin ging über Adaptionen aus dem British Empire. Blickt man zurück, so sieht man bereits ab dem 17. Jahrhundert durch die starke Steuerung des Marktes eine wirtschaftliche Situation in Großbritannien, die Konkurrenten fern hielt und die eigene Produktion professionalisierte. Später im 19. Jahrhundert verhinderten beispielsweise hohe Zölle und Gewaltanwendung, dass sich z.B. in Indien die Herstellung von Lokomotiven, Textilprodukten oder Schiffbau erfolgreich etablieren konnte. Als sich Japan im vorletzten Jahrhundert wirtschaftlich zu einem erstzunehmenden Konkurrenten entpuppte, wurden japanische Exporte in das Empire kurzerhand verhindert. In dieser Zeit entwickelte Großbritannien in der Chemie-, Stahl- und Luftfahrttechnik sowie bei Werkzeugmaschinen gegenüber Deutschland einen klaren Vorsprung. Während dieser Zeit übernahm auch die USA das Modell der britischen Marktsteuerung.[695]

„Ein Jahrhundert später als England beschritten die Vereinigten Staaten den Weg eines liberalen Internationalismus. Nach 150 Jahren Protektionismus und Gewalt waren die USA zum reichsten und mächtigsten Land der Erde geworden.“[696]

Wozu die USA ihren Reichtum auch politisch nutzten und zum Aufstieg zur Weltmacht Kapitel 3.7.1. Dies beinhaltet militärische Aktionen (dazu gibt es Ausführungen in Kap. 6.11, 6.17-19) sowie institutionelles Agieren (z. Rolle der UNO s. Kapitel 6.9, 6.14, 6.16).

Hier nun sollen Kooperationen und instrumentalisierte Hegemonie der USA mit ihren treuesten Verbündeten beleuchtet werden:

---

695 Vgl. Chomsky, Noam: Profit over People. Neoliberalismus und globale Weltordnung. Hamburg/Wien, 2000, S. 44f.

696 Ebenda, S. 45

Was die Macht in den Vereinten Nationen betrifft, so zeigt sich bereits in den 1960er Jahren, dass es für Beschlüsse oder ein Veto dagegen im Sicherheitsrat wichtig wurde, die USA zur Unterstützung und zum Verbündeten zu gewinnen.[697]

Deutlich zeigt sich dies in den Betätigungen der NATO in Europa und die SEATO in Asien.[698]

So schreibt Mallinson zur britischen Strategie auf Zypern in seinen Kommentaren, die sich hauptsachlich auf militärische Inhalte während des kalten Krieges beziehen, über den Machtkampf zwischen den westlichen und anti-sowjetischen Interessen der Briten, die, obwohl sie sich nicht mit den amerikanischen deckten, dennoch so stark waren, dass es als eine globale Wichtigkeit erachtet wurde, mit den Amerikanern eng zusammen zu arbeiten, weil sie es nicht für opportun hielten, die USA zu bestürzen. "We see a British desire to completely rid itself of any responsibility, but a resentful acceptance that its relationship with the US took priority".[699] So war die Periode der Herrschaft Großbritanniens über Zypern bald abgelöst durch den Aufstieg der USA zur Weltmacht.

Durch die großen finanziellen Nöte Großbritanniens während der Regierung unter Premierminister Harold Wilson nach 1964, fand die USA, dass sie den Verbündeten nicht im Stich lassen sollten, "since it would leave Washington more than ever the lone world policeman".[700] [701] Diese Unterstützung darf verwundern; Brzezinski nennt als Großbritannien Vorzüge: sein Einfluß über das Common-

---

697 Vgl. Ebenda, S. 65

698 Vgl. Sherman, S. 43

699 Mallinson, S. 119

700 O´Malley, Brendan and Craig, Ian, Thy Cyprus Conspiracy. America, Espionage and the Turkish Invasion, New York, (1999), S. 122f. in: US State Department Papers 79 203B briefing on visits of Harold Wilson 05.-19.10.1965, points to make to him

701 Auch Brzezinski sieht die USA in der Rolle eines Weltpolizisten, (vgl. S. 279) der maßgäblich zur Bannung der Kriegsgefahr in der internationalen Ordnung beitrug. Anmerkung dazu: wie viele Kriege die USA verhindert hat im Vergleich zu wie viele sie im Gegenzug verursacht hat – könnte Thema weiterer Forschungsarbeiten sein.

wealth gilt als gewichtig, seine Militärbasen werden geschätzt und in Geheimdienstaktivitäten besteht eine enge Partnerschaft.[702]

Obwohl die USA gegenüber Großbritannien in vielerlei Hinsicht skeptisch waren, hatte der Mittlere Osten, und damit Zypern, eine wichtige Rolle für die amerikanische Sicherheits- und Hegemonialpolitik. "Cyprus fell into this category, as Britain had secured for itself an extraordinary array of military facilities and rights on the island which …the British could not hand over to Washington if they pulled out."[703]

Die Auseinandersetzung Großbritanniens mit den Amerikanern bezüglich des Aufstellen eines nuklearen Abwehrsystems, was eine Bedrohung für deren eigenes System darstellte und die hartnäckige Verweigerung, britische Truppen nach Vietnam zu entsenden, stellten eine große Belastung der Beziehung dar. Umso erstaunlicher war das Angebot als Washington einen Riesenkredit zur Stabilisierung der Wirtschaft anbot, damit Großbritannien ihre starke militärische Präsenz weiter aufrecht erhalten konnte.[704]

Bis zum heutigen Tag blieb die besondere Beziehung zwischen diesen beiden Großmächten erhalten, wobei Matzner, wenn er über die Hegemonie der USA schreibt, von tragfähigen Allianzen ausgeht, besonders den wirtschaftlichen Einfluss GBs beleuchtet. Nach seinem Modell der US-Vorherrschaft, das auf drei Säulen beruht: 1.) militärisch-technologisch 2.) monetär-industriell 3.) ideologisch-medial – wäre die USA hauptsächlich über Säule 2 angreif- bzw. steuerbar.[705] Brzezinski zählt ebenfalls diese Säulen, er erwähnt als 4.

702 Vgl. Brzezinski, Die einzige Weltmacht, Amerikas Strategie der Vorherrschaft, Weinheim und Berlin, 1997, S. 70

703 O´Malley, Brendan and Craig, Ian, Thy Cyprus Conspiracy. America, Espionage and the Turkish Invasion, New York, (1999), S. 123 in: British Cabinet papers CC6030, 10.05.60

704 Vgl. ebenda S. 123f. in: Baylis, Anglo-American Defence Relations, pp 154-7

705 Anmerkung: Matzners untenstehender Internetartikel (S. Zitat 597) aus 2003 berücksichtigt noch nicht die Weltwirtschaftskrise von 2008. Er erfasste damals als einzigen „Angriffspunkt" die Wirtschaft und deren mögliche Einflussnahme über die EU, da eine andere Weltmacht fehlte. Seit 2008 ist die unipolare Position der USA quasi in sich selbst erodiert, die Tendenz zu mehr Multipolarität wird auch im Kapitel 6.21 über China beleuchtet, das nun diese angeschlagene Macht-Säule der USA stützt.

Säule die globale politische Einflussnahme.[706] Dazu operiert sie über den IWF und die Weltbank, welche zwar globale Interessen vertreten sollen, jedoch de facto von den USA dominiert werden.[707]

Besonders erwähnenswert, was die monetären Belange bzw. globale Finanzzentren betrifft, ist die spezielle Beziehung zu Großbritannien.[708] Damit ist gemeint, dass dieses Land als EU-Mitglied die Macht hat, zu verhindern, dass das Gewicht der EU gegenüber der USA ausschlaggebend wird. „Würde die EU ihr Gewicht in die Waagschale werfen, könnte sie zum Beispiel die Stimmenmehrheit innerhalb des IWF gegenüber den USA erlangen und einen *post-Washington* Consensus durchsetzen, der eine multipolare Welt ermöglichen würde.“[709]

Durch die starren Regeln dieses wirtschaftspolitischen Programms, das vor zwei Jahrzehnten von der US- Regierung, dem IWF und der Weltbank festgelegt wurde und das von Regierungen, internationalen Institutionen, wie der WTO, der OECD und der EU eingehalten wird, ergeben sich auch negative und schwerwiegende Folgen. So bemerkt Matzner, dass die drastische Liberalisierung der Kapitalzirkulation – dabei wurde kurzfristig Kapital aus der USA und Europa zugeführt – besondere das japanische Bankenwesen und jenes in Südostasien zerstörte.[710]

Ein sehr deutliches Beispiel für das Ausspielen ihrer Weltmachtposition liefert die Betrachtung des geschichtsträchtigen Datum 09/11. Dieser Tag stellt global eine Zäsur dar und war richtungsweisend für die internationale Politik, obwohl es als Anschlag auf die nationale Sicherheit begann.

Der 11. September 2001 stellt den Beginn einer neuen Weltordnung dar, nach diesem Tag beschloss die USA die größte Steigerung ihres

---

706 Vgl. Brzezinski, Zbigniew, Macht und Moral, Neue Werte für die Weltpolitik, Hamburg 1994 S. 107

707 Vgl. Brzezinski, Zbigniew, Die einzige Weltmacht, Amerikas Strategie der Vorherrschaft, Weinheim und Berlin, 1997 S. 49

708 Vgl. Matzner, Egon, Die Abhängigkeit der Supermacht. Strategien gegenüber dem Hegemon, (2003), http://www.renner-institut.at/download/texte/matzner.pdf, S. 6

709 Ebenda, S. 7

710 Vgl. Matzner, Egon: Monopolar World Order, Szombathely, 2000, S. 133-138

Militärbudgets in Friedenszeiten,[711] was die asymmetrischen Machtverhältnisse verstärkte, da zwar kurz nach dieser Katastrophe die Allianzbindungsfähigkeit intakt war, dennoch „die eigenmächtige und erpresserische Weise, in der sie den Krieg gegen den Irak vorbereiteten, hat ihre Allianzfähigkeit sicherlich beeinträchtigt.“[712]

Die Visionen und Ziele, die die USA unter der Regierung George W. Bush formulierten, sind die Proklamation einer neuen Weltordnung: “We create a new world”[713] waren Bushs Worte als Startsignal des Irak-Kriegs. Auch in der Zeit seines Vorgängers Bill Clinton gab es eine Debatte, die folgende Denkrichtung definierte: Die USA soll imstande sein, im Fall des Falles auch mehrere Angreifer in groß geplanten und unterschiedlichen Regionen der Welt zu besiegen. So ist Gewaltanwendung auch außerhalb des Völkerrechts vorstellbar und rechtmäßig.[714]

Gärtner beschreibt den Balanceakt der USA als Hegemonialmacht im Multilateralismus facettenreich; er zitiert Roosevelt, der geraten hatte „to walk softly but carry a big stick“ und nennt Afghanistan und Irak als derartige „stick“-Einsätze.[715] Zum Thema Uni- bzw. Multilateralismus siehe Kapitel 3.7.1.

---

711 Vgl. Ebenda, S. 3
712 Ebenda, S. 5
713 Wolf, Winfried: Bombengeschäfte, Hamburg, 1999, S. 117
714 Vgl. Ebenda, S. 118f.
715 Vgl. Gärtner, S. 60

7 Zusammenfassung

Seit der Antike befindet sich die Insel Zypern im Spannungsfeld unterschiedlicher Kulturen. Bis heute ist das kulturelle Erbe von Griechenland, Rom, Byzanz und Alexandria in Baudenkmälern sichtbar.

Ab dem 12. Jahrhundert stand Zypern unter der Herrschaft einer französischen Dynastie und wurde im 16. Jahrhundert ein Teil der Republik Venedig.

Durch die Eingliederung Zyperns in das Osmanische Reich 1571 begann wieder eine neue Ära: Seither steht die Insel sowohl kulturell als auch ethnisch unter osmanisch-türkischem Einfluss. Jahrhundertelang war Zypern bereits Spielball fremder Mächte.

Als nächste Fremdmacht erhielten die Briten 1878 die Herrschaft über die Insel: Es wurde ein Vertrag zwischen dem British Empire und dem Osmanischen Reich geschlossen, der friedenssichernd wirken sollte. Trotzdem gab es innere Spannungen und das Abkommen wurde novelliert und erweitert.

Ab 1880 betrachteten die Briten Zypern wie eine Kolonie: Die Gesetzgebung wurde weitgehend von der britischen Regierung bestimmt, Anträge wurden nur auf Englisch verfasst, die Gemeinderäte unterlagen britischer Kontrolle.

Die komplizierte weltpolitische Situation vor und während des 1. Weltkrieges nützte das Empire, um Zypern 1914 endgültig zu annektieren. In der Zwischenkriegszeit kam es durch Investitionen der Briten zu einer Verbesserung der wirtschaftlichen Lage auf Zypern.

Trotzdem kam es zu Spannungen zwischen der Besatzungsmacht und dem griechischen Bevölkerungsteil. Das lag daran, dass die Zyprioten nicht selbst bestimmend waren, obwohl es scheindemokratische Einrichtungen gab. Teile der Bevölkerung fühlten sich von der britischen Besatzungsmacht ausgebeutet und rebellierten.

Auf Zypern begannen Befreiungskämpfe von Griechisch-Zyprioten gegen die Briten, die um ihre Macht fürchteten und die Gefahr einer

Anbindung der Insel an Griechenland oder der Selbstdetermination Zyperns sahen.

Die Türkei erhob damals keinen Anspruch auf Zypern, das nach wie vor unter britischer Herrschaft stand, wie der türkische Außenminister Necmettin Sadak noch 1950 beteuerte. Die Briten jedoch provozierten im Sinne der divide-et-impera Politik die Türkei, indem sie die Angst vor griechisch-zypriotischen Terroraktionen schürten und die türkische Regierung dahingehend beeinflusste, einen Anspruch auf die Insel zu erheben. So war das Bombardement auf das Atatürk-Geburtshaus 1955 zum Beispiel ein taktischer Akt, hinter dem die Briten standen, wie der türkische Premierminister Adnan Menderes später zugab, und der ehemalige türkische General Sabri Yirmibes Oglu bestätigte, dass die Sprengung einer Moschee 1962 durch Türken zur Aufhetzung der Volksgruppen dienten.

1955 gab der türkische Premierminister Menderes schließlich offiziell bekannt, dass die Zypernfrage für die Türkei von großem Interesse sei.

Erzbischof Makarios III. setzte die Durchführung eines Referendums durch, das die ENOSIS forderte. Als Folge erhielt Zypern von den Briten mehr Autonomie, um die ENOSIS-Bewegung einzudämmen.
Die bürgerkriegsähnlichen Unruhen hörten jedoch nicht auf, die türkischen Zyprioten sahen ihre Interessen nicht gesichert. Bis 1958 gab es vergebliche Versuche, die Konflikte mit Hilfe der UNO zu lösen.

All diesen Spannungen zum Trotz gab es den Versuch, eine Republik zu gründen:

1958 rückte Erzbischof Makarios III. von der Forderung nach ENOSIS ab unter der Voraussetzung, dass die türkische Seite von der Forderung nach TAKSIM (Abspaltung vom griechischen Teil) abrükken sollte. Die Briten gaben dem Druck nach und so wurde eine Verfassung für eine zypriotische Republik ausgearbeitet. Am 16. August 1960 wurde Makarios die Regierungsgewalt übergeben. Nun war Zypern zum ersten Mal in seiner Geschichte ein unabhängiger Staat.

Die Verfassung stellte nicht alle Bevölkerungsgruppen zufrieden, weshalb es immer wieder zu Spannungen kam – sie stellte sich lediglich als Kompromisslösung heraus. Es ist dazu auch anzumerken, dass in dieser Kompromissverfassung die Interessen Großbritanniens, Griechenlands und der Türkei berücksichtigt waren.

Diese drei Staaten hatten das Recht der Intervention bei Gefährdung der Verfassung. Ob rein diplomatisch oder auch militärisch ist nicht eindeutig formuliert, womit die Türkei ihre Invasion von 1974 noch heute rechtfertigt.

Unter den türkischen Zyprioten gab es Anhänger von TAKSIM, was die Abspaltung eines türkischen Teils von Zypern bedeutete. Auch gegen diese Forderung traten linksgerichtete türkisch-zypriotische Parteien auf.
Somit entstanden mehrere Konfliktparteien auf Zypern: Hellenische gegen britische und türkische sowie nationalistische gegen sozialistische.

Auf türkisch-zypriotischer Seite waren die rechtsgerichteten Politiker Kücük und Denktas für die weitere Entwicklung verantwortlich. Sie begannen in den 60iger Jahren mit Umsiedlungsmaßnahmen, die Teils aus Furcht vor Angriffen der gegnerischen Seite, Teils aus Zwang von den eigenen Führern erfolgten.

Makarios und Denktas einigten sich darauf, dass ein Teil Zyperns türkisch-zypriotisch autonom werden sollte. Allerdings konnte das gegenseitige Misstrauen nicht ausgeräumt werden.

1963 stellte Makarios ein 13-Punkte Memorandum zur Änderung der Verfassung vor. Kücük und Denktas waren die Vorschläge, die das Bestreben nach Einheit des Staates bedeuteten und einen autonomen türkisch-zypriotischen Teil nicht vorsahen, zu radikal. Daraufhin kam es erneut zu Attentaten, Bombenanschlägen und Terror, weitere Umsiedlungen der türkisch-zypriotischen Bevölkerungsgruppen waren die Folge. Die bis dahin hochgelobte bi-kommunale Verfassung erodierte.

In den 60er-Jahren verstärkten die USA ihr Interesse an Zypern und schlugen der Türkei vor, ohne Blutvergießen eine für sie vorgesehene Region auf Zypern zu besetzen. US-Delegierte in Genf befürworteten diese Angriffe der Türkei, die verhindern sollten, dass Zypern ein „Kuba“ des Mittelmeers, also eine Bedrohung für die „freie Welt“ wird.

1964 stationierten die UN eine Friedenstruppe auf Zypern, die UNFICYP. Trotzdem kam es im August 1964 zu einer neuen Eskalation des Konflikts; ein Zypernkrieg zwischen Griechenland und der Türkei, beide NATO- Partner, drohte. Die USA griffen ein und erstellten den sogenannten Acheson-Plan. Er hätte das Ende der Souveränität Zyperns bedeutet und wurde von Makarios abgelehnt. Trotzdem wurden die Kampfhandlungen bis 1967 eingedämmt.

Die UNO-Resolution von 1964 hatte keine bindende Wirkung, bedeutete aber die Stärkung der Republik und Legitimität der Makarios-Regierung. Die Türkei war nicht an dieser UN-Lösung des Zypernkonflikts interessiert. Es gab einen Dialog zwischen Griechenland und der Türkei, der zu keinen Vereinbarungen führte.

Nach dem Militärputsch in Athen im April 1967 kam es zu Meinungsverschiedenheiten zwischen Griechenland und Zypern. Die Truppen der griechischen Nationalgarde mussten auf Geheiß der UNO abziehen. Nach einer leichten Entspannung drohte Griechenland Makarios mit Sanktionen, wenn er die griechischen und türkischen Vorschläge nicht akzeptieren würde. 1970 wurde ein Attentat auf ihn verübt. 1971 wurde Grivas als Beauftragter Griechenlands nach Zypern geschickt. Er sollte mit der terroristischen Bewegung EOKA-B die ENOSIS erreichen. Makarios bezog Waffen aus der Tschechoslowakei und stellte eine von Griechenland unabhängige militärische Truppe zusammen. Unterdessen wurden die türkischen Zyprioten von der Türkei unterstützt.

Erneuten Zündstoff gab der ‚Ägäis-Konflikt‘ wegen Erdölfunden. Griechenland und die Türkei standen deswegen fast vor einem Kriegsausbruch, der nur knapp verhindert werden konnte.

Am 15. Juli 1974 gab es einen Putsch gegen Makarios. Er floh ins Exil nach London. Griechenland setzte an seiner Stelle den wegen Grausamkeiten an den Türken berüchtigten Sampson als Präsident ein.

Am 20 Juli 1974 erfolge die erste militärische Invasion der Türkei in Zypern. Nicht alle Autoren betrachten die Invasion als gewaltsamen Akt. Sie beschreiben die Ereignisse unwissenschaftlich, so dass der Eindruck entsteht, es wäre alles friedlich abgelaufen. Diese Autoren betrachten die Vorgangsweise der Türkei unkritisch und nehmen einen

Türkei-freundlichen Standpunkt ein (vgl. z. B. Prof. Dr. Volkan Vamik, etabliert weltweiter Krisenexperte im Dienste der USA, Michael Stephen, Ali Ayata, Sükrü S. Gürel, ehemaliger türkischer Außenminister und Zypernexperte und Universitätslektor).

Am 25. Juli 1974 kamen in Genf die Außenminister von Großbritannien, Griechenland und der Türkei zusammen, um über die Zypernkrise zu verhandeln. Kein einziger zypriotischer Politiker war dazu eingeladen. Es kam zu keiner Einigung, auch die zweite Genfer Konferenz am 14. August scheiterte. Nun setzte die Türkei Zypern ein 24-Stunden-Ultimatum, TAKSIM zuzustimmen, was ohne Zustimmung von Griechenland nicht erfolgen konnte.

Die Türkei begann mit der zweiten Invasion am 14. August 1974. Der Nordosten Zyperns wurde erobert (36% des zypriotischen Territoriums), ein Viertel der griechischen Bevölkerung floh in den Süden. Die EOKA-B übte Terroraktionen auf die türkische Bevölkerung im Süden aus, die nach Norden floh. Somit war die Insel auch ethnisch geteilt. TAKSIM war verwirklicht, ENOSIS aber trat nicht ein.

Zwischen Klerides (für die griechisch-zypriotische Seite) und Denktas (für die türkisch-zypriotische) kam es zu Verhandlungen. Gleichzeitig wurde eine UNO-Resolution erstellt.

Erzbischof Makarios III. kehrte am 7. Dezember 1974 nach Zypern zurück.

Im Februar 1975 rief Denktas die Föderation türkisch-Nordzypern aus, deren Verfassungsbedingungen ihm vorher von der Türkei diktiert wurden.

Die internationale Staatengemeinschaft erkannte den türkischen besetzten Norden nicht als eigenständigen Staat an.

Zwischen 1975 und 1977 gab es in Wien Verhandlungen zwischen Makarios und Denktas, die zu Resolutionen führte, deren Inhalte aber nicht umgesetzt wurden.

Am 03. August 1977 starb Erzbischof Makarios III.: Kyprianou wurde sein Nachfolger.

Bis 1981 fanden mehrere Gespräche statt, die zu keinen Ergebnissen führten. Die Standpunkte waren zu verhärtet.

Als das Militär am 12. September 1980 in der Türkei putschte, verfolgte es eine regionale Machtpolitik der Türkei. Diese betraf auch Zypern: Am 10. März 1981 wurde von der Militärverwaltung unter dem Vorsitz von General Mahmut Boguslu ein Bulletin veröffentlicht, dass Zypern in vier Teile geteilt, und dass eine türkisch-griechisch-zypriotische Föderation gegründet werden sollte. Es sollten bestimmte Städte Griechen und Türken zugeteilt werden, auf dem Rest der Insel sollte eine türkisch-griechisch-zypriotische Föderation etabliert werden.

Dieses Datum bedeutet aber auch eine Umgestaltung der türkischen Innen- bzw. Wirtschaftspolitik. Der dafür beauftragte ‚Architekt' war Turgut Özal, dem die USA höchste Loyalität bescheinigten, der neoliberale Politik mit pro-amerikanischer Ausrichtung gestaltete, inklusive das Verbot von Gewerkschaften und die Privatisierung von Staatsbetrieben. Die Türkei als strategisches amerikanisches Waffendepot war damit weiter abgesichert.

Am 15. November 1983 wurde schließlich die Türkische Republik Nord Zypern (TRNZ) ausgerufen. Weder die USA noch die Sowjetunion noch Großbritannien oder Frankreich erkannten diesen Staat an. Überraschenderweise wurde die Türkei aber vom UN-Sicherheitsrat nicht als Aggressor verurteilt. Die UNO-Truppen sind weiterhin in Zypern präsent und die UNO spielt die Rolle eines Mediators.

Die USA hatten keine Nachteile durch die Invasion zu befürchten, ihre Position sowohl in Griechenland als auch in der Türkei war gefestigt.

NATO-Generäle wie der niederländische General a. D. Meyenfeldt, der britische Brigadegeneral a. D. Harbottle, der französische Admiral a. D. Sanguinetti und der griechische General Koumanakos kommentierten die Machenschaften der USA kritisch: Die USA waren hauptsächlich darauf aus, ihre Interessen zu wahren, das heißt ihre Weltmachtstellung zu sichern und der amerikanischen Rüstungslobby zu frönen, alles unter dem Vorwand das Machtgleichgewicht zu stabilisieren.

Nach der Invasion wurde ein Waffenembargo gegen die Türkei verhängt, wobei die Invasion nur als Vorwand diente: Es war eine Maßnahme gegen den Linksruck und die demokratische Entwicklung in der Türkei. Daraufhin wurden die NATO-Stützpunkte in der Türkei kurzfristig bis 1978 geschlossen. Die Krise zwischen den USA und der Türkei wurde beendet, als die Nationalfrontregierung unter Demirel die Macht in der Türkei übernahm.

Die Sowjetunion verhielt sich im Zypernkonflikt neutral. Sie kritisierte die türkische Invasion und die anschließenden Genfer Verhandlungen und vertrat die Meinung, dass nur der UNO-Sicherheitsrat für die Krisenbeseitigung auf Zypern zuständig war und trat eindeutig für die Unabhängigkeit Zyperns ein. Mehr Unterstützung ist nicht bekannt, gegenwärtige Kreditanfragen gehören zu den letzten Meldungen.

Bevor es mit zypriotischer Innenpolitik weitergeht noch ein Wort zum Wechsel der Großmächte im 20. Jahrhundert auf Zypern: Immer noch unterhält Großbritannien Militärbasen auf der Insel.
Oft als treuester Verbündeter der USA bestätigt, ist Großbritannien im 21. Jahrhundert als Finanzsitz nun umgekehrt in der Lage, die derzeit angeschlagene wirtschaftliche Säule der USA zu stützen. Trotzdem versucht die USA ihre Hegemonialpolitik fortzusetzen: Nach den Anschlägen vom 11. September 2001 und den kostspieligen militärischen Desastern in Afghanistan und Irak, stiegen ihre Sicherheitsansprüche. Die Rolle der UNO als institutioneller Arm der USA kann anhand deren Aktionen auf Zypern gut konstatiert werden.

Die Gespräche, die seit 1985 zwischen Kyprianou und Denktas geführt wurden, bewirkten keine Annäherungen.

1988 wurde Kyprianou von Vassiliou abgelöst. Auch er nahm an zahlreichen von der UNO geleiteten Gesprächen mit Denktas teil, ohne dass Ergebnisse erzielt wurden, was an der starren Haltung von Denktas lag.

1990 wurde der Stillstand durch das europäische Parlament bestätigt, obwohl die EU Vassiliou unterstützte und es sogar zu Beitrittsverhandlungen Zyperns in die EU kam.

Auch in den 90er Jahren ebbten die Spannungen nicht ab, zu viele ungeklärte zivile Fragen herrschten zwischen Süd- und Nordzypern. Dabei spielte die rechtsextreme türkische Organisation „Graue Wölfe“ eine aktive Rolle.

1993 wurde nach den Wahlen Vassiliou von Klerides abgelöst. Auf Nordzypern zerbrach im selben Jahr die konservative Koalition. Es kam zu einer Regierung zwischen der konservativen YDP und demokratischen CTP, die in einem gespannten Verhältnis zueinander standen.

Über Nordzypern wurden 1994 vom europäischen Gerichtshof Sanktionen verhängt. In einer UNO-Resolution wurde gefordert, dass die Türkei ihre Truppen abziehen solle und Zypern wiedervereinigt werde.

Die Beziehungen zwischen Zypern und den USA verschlechterten sich durch die Teilnahme des US-Botschafters an einer nordzypriotischen Militärparade.

Ein Konfliktlösungsversuch von 1996 schlug fehl. 1997 kam es wegen des Ankaufs russischer Raketen seitens Zyperns zu einer neuen gefährlichen Krise. Nach der Vermittlung durch die USA verschob Klerides die Aufstellung der Raketen.

Während der langen Geschichte des Zypernkonflikts kam es zu zahlreichen Mediationen zur Lösung der Krisen, so auch durch den Uno-Generalsekretär Kofi Annan. Der von den Großmächten aufoktroyierte Annanplan scheiterte dennoch im Jahr 2004.

Als es 1998 zu Beitrittsverhandlungen mit der EU kam, drohte die Türkei mit der Annexion Nordzyperns. Da es noch keine durchführbaren Lösungsansätze gab, führten die Beitrittsverhandlungen erst 2004 zu einem Beitritt der Republik Zypern zur EU.
Auf der Insel gab es weiterhin brutale politisch motivierte Überfälle, z.T. mit tödlichem Ausgang. Dabei hat sich die UNO parteiisch verhalten, indem sie die türkisch-zypriotische Seite mehr unterstützte als die griechisch-zypriotische.

Immer wieder kam es zu Spannungen, die auch gewalttätige Ausschreitungen beinhalteten und bis heute ist der Konflikt weder politisch noch diplomatisch gelöst. Zum Beispiel gerieten 2011 Zypern und die Türkei in einen Konflikt bezüglich der Suche nach Erdgasvorkommen in der Ägäis.

Auch die Tatsache, dass Griechisch-Zypern per Juli 2012 die EU-Ratspräsidentschaft innehatte, zeigte Konfliktpotential, da der EU-Minister der Türkei Nordzypern an die Türkei angliedern möchte, wenn es nicht zu einer Lösung im Zypernkonflikt kommen kann.

Von der derzeitigen Eurokrise ist auch Zypern betroffen. Interessant darf dabei erscheinen, das die Insel auch bei Russland und China ‚anklopfte', um Kredite zu erhalten. Als Nachbar vom derzeit krisengeschüttelten Syrien, dem einzigen Militärstützpunkt Russlands und Handelspartner Chinas im Mittelmeerraum, erhofft es sich wohl finanzielle Vorteile.

Eine Einigung ist schwer möglich, solange radikale, nationalistische Organisationen ihren Einfluss in der türkischen Politik geltend machen können. Pantürkische Bewegungen, wie die Grauen Wölfe, vertreten die drastische Ansicht, dass überall, wo Türken leben, türkisches Gebiet sei. Es gab auch Provokationen von diesen Organisationen die griechisch-zypriotischen Akteuren zugeschoben wurden.

Aber es gibt auch Hoffnung, weil es sowohl auf griechisch- als auch auf türkisch- zypriotischer Seite demokratische Bemühungen für ein friedliches und vereintes Zusammenleben gibt, wie z.B. einen Nikosia Masterplan, bi-kommunale Gruppen und das beispielhafte Dorf Pyla.

Die Zyprioten wünschen keine weiteren externen Einmischungen. Stellvertretend für dieses Befinden seien Äußerungen von türkisch-zypriotischen Gewerkschaften genannt, die beinhalten, sie wollen keine Einmischung von außen und keine Aufoktroyierung von Maßnahmen, die den zypriotischen Verhältnissen nicht entsprechen.

8 Hypothesenüberprüfung

Interne und externe Faktoren des Zypernkonflikts des 20. Jahrhunderts wurden in dieser Arbeit ausführlich dargestellt:

a) die gezielte Etablierung bzw. Ansiedlung der ‚Herrschaftsethnie' als Bevölkerungsgruppe des osmanischen Reiches als interne Spannungsquelle;
b) die internationalen Beziehungsverstrickungen als externe Erschwernisse aufgrund der geopolitisch-strategischen Lage Zyperns. Internationale Großmächte und die Türkei machten sich die kulturellen Unterschiede der Bevölkerungsgruppen zunutze, um diese für ihre politischen und wirtschaftlichen Interessen einzusetzen.

Hypothese 1 (zur Erinnerung: Es galt zu beweisen, ob der Zypernkonflikt ein Volksgruppenkonflikt per se sei oder eine von der darin versierten Großmacht Großbritannien hineingetragene divide-et-impera Folge): wird durch die Darlegung der Großmachtinteressen an Zypern erhärtet – siehe dazu Kapitel 3.7.1-3.7.3; 3.8 für allgemeine Darlegungen zum Streben nach Weltherrschaft, Kapitel 3.7 für Großbritannien im Speziellen.

Auch wenn die osmanische Periode per se keinen Grundstein zum ethnischen Konflikt darstellt, erwies sich die wirtschaftliche Ausbeutung als Hemmnis für das heutige Zusammenleben, da erste Erfahrungen der Unterdrückung der Mehrheit durch eine militärische Fremdmacht aufgrund kultureller Unterschiede erlebt wurden. Im Kapitel 5.5 werden Aufstände beschrieben, deren Niederschlagung mit Festlandtruppen zu Ressentiments der muslimischen Notablen gegen die griechische Bevölkerung führen.

Unter britischer Herrschaft wurde die türkische Minderheit im Zuge einer *divide-et-impera*-Politik gezielt bevorzugt, um Zwietracht zu säen. Dargelegt wurde dies in den Kapiteln 6.5 (zum Beispiel von den Briten eingesetzte türkisch-zypriotische Spezialtruppen disziplinieren EOKA-B Kämpfer) oder in Kapitel 6.7 (als ein willkürlich gewähltes Beispiel: die Bombardierung einer zypriotischen Moschee durch die Türkei, was den Griechen zugeschoben wurde).

Resümee: Etabliert einst zur Sicherung der ‚life line' des British Empire (Handel mit den Überseekolonien) ist Zypern heute noch interessant für jene Macht, welche ihre „life line" – nämlich Rohöl- sichern möchte und daher für Nahostkonflikte geostrategisch gut aufgestellt sein möchte: Nämlich die USA.

Hypothese 2 (zur Erinnerung: hier galt es zu beweisen, dass die britische divide-et-impera Politik die Ursache für den Beginn der ethnischen Separation auf Zypern sei): Zunächst wurden die Konflikte zwischen den Volksgruppen der damaligen Kolonie von den Großmächten Großbritannien, mittels einer divide-et-impera-Strategie verschärft (Kapitel 6.5). Nach dem 2. Weltkrieg wandten sich zusätzlich die USA und die NATO bewusst gegen ein von Makarios' angestrebtes blockfreies einheitliches Zypern, um die imperialistischen Interessen der Großmächte sicherzustellen. Quasi zementiert wurden sie durch konträre, extrem-nationale Positionen, die von der Türkei (TAKSIM) und Griechenland (ENOSIS) geschürt wurden. Die gegenseitigen planmäßig organisierten Gewaltakte lösten in den beiden Bevölkerungsgruppen Fluchtwellen aus, die die Bereiche gemischter Besiedlung immer weiter minimierten. Bis zur Invasion der Türkei 1974 wurde die ethnische Separierung durch die fehlende Unterstützung von außen, eine bi-kommunale Verfassung zu schaffen, zusätzlich vorangetrieben. Die Gründung der Türkischen Republik Nordzypern „etablierte" diese Trennung nachträglich.

Das Auseinandertriften der Ethnien und die gegenseitigen Gewaltakte wurden in den Kapiteln 6.5-6.11 beschrieben.

Hypothese 3: *(Anmerkung: hier ging es um die Kategorien getarnte Annexion versus Schutz einer Minderheit)* Der Begriff „getarnte Annexion" wird in der Literatur nicht für die Invasion 1974 auf Zypern verwendet, er wurde von mir geprägt und bisher in dieser Arbeit noch nicht weiter dargelegt. Die „getarnte Annexion (Nordzyperns) zum Schutz einer Minderheit" durch ein „Mutterland" (Türkei) wurde von westlichen Mächten zwar nicht vehement verhindert, die Anerkennung der Türkischen Republik Nordzypern (TRNZ) durch die Staatengemeinschaft mit Ausnahme der Türkei blieb aber aus und die Annexion kann als deren Expansionspolitik gewertet werden. Das Faktum der Nichtanerkennung der TRNZ durch die Staatengemeinschaft spricht für sich. Nichtsdestotrotz scheint mir der Fokus einseitig auf die

Staatsgründung ausgelegt. Das Interesse des Mutterlandes, eine Machtbereichsvergrößerung wird dabei allzu leicht übersehen. Diese Behauptung kann durch die Anwesenheit des türkischen Militärs bis heute leicht begründet werden.

Hypothese 4: Lösungen des Zypernkonflikts können nur durch eine Visions- und Politikwende bewirkt werden, die entweder von Zivilorganisationen oder von Parteien kommen, die einen übergeordneten, lokal begründeten Konsens herstellen können ohne Weltmachtinteresse, wie es zum Beispiel der von der UNO aufgenommene ‚Nikosia Masterplan' der beiden Bürgermeister Demitriades und Akinci vorsieht, wie es bi-kommunale Gruppen vorleben und wie es die miteinander befreundeten demokratischen, progressiven Staatsoberhäupter, der türkisch-zypriotische Präsident Talat und der griechisch-zypriotische Premierminister Christofias anstreben. Diesbezügliche erste Erfolge finden sich in Kapitel 6.25.

Dieses Kapitel abschließend wird festgehalten, dass durch die in der Arbeit vorgenommenen Analysen alle Hypothesen bestätigt wurden.

9 Schlussbetrachtung meiner Analysen

Wenn man am Schluss dieser Untersuchungen zu der Erkenntnis gelangt, dass das Thema Zypern nach wie vor ein politisches, militärisches, religiöses und soziales Spannungsfeld darstellt, so kann man sagen, dass ein Spannungsfeld auf dieser Insel bereits über Jahrhunderte existiert hat. Nur seine Erscheinungsformen, seine Dimensionen und Konfliktpotenziale haben sich verändert.

Für eine kurze Periode befand sich das Spannungsfeld Anfang der 60iger Jahre des 20. Jahrhunderts in einem labilen Gleichgewicht. Aus heutiger Sicht sollte dieser Zustand wieder angestrebt werden – mit dem Wunsch ein stabiles Equilibrium zu erreichen. Dies kann, aber muss nicht die Wiedervereinigung der geteilten Insel sein.

Der Eindruck besteht aber, dass in den letzten 100 Jahren externe Einflüsse der Insel ein sehr gewaltdurchsetztes Schicksal bescherten.

Durch die zypriotische Geschichte zieht sich als roter Faden, die Gefahr zum Spielball der Weltmächte zu werden, angesichts der geopolitisch-strategischen Lage (Bsp. Suezkanal, Nah-Ost-Konflikt). Gerade die Politik des Erzbischofs Makarios zeigt das Ringen um wirkliche Souveränität (über die Etappen ENOSIS zur Blockfreiheit).

In einer Welt globaler Vernetzung scheinen manche politischen Ideale wie z.B. Solidarität in weite Ferne gerückt. Vielleicht müssen Begriffe, wie zum Beispiel „Staatliche Souveränität" neu überdacht bzw. revidiert werden. Auch die globale Wirtschafts- und sozial-politische Entwicklung schafften neue Abhängigkeiten, aber auch Chancen (z.B. der EU-Beitritt Zyperns).

Trotz Globalisierung blüht auf Zypern sowohl griechischer als auch türkischer Nationalismus mit gelegentlichen Terroranschlägen. Ob im herrschenden Globalisierungstrend Zypern eine „Insel der Seligen" werden wird, ist noch offen. Die Bereinigung des Konflikts wird erschwert durch den neuesten seit 2011 schwelenden Streit über die Erschließung von Erdölvorkommen in der Ägäis: Die griechischen Zyprioten suchen nach Erdgasvorkommen innerhalb der vereinbarten Grenzen. Obwohl die Türkei keinen Anspruch auf diesen Teil der ägäischen Gewässer hat, missbilligt es dieses Vorhaben. Ankara droht

Zypern mit der Entsendung von Kriegsschiffen und kündigt an, die Beziehungen mit der EU auf Eis legen zu wollen. Die Bohrungen werden derzeit von amerikanischen Firmen durchgeführt, wobei Israel insofern involviert ist, weil Rohstoffe strategische Partnerschaften bedingen und Zypern mit Israel nur in Kooperation effiziente wirtschaftliche Entscheidungen erbringen. „Gas ist immer politisch“ und Zypern kann vielleicht davon profitieren, wenn sich zwischen Israel und der Türkei entspanntere Beziehungen entwickeln.[716] (Vgl. Kapitel 6.11)

Fasst man nationalistische Tendenzen als eine Suche von Individuen zur Identitätsfindung auf, so trifft dies sicher auch auf die zypriotischen Nationalismen zu: Die Herausbildung eines eigenen zypriotischen Nationalgefühls/einer zypriotischen Nation wurde in der Geschichte laufend durch Fremdherrschaft verhindert, bzw. nationalistische Gefühle wurden von den „Mutterländern“ geschürt, die einer autonomen, emanzipierten Gesellschaft auf Zypern im Wege standen (siehe Kapitel 3).

Durch das so geschaffene Identitätsvakuum war der Wunsch, sich einer starken externen Nation anzuschließen, sehr stark.

So hoffte man, Orientierungslosigkeit, Angst und Aggression neutralisieren zu können. Gleichzeitig wurden im Namen der eigenen „nationalen Interessen“ Feinbilder geschaffen.

Als wichtigsten Punkt für die Zukunft der Insel sehe ich, abgesehen von der Notwendigkeit der soziologischen und ökonomischen Entwicklung, die Friedenssicherung.

Auch die Staatengemeinschaft suchte nach einer Lösung für Zypern, jedoch gelang es den UNO-Friedenstruppen niemals wirklich trotz langer Präsenz, die innere Sicherheit auf der Insel zu garantieren. Auch trotz der Bemühungen seitens der UNO-Vermittler konnte keine Lösung gefunden werden. Die Machtinteressen der USA, Großbritanniens und Russlands bzw. politisch – ökonomische Verstrickungen prägen die Vorgangsweise der UNO. Nur eine Verschiebung der machtpolitischen Verhältnisse zugunsten anderer Länder oder anderer

---

716 Vgl. Die Welt, http://www.welt.de/politik/ausland/article114904346/Israels-Probleme-mit-seinem-neuen-Gasreichtum.html/ 10.12.2013

Ziele würde eventuell einen Gesinnungswechsel bedeuten und für Zypern Stabilität bewirken.

Eine Veränderung der türkischen Außenpolitik könnte auch eine Lösung des Zypernkonfliktes bewirken. Könnte das türkische politische System eine wirkliche Demokratisierung durchmachen, so würden auch keine gewalttätigen militärischen Übergriffe in Innen- und Außenpolitik mehr stattfinden müssen.

Einer Änderung der türkischen Politik könnte die Möglichkeit bewirken, über die politische Zukunft Zyperns und der türkischen „Volksgruppe" neu zu verhandeln. Dabei wäre ein Abzug der türkischen Truppen und die Anerkennung von Zypern als einheitliche legitime souveräne Republik sicher hilfreich, bzw. die Illegitimität der Republik Nordzypern sollte beendet werden und die Beziehungen neu aufgebaut werden. Zyperns Präsident Christofias äußerte Vorschlage im Vorfeld der EU-Ratspräsidentschaft bei seinem Besuch in Wien. Er sprach Kapitel an, die wieder geöffnet werden könnten im Zuge der Beitrittsverhandlungen zur EU mit der Türkei und die eine Win-Win Situation darstellen. Die Öffnung und Restaurierung Famagustas, die dadurch den ausgesiedelten Bewohnern wieder zugänglich gemacht würde kann ein Schritt sein. „Wir wollen nicht, dass die unakzeptable Teilung der Insel fortbesteht. Das ist nicht zum Vorteil Zyperns. Deshalb sind wir auch den Weg gegangen zur Weiterentwicklung dieses Staates zu einer Föderation mit zwei Zonen, zwei Gemeinschaften. Wir hatten nie eine Föderation, die Zyprioten haben in allen Teilen der Insel gelebt. Aber diese Föderation muss ein Staat sein, mit einer einzigen Souveränität, einer Staatsbürgerschaft und einer internationalen Persönlichkeit."[717] Christofias meinte weiters, dass Drohungen wie sie seitens der Türkei im Mai 2012 anlässlich der zypriotischen Ratspräsidentschaft gemacht wurden, darüber, dass die Verhandlungen über Zypern unterbrochen werden, eine starre Haltung zeigen.[718]

Im Sinne einer direkten Demokratie sollte eine an die spezielle Situation angepasste Verfassung ausgearbeitet werden. Durch ein Referendum auf der gesamten Insel unter Aufsicht der UNO ohne Einmi-

[717] Der Standard, 20.05.2012, S. 3
[718] Ebenda

schung von außen sollte die Meinung beider Ethnien festgestellt werden und noch ungeklärte Eigentumsverhältnisse geklärt werden.

Mir erscheint als die beste Lösung, dass die unabhängige Republik Zypern erweitert wird, wobei die türkische Minderheit einen autonomen Status erhalten sollte.

Eine Autonomie gewährleistende Verfassung könnte ethnische Grenzen aufweichen und die Bereitschaft zum friedlichen Zusammenleben stärken. Davon profitieren würde der europäische Wirtschaftsraum (Stichwort Eurokrise) sowie eine Entlastung der Vereinten Nationen durch den Wegfall der Friedenstruppen.

Um einige dieser konfliktlösungsorientierten Vorschläge umsetzen zu können, würde es einer Aufweichung der verhärteten Fronten bedürfen, was nach der komplexen Geschichte Zyperns, den Grausamkeiten, denen die Bevölkerung immer wieder ausgesetzt war, etlichen extremen und gegensätzlichen Standpunkten, die noch immer existieren, großer psychischer Aufarbeitungsanstrengungen bzw. Mediationen benötigt.

Mit meiner dialektisch-historischen Analyse möchte ich die Menschen auf Zypern dahingehend unterstützen, indem ich bewusst mache, dass auf Zypern Kräfte einwirk(t)en, die einen Friedensschluss bislang enorm erschwerten. Zypern ist Opfer der Großmacht-, Imperialismus- und divide-et-impera- Politik. Es ist also nicht das individuelle Versagen der auf Zypern lebenden Personen, dass der Konflikt noch immer nicht gelöst wurde, sondern jenes Zusammenspiel von instrumentalisierten ethnischen Konflikten seit dem britischen Empire, von schlechten Erfahrungen der Muslime mit dem habgierigen griechischen Klerus während der osmanischen Zeit und von politischen Schachzügen der Großmächte des 20. Jahrhunderts, welche die Bevölkerung entwurzelten.

10 Ausblick

Noch immer weisen in der Pufferzone undurchdringliche Stacheldrahtbarrieren, zerstörte Gebäude, an deren kaputten Fassaden noch immer die Einschusslöcher zu sehen sind, auf vergangene Gräuel hin, die weder politisch noch psychologisch aufgearbeitet worden sind.

Trotzdem gibt es von den Bewohnern der Insel vorbildliche Initiativen, wie bi-kommunale Gruppen und einen Masterplan, die als Beispiel für gutes Zusammenleben dienen. Diese Vorbilder kommen nicht „von außen“, sondern sind authentische Bemühungen beider Volksgruppen, trotz ethnischer, sprachlicher und religiöser Unterschiede sowie Terrorerfahrungen zu demokratischen, einheitlichen und autonomen politischen Entscheidungen zu finden, wobei die Zugehörigkeit zu einer bestimmten Volksgruppe zur marginalen Bedeutung werden könnte (vgl. Kapitel 3).

Sie wecken die Hoffnung auf eine vereinte souveräne Insel, auf Demokratie und Partizipation und damit auf ein selbstverständliches und friedliches Zusammenleben in einer einheitlichen Republik Zypern, das auch anderen Konfliktherden der Welt ein positives Beispiel geben könnte.

11 Schlusswort

Mit meiner Arbeit möchte ich einen Beitrag dazu leisten, die Problematik des sogenannten Zypernkonflikts zu analysieren, da er mich an andere Konflikte erinnert, die mich seit meiner Kindheit beschäftigen, z.B. die Konflikte zwischen Kurden, Türken, Armeniern. Ebenso wie die Spannungen zwischen Griechen und Türken sind die Gründe und Ursachen der Konflikte auf eine allgemein gültige Ebene zu heben um zu verdeutlichen, dass oft ideologische Gründe vorgeschoben werden, obwohl die eigentlichen Ursachen in Missständen der jeweiligen politischen Machtverhältnisse und Systemen zu suchen sind, wobei Unterdrückung bzw. Ausbeutung eine wichtige Rolle spielt.

Meine Analyse und meine Lösungsvorschläge sollen dazu dienen, zu einer Bewältigung der Konflikte beizutragen. Konflikte werden nicht emotional und durch Schuldzuweisungen gelöst, sondern nur mit rationalen Strategien was natürlich ein langer Prozess sein kann, der je nach Konfliktstufe eine Mediation von außen erforderlich machen kann.

Meine Arbeit weist auf solche Wege hin und ich hoffe mit ihr einen kleinen Schritt in Richtung spannungsfreies Zusammenleben verschiedener Völker mit problematischer Geschichtserfahrung anzuregen.

Dem Erzbischof und Bringer der Unabhängigkeit
gilt der besondere Respekt des Autors

12 Internetquellen

BECKER von, Peter: Helmut Schmidt erklärt die Welt. China ist ein Eroberer ohne Gewalt. In: http://www.tagesspiegel.de/politik/helmut-schmidt-erklaert-die-welt-china-ist-ein-eroberer-ohne-gewalt/6139232.html vom 02.02.2012

BUTTKEREIT, Christian: www.tagesschau.de/ausland/putsch100.html, 04.04.2012

Chomsky, Noam, Chomsky, Noam, groups.unipaderborn.de/transparenz/politdocs/chomsky02.pdf, 04.07.2013

http://fuatercan.wordpress.com/2009/06/12/anti-neoliberale-strategien-neu-denken-ein-blick-auf-die-turkei-aus-der-perspektive-der-werttheorie/ 26.06.2013

EFFENBERGER, Wolfgang: Das amerikanische Jahrhundert –Teil 1: Die verborgenen Seiten des Kalten Krieges. In: http://books.google.at/books?id=u4pz3tJSOnMC&pg=PA160&lpg=PA160&dq=Paul+HenzeT%C3%BCrkei12.+September+1980&source=bl&ots=vV_pfKhZsW&sig=Ighx0sSMyxMKyiyiAqVgTr_xs&hl=de&sa=X&ei=sMaST432OMbrOafo_YwE&ved=0CHwQ6AEwBg#v=onepage&q=Paul%20Henze-T%C3%BCrkei-12.%20September%201980&f=false, S. 160, 13.09.2011

FOX, John, GODEMENT, Francois: Ein Power-Audit der EU-China Beziehungen. In: www.ecfr.eu/page/-/CPA-ES-GERMAN.pdf, S.9. 18.08.2012

http://politicsgr.com/forum/showthread.php?p=556: Der Streit um die Ägäis: Luftraum, Hoheitsgewässer und Meeresboden, 10.11.2011

http://www.deutsch-tuerkische-nachrichten.de/2012/03/432870/egemen-bagis-angliederung-von-nordzypern-an-die-tuerkei-ist-moeglich/: 04.03.2012

http://www.handelsblatt.com/politik/international/neue-hilsfkredite-zypern-sucht-erneut-hilfe-bei-russland/6783798.html, 17.08.2012

http://www.nato.diplo.de/Vertretung/nato/de/04/Rechtliche__Grundlagen/Nordatlantikvertrag.html: 23.03.2012

http://www.taz.de/Tuerkische-Putschistenfuehrer-vor-Gericht-/!90879/: 04.04.2012 http://www.spiegel.de/politik/ausland/usa-schicken-flugzeugtraeger-ins-suedchinesische-meer-a-862408.html, 03.11.2012

http://www.foreignpolicy.com/articles/2012/01/03/after_america, 23.12.1012

http://www.wienerzeitung.at/nachrichten/politik/europa/398643_Tuerkei-verschaerft-Ton-gegen-Zypern.html, 21.09.2011

SEIBOLD, Balthas: Skript: Zentrale Begriffe der Politikwissenschaft. In
www.webwort.de, 23.03.2008

www.derindusunce.org: 09.02.2009

www.odatv.com: 22.12.2010

www.turkishpress.de: Ereignisbericht im Internetforum der Turkish Press, vom 08.09.2009

www.wsws.org/de/2000/sep2000/puts-s12.shtml, 12.09.2011

http://www.europarl.europa.eu/sides/getDoc.do?type=QT&reference=H-2001-0884&language=DE 23.12.2012

http://siyaset.milliyet.com.tr/erdogan-kibris-diye-bir-ulke-yok/siyaset/siyasetdetay/05.02.2013/1665000/default.htm, 09.02.2013

Atac, Ilker, Was für einen Staat wünscht sich die EU in der Türkei? www.beigewum.at/wordpress/wp-content/.../089_ilker_atac.pdf 07.07.2013

Mayer, Thomas http://derstandard.at/1381369458773/EU-und-Tuerkei-schleppen-sich-weiter 09.12.2013

http://www.spiegel.de/wirtschaft/soziales/zypern-hofft-auf-hilfe-aus-russland-a-889867.html/ 20.03.2013

http://www.welt.de/politik/ausland/article114904346/Israels-Probleme-mit-seinem-neuen-Gasreichtum.html 09.12.2013

http://www.hri.org/docs/annan/Annan_Plan_Text.html 23.12.2012

13 Bibliographien und Handbücher

BAYER, Florian Thaddäus: Ethnischer Konflikt und Minderheitenproblematik auf Nordzypern 1974 bis 1997, Wien, 1997

BÖTIG, Klaus: Zypern, Köln, 1995

BUCHAN, Alastair: Der Krieg in unserer Zeit, München, 1968

BLITTERSDORFF von, Winrich: Pluralismus der Bevölkerungsgruppen in der Verfassungsstruktur Südafrikas und Zyperns, Frankfurt/M., 1972

CHATZIPANAGIOTI, Julia: Griechenland, Zypern, Balkan und Levante. Eine kommentierte Bibliographie der Reiseliteratur des 18. Jahrhunderts, Eutin, 2006

CLERIDES Glafcos: Negotiating for Cyprus 1993-2003, Ruhpolding, 2008

DAHRENDORF R.: Konflikt und Freiheit, München, 1972.

DEUTSCH, Karl W.: Analyse internationaler Beziehungen, Frankfurt/M., 1968

EDLINGER, Harald: EU – Erweiterung als Lösung ethno-nationaler Konflikte? Der Fall Zypern, Wien, 2006

GEORGIADES, A.: Die Zypernfrage, Bonn, 1963

IGNATIOU, Andreas: Das Parteiensystem in Zypern: 1959-1989, Wien, 1991

KALOUSSIS Demetre: Der griechisch-türkische Bevölkerungsaustausch in den Jahren 1922/23, Wien, 1935

KAYE, M. Mary: Es geschah auf Zypern, Wien, 1985

KINDERMANN G.K.: Grundelemente der Weltpolitik, München, 1977.

KLUTE, Andreas: Zyperns europäische Option, Münster, 2000

LUKE Sir Harry: Cyprus under the Turks 1571-1878. Oxford, 1921. Facsimile Nachdruck London, C. Hurst & Co, 1989

LUGERT, Alexandra M.: Die friedenserhaltenden Maßnahmen der Vereinten Nationen im Zypernkonflikt, Wien, 1993

MAIER, Franz Georg: Cypern – Insel am Kreuzweg der Geschichte, München, 1982

MAKARIOS Drousiotis: Cyprus 1974: Greek Coup and Turkish Invasion, Mannheim/Möhnesee, 2006

MÜLLER, Gergard P.: Zypern, Luzern, 1984

OSTROGORSKY, Georg: Bizans Devleti Tarihi, Türkei, 1981

ULUDAG Sevgül: Cyprus the Untold Stories. Mannheim/Möhnesee, 2005

PFEIFER, Hans- Georg: Zypern, München, 1989

PITTLER Andreas P.: Zypern. Klagenfurt, 2003

PFEIFER, Hans- Georg: Zypern, München, 1989

PITTLER Andreas P.: Zypern. Klagenfurt 2003

REDEN von, Sibylle: Zypern Die Insel der Aphrodite. Köln, 1974

RICHTER Heinz A.: Geschichte der Insel. 1878-1949. Mannheim/Möhnesee, 2004

RICHTER Heinz A.: Geschichte der Insel Zypern. 1959-1965. Ruhpolding, 2007

RICHTER Heinz A.: Geschichte der Insel Zypern. 1965-1977, Ruhpolding, 2009

STEPHEN, Michael: Die Zypernfrage, Köln, 1999

SHERMAN, Arnold: Zypern- die gefolterte Insel, Freiburg, 1999

SCHNEIDER, Andreas: Zypern: [mit Nordzypern], Ostfildern, 2005

TZERMIAS, Pavlos : Geschichte Republik Zypern, Tübingen, 2004

VARVAROUSIS, Paris: Konstellationsanalyse der Außenpolitik Griechenlands und der Türkei, München, 1979

14 Abbildungsverzeichnis

15 Abkürzungen und Erklärungen

AKEL	Fortschrittspartei des Werktätigen Volkes
AP	Außenpolitik
Art.	Artikel
Bzw.	Beziehungsweise
Dgl.	Desgleichen
CENTO	Central Treaty Organization
CTP	Republikanische Türkische Partei
EDA	Eniea Dimokratiki Aristera
EDIK	Enosis Dimokratikou Kentrou
EG	Europäische Gemeinschaft
ENOSIS	Anschluss, Vereinigung
ERE	Nationale Radikale Union
EOKA	Ellenikos Organismos Kypriakon Aganistan = Hellenische Organisation für den Kampf zum Zypern
EOKA-B	Nachfolgeorganisation der EOKA
f /ff	folgende (fortfolgende) Seite (n)
Fn	Fußnote
Hrsg.	herausgegeben bzw. Herausgeber
IGH	Internationaler Gerichtshof
IKRK	Internationales Komitee des Roten Kreuzes
IP	Internationale Politik
KEK	Zypriotische Nationalpartei
KKE	Kommunistische Partei Griechenlands
KKK	Kommunistische Partei Zyperns
KSZE	Konferenz für Sicherheit und Zusammenarbeit in Europa

K.A.	Keine Angaben
KATAK	Kibris Adasi Türk Azinligi Kurumu = Association of the Türkisch/ Minority of the Island Cyprus
KTFD	Kibris Türk Federe Devleti= Föderativer türkisch-zypriotischer Staat Zypern
KKTC	Kuzey Kibris Türk Cumhuriyeti= Türkische Republik Nord-Zypern
KTMBP	Kibris Türk Milli Birlik Partisi = Türkisch Cypriot National Union Party
KTP	„Zypern ist türkisch-Partei"
NATO	North Atlantic Treaty Organisation
OECD	Organization for Economic Cooperation and Development
PASOK	Panellinion Sozialistikon Kinima = Die Panhellenische Sozialistische Bewegung
S.	Seite
S-M	Südosteuropa-Mitteilungen
SUN	Satzung der Vereinten Nationen
TAKSIM	Teilung
TKP	Kommunale Befreiungspartei
TMT	Türk Mukavemet Teskilati = Türkische Verteidigungsorganisation
UBP	Nationale Einheitspartei
UNDP	United Nations Development Programm
UNFIZYP	United Natoins High Commissioner for Refugees
UN	United Nations
VOLKAN	Türkisch-zypriotische Untergrundorganisation
UN_Doc.	Documents issued by the United Nations

UFICYP	United Nations Peace-Keeping Force in Cyprus
UNO	United Nations Organisation
VB	Völkerbund
Vgl.	Vergleiche
VN	Vereinte Nationen
VR	Völkerrecht
YDP	Wiedergeburtspartei
z.B.	zum Beispiel
ZK	Zentralkomitee
Zit.n.	zitiert nach

16 Anhang: Coisie, S. 426-435

Positionen der türkischen Invasionstruppen

Abb. 8

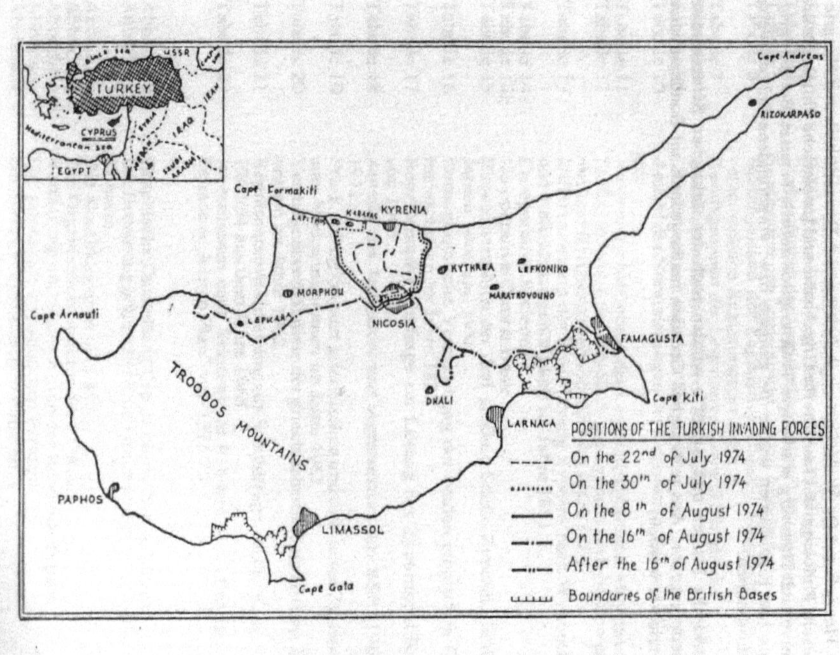

Karte von Zypern mit Wirkungsbereichen der EOKA

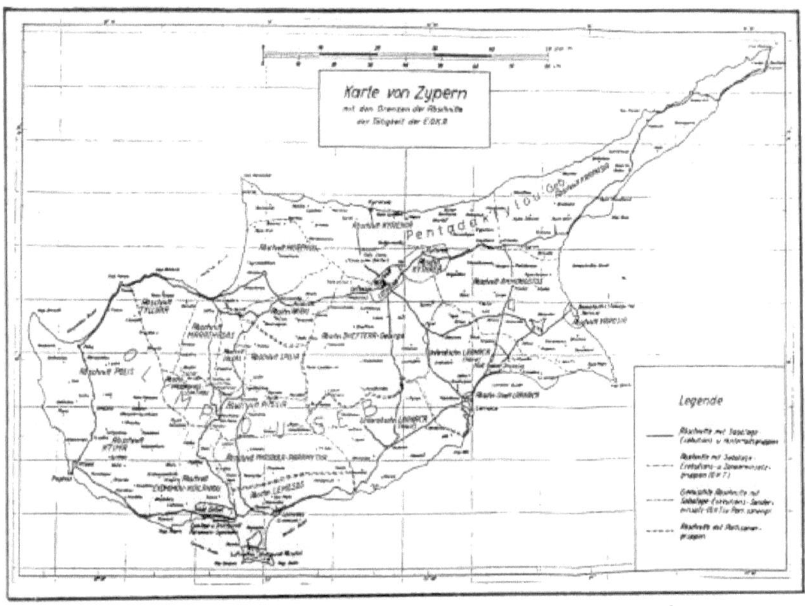

Abb. 9

Verteilung der griechischen und türkischen Siedlungen auf der Insel

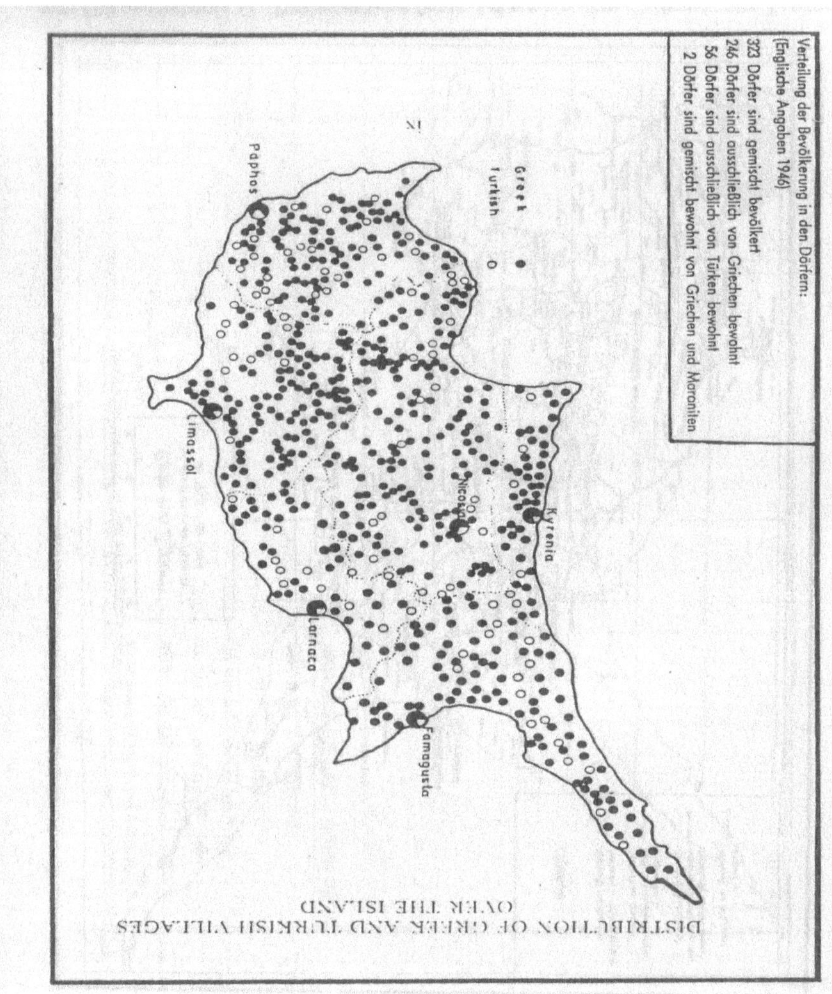

Abb. 10

Die politisch-strategische Situation Großbritanniens im Mittelmeer zwischen den Weltkriegen

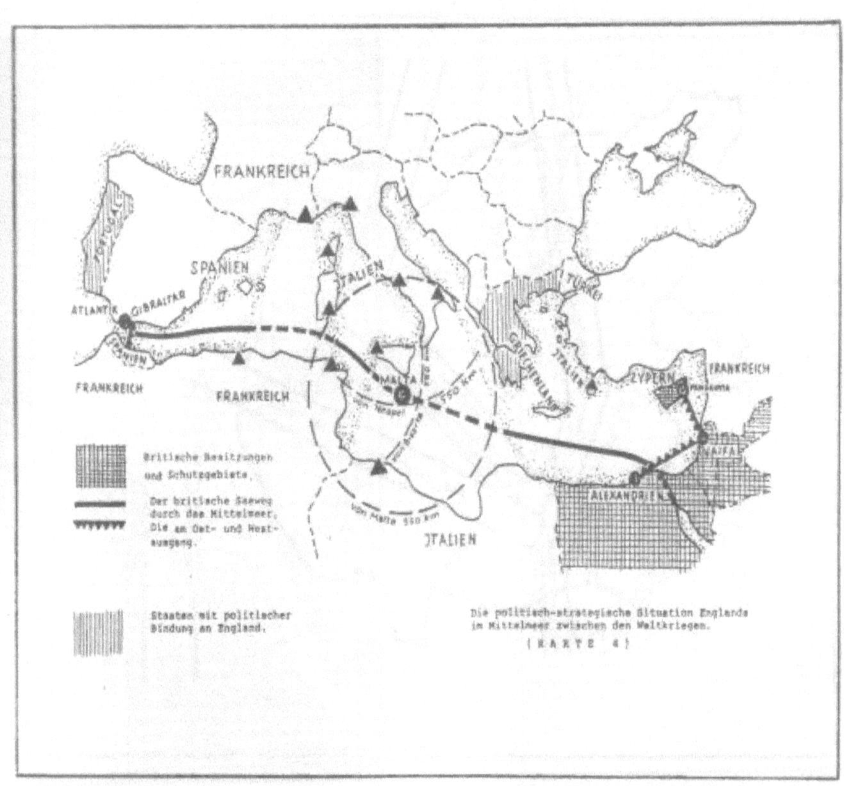

Abb. 11

Verkehrsrouten und politische Grenzen im Orient

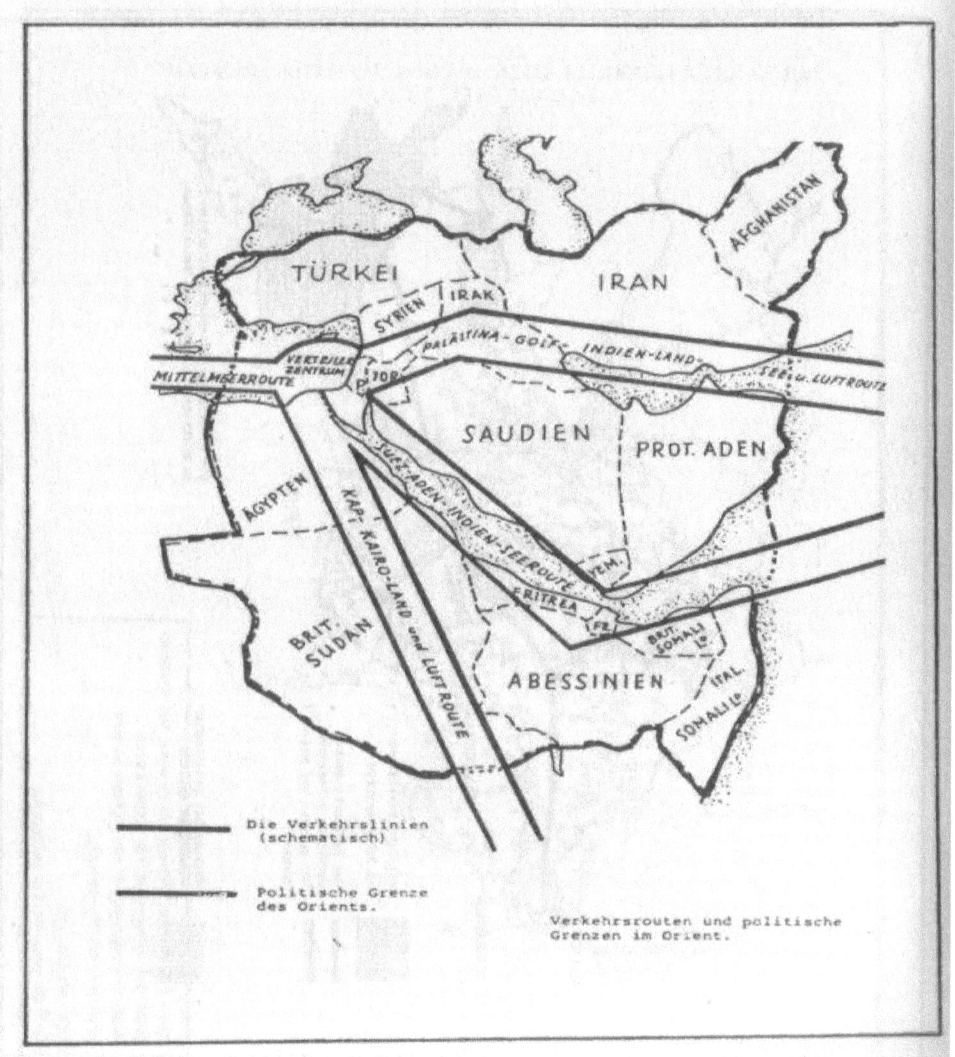

Abb. 12

Britische Militärstützpunkte

Abb. 13

Flüchtlingsbewegungen der türkischen Zyprioten

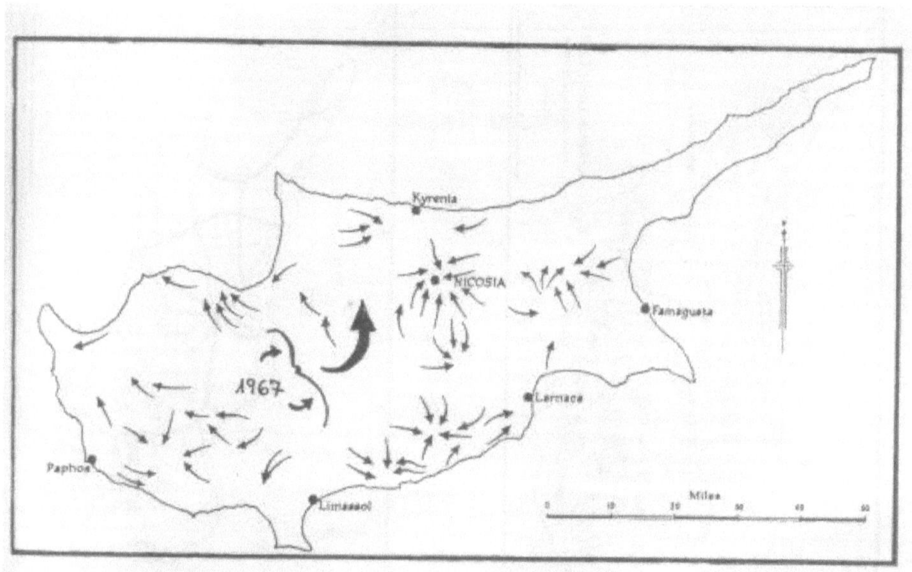

Abb. 14

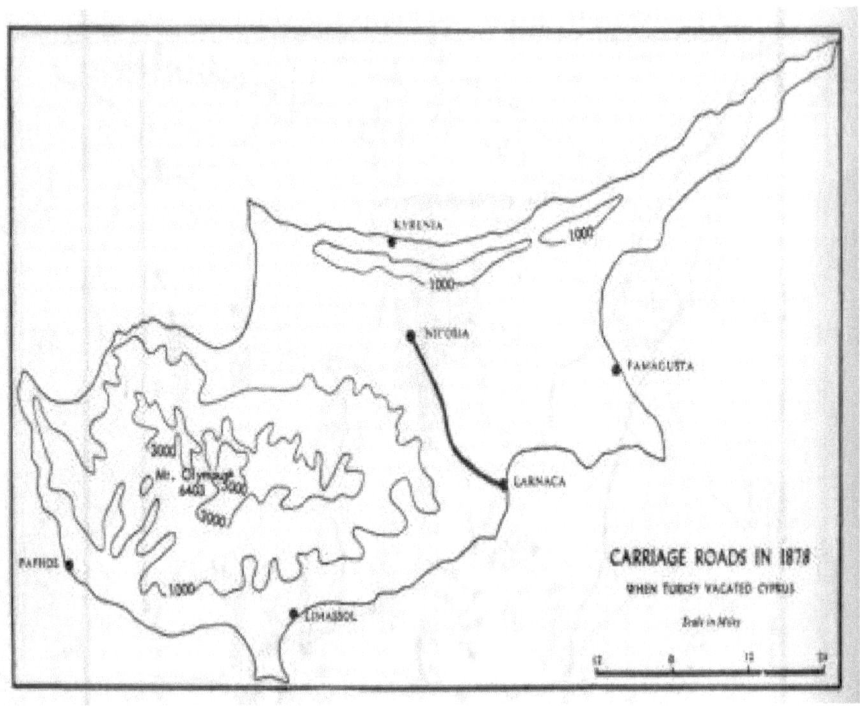

Abb. 15: Verkehrswege von 1878

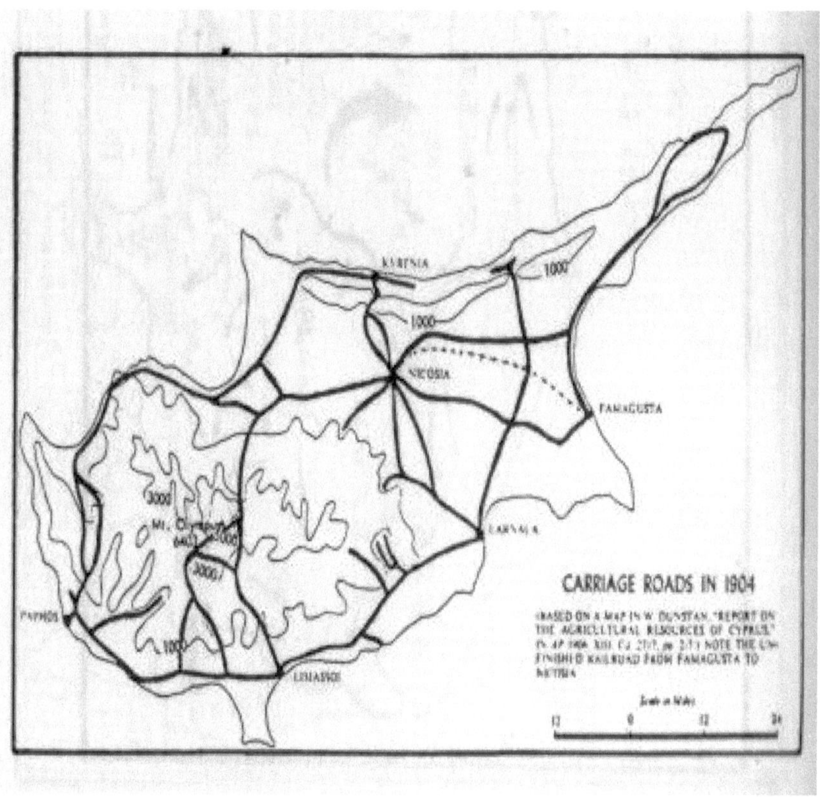

Abb. 16: Verkehrswege von 1904

Bodenschätze

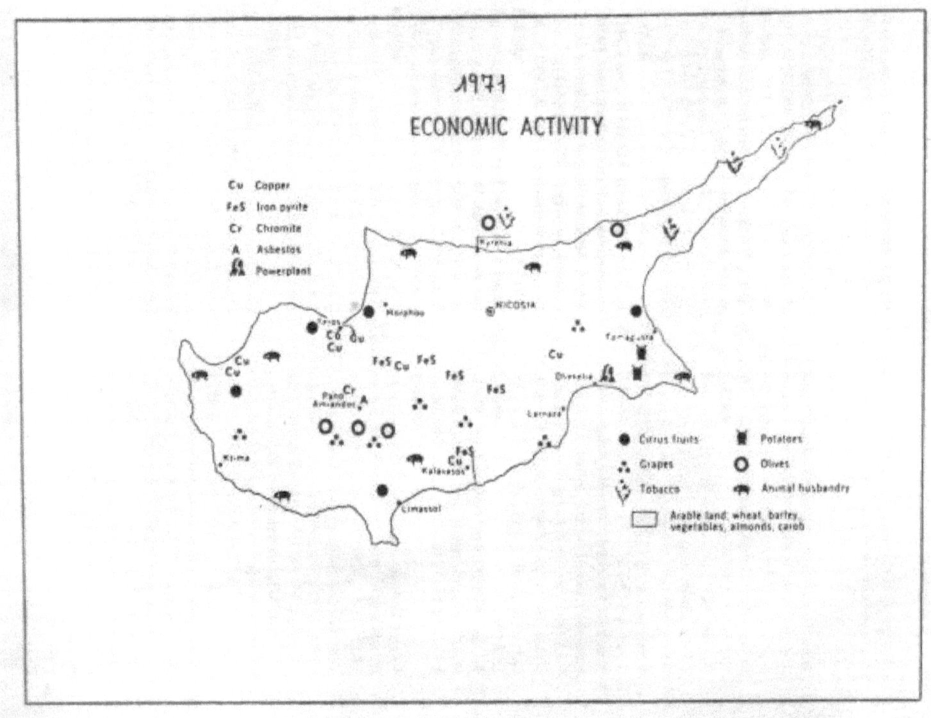

Abb. 17

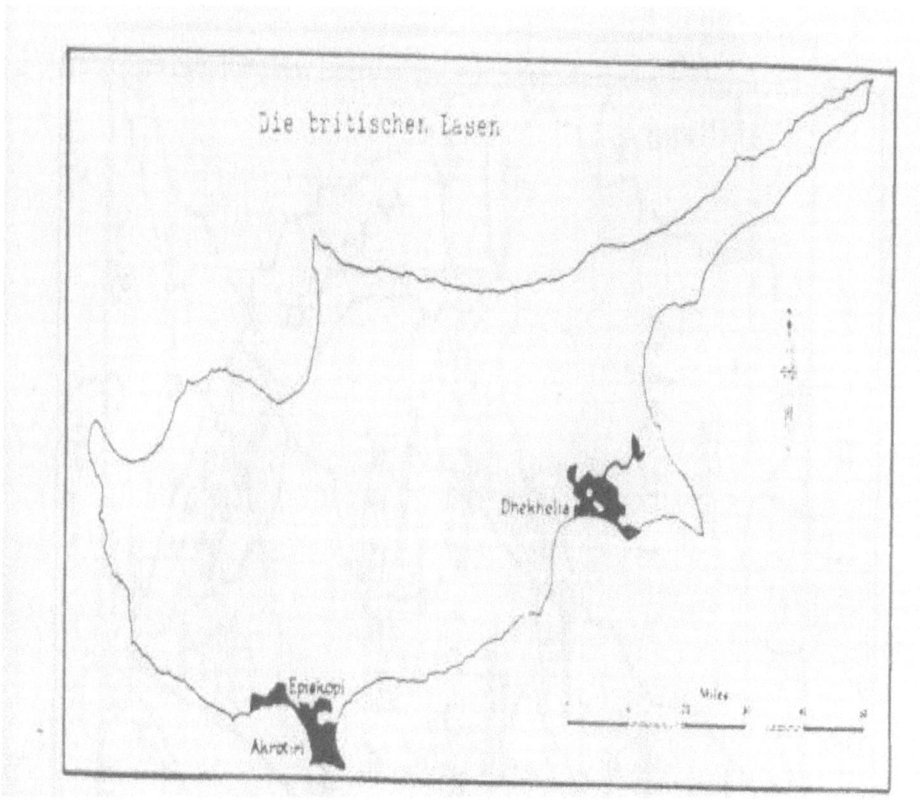

Abb. 18

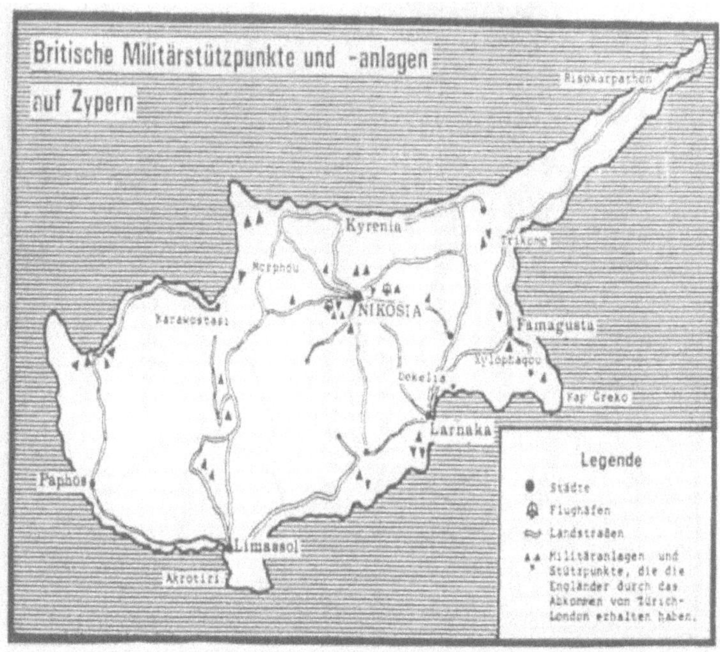
Britische Militärstützpunkte und -anlagen
auf Zypern
Risokarpashon
Kyrenia
Trikomo
Morphou
NIKOSIA
Karawostasi
Famagusta
Xylophaqou
Dekelia
Kap Greko
Larnaka
Paphos
Limassol
Akrotiri
Legende
Städte
Flughäfen
Landstraßen
Militäranlagen und Stützpunkte, die die Engländer durch das Abkommen von Zürich-London erhalten haben.

Abb. 19

Zeitungskarikaturen

Eleftheriadou, Eleni: Die Berichterstattung der österreichischen Tageszeitungen Kurier und Presse über die Türkische Intervention auf Zypern. Diplomarbeit an der geistes- und Kulturwissenschaftlichen Fakultät der Universität Wien, Wien, 2003, S. 75, 92, 93, 94

„Mit vollem Mund spricht sich's schlecht!" KURIER-Karikatur: Rudolf Angerer

Abb. 20

EURO-VISION

Karikatur „Frankfurter Allgemeine"/Köhler

„Challo, NATO? – Ihrige neieste Darrbietung ist sich cherrzerrfrrischend – weiterr so!"

Abb. 21

DIE BOMBENTEILUNG

Karikatur: „Die Presse"/IRONIMUS

Abb. 22

RANG
Türkenbelagerung 1874
KURIER-Karikatur: Rudolf Angerer

Abb. 23

17 Verzeichnis der zitierten Literatur

Eden, Anthony Sir, THE MEMOIRS OF THE RT. HON. SIR ANTHONY EDEN, London, 1960

Ahlbrecht, K., Benediek, A., Meyers, R. Wagner, S.: Konfliktregelung und Friedenssicherung im internationalen System. Wiesbaden, 2009

Alemann von, Ulrich, Forndran, Erhard: Methodik der Politikwissenschaft, Stuttgart, 1979

Albrecht, Ulrich u. a.: Rüstung und Unterentwicklung. Iran, Indien, Griechenland, Türkei. Die verschärfte Militarisierung. Rowolt Taschenbuch, Reinbeck bei Hamburg, 1976

Albrecht, Ulrich: Internationale Politik, Einführung in das System internationaler Herrschaft, München, Wien, 1999

Aristoteles: Politik, Rowohlts Klassiker der Literatur und der Wissenschaft, Griechische Literatur Band 8, München, 1965

Atac, Ilker; Kraler, Albert; Ziai, Aram (Hrsg.): Politik und Peripherie, Wien, 2011

Atac Ilker: EU nach Konvent und Osterweiterung, Kurswechsel, Heft 1, Wien, 2004

Barrios, Stefes: Einführung in die Comperative Politics, Oldenbourg, 2006

Becker, Joachim im Editorial von „Kurswechsel“. Heft 2/2003

Becker, Joachim, in: Fischer, Karin; Maral-Hanak, Irmi; Hödl, Gerald; Parnreiter, Christof (Hrsg.): Entwicklung und Unterentwicklung. Wien, 2004

Bedirhanoglu, Pinar: Restrukturierung des türkischen Staates im Kontext der neoliberalen Globalisierung, in: Atac, Ilker, Perspektiven auf die Türkei, Münster, 2008

Bengtson, Hermann: Griechische Geschichte, München, 1977

Berg-Schlosser, Dirk, Stammen, Theo, Einführung in die Politikwissenschaft, München, 1974

Birand, Mehmet Ali: Diyet, Istanbul, 1985

Bonacker, Thorsten: Konflikttheorien. Eine sozialwissenschaftliche Einführung mit Quellen, Opladen, 1996

Bohnsack, Ralf, Marotzki, Winfried, Meuser, Michael: Hauptbegriffe Qualitativer Sozialforschung, Opladen, 2006

Brey Hansjörg, Heinritz Günter: Bevölkerungsverteilung und Siedlungsstruktur in Zypern nach 1974, Wiesbaden, 1988

Brix, E., Kampits P.: Zivilgesellschaft zwischen Liberalismus und Kommunitarismus, Wien, 2003

Brockhaus Enzyklopädie, Bd. 24 Wek-Zz, Mannheim, 1994

Brockhaus Enzyklopädie, Bd. 9 Got-Herp, Mannheim, 1989

Brzezinski, Zbigniew, K.: Alternative zur Teilung, Neue Möglichkeiten für eine gesamteuropäische Politik, Köln, Berlin, 1966

Brzezinski, Zbigniew: Die einzige Weltmacht, Amerikas Strategie der Vorherrschaft, Weinheim und Berlin, 1997

Brzezinski, Zbigniew: Macht und Moral, Neue Werte für die Weltpolitik, Hamburg, 1994

Bourdieu, Pierre, Gegenfeuer. Wortmeldungen im Dienste des Widerstands gegen die neoliberale Invasion, Konstanz, 1998

Calamaros, Arthouros-David: Internationale Beziehungen, Theorien-Kritik-Perspektiven, Stuttgart, 1974

Cassia, Sant Paul: Bodies of Evidence, Burial, Memory and the Recovery of Missing Persons in Cyprus, New York, Oxford, 2005

Cicero M.T: De Republica Vom Gemeinwesen, Ditzingen, 1995

Cangizbay, Kadir: Hickimsenin Cumhuriyeti, Ankara, 2000

Choisi, Jeanette: Wurzeln und Strukturen des Zypernkonfliktes 1878 bis 1990, Stuttgart, 1993

Convention of Defensive Alliance, Artikel I, Zit.

Corsten, Nina: Zypern, der konservierte Konflikt, Bremen, 1980

Darwin, John: Der imperiale Traum. Die Globalgeschichte großer Reiche 1400 – 2000. Aus dem Englischen Michael Bayer, Frankfurt/ New-York, 2008

Deger, M. Emin: Oltadaki Balik, Istanbul, 1993

Demirer, Temel, Özbudun, Sibel, Özgür, Gökcer, Sakinc Erdem, Mustafa,20. Yüzyildan 21. Ye…In: Özgür, Gökcer, Sarkinc, Erdem, Mustafa (hrg.) Amerika: Rüyami? Kabus mu?,, Ankara, 2001

Demirer N. Göksel, Demirer, Temel, Duran, Metin, Görgün Özgür Orhangazi, Özgür, Gökcer, Yapici, Kahraman, Neo- Liberal Saldiri Kriz ve Insanlik, Ankara, 1999

Dilipak, Abdurrahman: Menderes Dönemi, Istanbul, 1990

Dischler, Ludwig: Zypernfrage, Dokumente, Frankfurt/Berlin 1960, S. 10 und Woodhouse, Montague, Das Cypernproblem und die Abkommen von 1959, in EA 3/1960

Drechsler, Hilligen, Neumann: Gesellschaft und Staat, Lexikon der Politik, Franz Vahlen, München, 2003

Dülffer, Jost: in: Lappenküper, Ulrich, Marcowitz, Reiner (Hrsg.): Macht und Recht, Völkerrecht in den internationalen Beziehungen, Paderborn, 2010

Eberwein, Wolf-Dietrich, Reichel, Peter: Friedens- und Konfliktforschung, München, 1976

Eden, Anthony Sir, THE MEMOIRS OF THE RT. HON. SIR ANTHONY EDEN, London, 1960

Ekici, Hakan: Der Zypern-Konflikt und die Rolle der EU. Diplomarbeit an der Grund- und Integrativwissenschaftlichen Fakultät der Universität Wien, Wien 2001, S. 8, Zitat von Kökdemir, Naci: Dünkü ve Bugünkü Kibris, Ankara, 1957

Eleftheriadou, Eleni: Die Berichterstattung der österreichischen Tageszeitungen Kurier und Presse über die Türkische Intervention auf Zypern. Diplomarbeit an der Geistes- und Kulturwissenschaftlichen Fakultät der Universität Wien, Wien, 2003

Fenske, H., Mertens. D., Reinhard, W., Rosen, K. Geschichte der politischen Ideen, Von der Antike bis zu Gegenwart, 1996, Frankfurt a.M., 1996

Filzmaier, Peter, Gewessler, Leonore, Höll, Otmar, Mangott, Gerhard: Internationale Politik, Wien, 2006

Foucault, Michel: Sicherheit, Territorium, Bevölkerung, Geschichte der Gouvernementalität I, Frankfurt a.M., 2006

Foucault, Michel: In Verteidigung der Gesellschaft, Frankfurt a.M., 1999

Friedrich, C.J./Arndt, H.J.: Aspekte der Selbstbestimmungsproblematik in den Vereinten Nationen. Fallstudien zu Zypern und Puerto Rico, Berlin,1970

Gärtner, Heinz: USA-Weltmacht auf neuen Wegen. Bd. 10, Berlin, 2010

Görlitz, Axel: Politikwissenschaftliche Theorien, Stuttgart, 1980

Gürel, Sükrü S.: Kibris Tarihi (1878-1960) Istanbul, 1984

Güvenc, Nazim: Kibirs Sorunu Yunanistan ve Türkiye, Istanbul, 1984

Hardt, Michael/Negri, Antonio: EMPIRE Die neue Weltordnung, Frankfurt/Main, 2002

Heinrich, Brigitte/Roth, Jürgen: Partner Türkei oder Foltern für die Freiheit des Westens, Reinbek bei Hamburg, März, 1973

Khella, Karam: „Jederzeit, überall, mit allen Waffen“ Imperialismus heute Krieg und Frieden, Theorie und Praxis Verlag, Hamburg, 3. Auflage 2012

Helms, Ludger/Jun Uwe: Politische Theorie und Regierungslehre, Eine Einführung in die politikwissenschaftliche Institutionenforschung, Frankfurt am Meinz, 2004

Höpken, Wolfgang in: Südosteuropa, ein Handbuch, Hatschikjan, Magarditsch, Troebst, Stefan (Hrsg), Staaten und Politik, München, 1999

Hubel, Helmut: Weltpolitische Konflikte, Baden-Baden, 2005

In der Mauer, Wolf: Liberalismus, Wien, 1999

Isikli Alparslan, Yeni Orta Cag, Istanbul, 2007

Kade, Gerhard: Generale für den Frieden. Interviews. Köln, 1981

Katsikides. S.: Der Nationalitätenkonflikt auf Zypern in seinen Auswirkungen auf die Gesellschaftsstruktur, Diplomarbeit, Wien, 1983

Kaya, Yakup: Die Türkisch- US- amerikanischen Beziehungen innerhalb de NATO. Dargestellt anhand bilateraler Abkommen. Diplomarbeit, Universität Wien, 1987

Ker-Lindsay, James: Britain and the Cyprus Crisis, Manheim und Möhnsee, 2004

Kinder, Hermann, Hilgemann, Werner, dtv-Atlas zur Weltgeschichte, Band II, Stuttgart, 1971

Kissinger, A. Henry: Weltpolitik für morgen. Reden und Aufsätze 1982-1985. München, 1986

Kissinger, Henry A.: Das Gleichgewicht der Großmächte. Metternich, Castlereagh und die Neuordnung Europas 1812-1822. Zürich, 1986

Klute, Andreas: Zyperns Europäische Option, Diss., Münster, 2000

Kocak, Hülya: The United States and British interventions in Cyprus in the years 1963-64 and 1974, Master Thesis, Universität Wien, 2006

Laffert, Gerd von: Die völkerrechtliche Lage des geteilten Zypern und Fragen seiner staatlichen Reorganisation, Frankfurt, 1995

Lenin, W.I.: Werke, Band 22, Dezember, 1915-Juli 1916, Berlin, 1960

Link, Werner, in: Lappenküper, Ulrich, Marcowitz, Reiner (Hrsg.): Macht und Recht, Völkerrecht in den internationalen Beziehungen, Paderborn, 2010

Löwenthal, Richard: Die Sowjetunion als Weltmacht, Berlin, 1976

Luxemburg, Rosa: Ausgewählte Reden und Schriften, 1. Band, 1951, Berlin

Maier, Franz, Georg: Cypern, Insel am Kreuzweg der Geschichte, zweite Auflage, München, 1982

Mackert, Jürgen, Die Macht des Neoliberalismus und das Schicksal des Staates. Kritische Anerkennungen zu Pierre Bourdieus zeitdiagnostischen Eingriffen: In: Florian, Michael; Hillebrandt, Frank (Hrsg.), Bourdieu, Pierre, Neue Perspektiven für die Soziologie der Wirtschaft, Wiesbaden, 2006

Mallinson, William: Britain and Cyprus, Key Themes and Documents Since, World War II, New York, 2011

Marx, Karl, Engels, Friedrich: Das Kommunistische Manifest, 1930, Wien

Marx, Karl: Der historische Materialismus, 2. Band, Leipzig, 1952

Matuz, Josef: Das osmanische Reich, Darmstadt, 1990

Matzner, Egon: Monopolar World Order, Szombathely, 2000

Matzner, Egon: Die Abhängigkeit der Supermacht. Strategien gegenüber dem Hegemon, (2003), http:// www.renner-institut.at/download/texte/matzner. Pdf. S. 6

Meinardus, Ronald: Die Türkei-Politik Griechenlands. Der Zypern-, Ägäis- und Minderheitskonflikt aus der Sicht Athens (1967-1982). Frankfurt am Main, 1985

Menke-Glückert, Peter: Liberalismus und imperialistischer Staat, Göttingen, 1975

Merckle, Lexikon, Oldenbourg, München, 1974

Mommsen, Wolfgang in: Holl, Karl, List, Günter (Hrsg): Liberalismus und imperialistischer Staat, Göttingen, 1975

Naßmacher, Hiltrud: Politikwissenschaft, München, 2004

Nikitopoulos, Ingeborg: Aspekte der Selbstbestimmungsproblematik in den Vereinten Nationen, Berlin, 1970

Noack, Paul – Stammen, Theo: Grundbegriffe der politikwissenschaftlichen Fachsprache, München, 1976

Nohlen, Dieter, Schultze, Reiner-Olaf: Lexikon der Politikwissenschaft, München, 2005

Nohlen, Dieter, Schultze, Reiner-Olaf: Lexikon der Politikwissenschaft, München, 2010

Nye, Joseph, S.: Macht im 21. Jahrhundert, Politische Strategien für ein neues Zeitalter, München, 2011

Oberling, Pierre: The Road to Bellapais, the Turkish Cypriot Exodus to Northern Cyprus, New York, 1982

O´Malley, Brendan and Craig, Ian: Thy Cyprus Conspiracy. America, Espionage and the Turkish Invasion, New York, (1999), S. 122f. In: US State Department Papers 79

Papalekas, Johannes Chr.: Die Zypernfrage. Problematik und Perspektiven eines Dauerkonflikts (Europäische Hochschulschriften, Reihe XXI, Bd. 112, Frankfurt, 1987

Petschenig, Michael: Der kleine Stowasser, Wien, 1955

Pfetsch, Frank, R. (Hrsg), Konflikte seit 1945, Daten, Fakten, Hintergründe, Europa, Freiburg-Würzburg, 1991

Pilavas, Dorothee, Aus Politik und Zeitgeschichte (APuZ), März, Bonn, 2009

Piller, Ulli, Zypern, Die ungelöste Krise, Pfaffenmeiler, 1997

Richter, Heinz A. Historische Hintergründe des Zypernkonflikts. In: Aus Politik und Zeitgeschichte (APuZ), März, Bonn, 2009

Richter, Heinz A: Friede in der Ägäis?, Köln, 1988

Richter, Heinz A., Kurze Geschichte des modernen Zypern 1878 – 2009, Ruhpolding, 2010

Richter, Heinz A.: Geschichte der Insel. Bd. 49. 1878-1949., Mannheim/Möhnesee, 2004

Rittberger, Volker (Hrsg.): Weltordnung durch Weltmacht oder Weltorganisation. Baden-Baden, 2006

Roth, Jürgen/Ender, Berndt, Dunkelmänner der Macht, politische Geheimzirkel und organisiertes Verbrechen, Bornheim, 1984

Roth, Jürgen/Taylan, Kamil: Die Türkei, Republik unter Wölfen. Bornheim, 1981

Röhrich, Wilfried, Politik als Wissenschaft, München, 1987

Ruf, Werner in: Österreichisches Studienzentrum für Frieden und Konfliktlösung (Hrsg.) Die Neue Weltordnung in der Krise. Von der uni-zur multipolaren Weltordnung? Friedensbericht 2008, Wien, 2008

Rüstow, Dankwart, A.: Die Türkei, Brücke zwischen Orient und Okzident, Göttingen, 1990

Sartre; J. P., Betrachtungen zur Judenfrage, Zürich, 1948

Sauer, Birgit: Die Asche des Souveräns. Staat und Demokratie in der Geschlechterdebatte, Frankfurt/Main, 2001

Savvidou, Tania, Die Republik Zypern mit besonderer Berücksichtigung der UNO-Initiative in der Zypernfrage. Diplomarbeit, Wien, 1997

Sax von, Carl Ritter: Geschichte des Machtverfalles der Türkei, Wien, 1908

Schmidt, Helmut, in Spiegel Spezial, Der Kalte Krieg, 2008

Schubert, Klaus, Das Politiklexikon, 2. Auflage, Bonn, 2001

Sherman, Arnold: Zypern- die gefolterte Insel: der griechisch- türkische Zypernkonflikt und seine Hintergründe, Freiburg, 1999

Siedschlag, Alexander: Neorealismus, Neoliberalismus und postinternationale Politik. Opladen, 1997

Stavrou, Michalis, Resolving the Cyprus Conflict, Negotiating History, New York, 2009

Stephen, Michael, The Cyprus Question, London, 2000

Stephen, Michael: Die Zypernfrage. Aus den Englischen von Schultheis, Werner C. Köln, 1999

Südosteuropa-Handbuch Bd. VIII, Zypern, Hrgs, Grothusen Klaus Detlev, Steffani Winfried und Zervakis Peter, Göttingen, 1998

Tatli, Suzan, Der Zypernkonflikt, Freiburg, 1986

Klawatsch-Treitl, Eva: Entwicklungspolitische NGOs zwischen Markt und Staat, Wien, 2011

Tuncer, Mehmet Gökhan, Von der Herrschaft zur Regierung. Die Ausbreitung und Durchsetzung der neoliberalen Gouverneurmentalität in der Türkei, Dissertation, Wien, 2011

Tzermias, Pavlos: Geschichte der Republik Zypern. Tübingen, 1991

Vali, Ference, A; Bridge across the Bosphorus, The Foreign Policy of Turky, Baltimore, 1971

Varvaroussis, Paris: Konstellationsanalyse der Außenpolitik Griechenlands und der Türkei, München, 1979

Veiter, Theodor, Nationalitätenkonflikt und Volksgruppenrecht im ausgehenden 20. Jahrhundert, Wien, 1984

Volkan, Vamik D.: Das Versagen der Diplomatie. Zur Psychoanalyse nationaler, ethnischer und religiöser Konflikte. Aus dem Amerikanischen übersetzt von Anni Pott. Gießen, 1999

Volkan, Vamik, Blutsgrenzen. Die historischen Wurzeln und die psychologischen Mechanismen ethnischer Konflikte und ihre Bedeutung bei Friedensverhandlungen, Bern München, Wien, 1999

Wachter, Andrea, Antisemitismus im österreichischen Vereinswesen für Leibesübungen 1918-38 am Beispiel der Geschichte Ausgewählter Vereine. Phil. Diss., Wien, 1983

Weber, Max, herausgegeben von Winkelmann Johannes: Staatssoziologie, Berlin, 1966

Witt, P.-C: Holl, Karl, List, Günter (Hrsg): Liberalismus und imperialistischer Staat, Göttingen, 1975

Wolf, Winfried: Bombengeschäfte, Hamburg, 1999

18 Verzeichnis der Zeitungen und Zeitschriften

AKYOL, Mustafa in: Daily News, September 29, 2010

ATAC Ilker: EU nach Konvent und Osterweiterung, Kurswechsel, Heft 1, Wien, 2004

BECKER, Joachim im Editorial von „Kurswechsel". Heft 2/2003

Bericht über China: Wiener Zeitung, 13./14.10.2012

Birgün, Türkische Tageszeitung, 16. November 2010

Bütün Dünya, Ankara, 1 Eylül, 2012

CZARNOWSKA Martyna: Probebohrungen mit Sprengpotenzial. In Wiener Zeitung, 22./23. Oktober, 2011

CHRISTOFIADES, Dimitri, Der Standard, 20.05.2012

DENKTAS, Rauf: in Vorwärts, Istanbul, S. 144, 148f., 2004

HOBSBAWN, Eric, Philosophiemagazin, erschienen im Philomagazin Verlag, Berlin

KARATSIOLI, Barbara: Escalation for Peace in Cyprus: Roads to Peace through Scales of Conflict, erschienen in Safran, Schlaininger Arbeitspapiere für Friedensforschung, Abrüstung und nachhaltige Entwicklung, Paper 07, Wien, 2010

PILAVAS, Dorothee, Aus Politik und Zeitgeschichte (APuZ), März 2009, Bonn

Süddeutsche Zeitung, 20. Dezember 2012, IWF will Zypern Schulden erlassen

STERGIOU, Andreas in APuZ, März, 2009, Bonn

PAPADAKIS, Yianni,, Aus Politik und Zeitgeschichte (APuZ), März, 2009, Bonn

ZAHARIADIS, Karolos/ALP Yusuf, Birikim Brosür Dizisi:2, Kibris, Istanbul, 1979

19 Epilog: Anonymisierte Interviews, Erinnerungsprotokolle

1.) Erlebnis

Als ich im Rahmen eines Doktoratsstipendiums im Juli 1989 in Nikosia forschte, traf ich einen hochrangigen pensionierten türkisch-zypriotischen Militärangehörigen.

Ich fragte ihn: „Würden Sie die Ereignisse von 20. Juli 1974 als Friedensoperation zur Rettung der Türkisch-Zyprioten bezeichnen?"

Er antwortete zurückhaltend: „Wir richten uns nach der Bezeichnung der Staatsobrigkeit."

Zu dieser Zeit fand eine Parade anlässlich der Gründung der Türkischen Republik Nord-Zyperns statt.

Ich stellte fest: „Es sind sehr wenige Menschen die heute feiern – kaum 50 Leute, mir kommt vor, es sind nur Familienangehörige des Militärs."

Er antwortete ausweichend: „Die Leute kommen und gehen. Es ist mehr oder weniger euphorisch."

2.) Erlebnis

Bei der Rückfahrt mit dem Schiff Richtung Türkei, traf ich einen türkischen Kriegsveteran. Er wollte mit seiner Familie auf Zypern in einer für ‚Kriegshelden' zur Verfügung gestellten Ferienanlage im Militärgebiet Urlaub machen, er erhielt aber keinen Zutritt zu der Anlage, weil für einfache Soldaten kein Platz war, wie er vermutete. Er war darüber sehr enttäuscht.

Er erzählte von seinem Kriegserlebnis. 1974 war er an einem Massaker beteiligt. Es wurde eine große Grube ausgehoben und griechisch-zypriotische Gefangene wurden davor zusammengetrieben. Vor seinem Offizier stand eine junge Frau mit einem Baby im Arm. In dem

Moment, in dem der Offizier auf die Frau schoss, traf ihn der direkte Blick von ihren Augen, den er nie mehr vergessen konnte. Nach dem alle erschossen waren, wurden sie in dem Massengrab begraben.

Der Soldat erfuhr, dass sich der Offizier später das Leben genommen hatte, weil er in seinen Alpträumen immer den Blick dieser Frau sah. Angeblich wurden Männern, Frauen und Kindern auch Schmuckstükke geraubt und als Schatz vergraben.

3.) Erlebnis

Ein ehemaliger Soldat, der während der Invasion auf Zypern stationiert war, erfuhr von einem Verwandten von meiner Forschungsarbeit. Ersterer kam zu mir und schlug mir vor, einen dieser Schätze aus militärisch bewachtem Gebiet auszugraben und als ‚Lohn‘ mich daran zu beteiligen. Ich lehnte diesen Vorschlag entsetzt ab. Er dachte vermutlich, ich hätte auf Grund meiner Recherchen Beziehungen um in das Militärgebiet zu kommen.

20 Über den Autor

Mag. Dr. Işık Yakup Kaya, wohnhaft in Wien, wurde 1956 als eines von acht Kindern bei Ankara in der Türkei geboren.
Er lebt seit 1980 in Europa. Zwei Jahre verbrachte er in Deutschland, wo er an der Universität Nürnberg/Erlangen Deutsch lernte.
1984 begann er an der Universität Wien in Österreich Politologie als Hauptfach in der Fächerkombination mit Philosophie, Publizistik und Orientalistik zu studieren.
1988 schloss er das Studium als Magister der Philosophie ab. Der Titel seiner Diplomarbeit lautete „*Bilaterale Abkommen zwischen der Türkei und den USA und die Rolle der Nato*".
2014 promovierte der Autor zum Doktor der Philosophie. In seiner Dissertation „*Zypern im Spannungsfeld regionaler und Weltmachtpolitik*" beschäftigt er sich mit der globalen Politik und wie diese die Situation auf Zypern beeinflusst.
Seit vielen Jahren setzt sich der Politologe freiberuflich vehement für die Menschenrechte ein. Lange Zeit war er als Bewährungshelfer im Dienst des Justizministeriums Österreichs und als Deutschtrainer für Migrant_innen für die Stadt Wien tätig. Gelegentlich fungiert er als Dolmetscher für Türkisch und für kurdische Sprachen im Auftrag des BFA (Bundesamt für Fremdenwesen und Asyl), des ÖIF (Österreich–ischer Integrationsfonds) und der Diakonie.
Als Musiker und Sänger ist Işık Yakup Kaya ebenfalls bekannt. Er hat europaweit Konzerte gegeben.